KB041425

비트겐슈타인의 종교관과 철학

비트겐슈타인의 종교관과 철학

하영미 지음

서광사

비트겐슈타인의 종교관과 철학

하영미 지음

펴낸이 | 김신혁, 이숙
펴낸곳 | 도서출판 서광사
출판등록일 | 1977. 6. 30.
출판등록번호 | 제 406-2006-000010호

(413-756) 경기도 파주시 교하읍 문발리 534-1
대표전화 (031) 955-4331　팩시밀리 (031) 955-4336
E-mail : phil6161@chol.com
http://www.seokwangsa.co.kr | http://www.seokwangsa.kr

제1판 제1쇄 펴낸날 — 2014년 6월 20일

ISBN 978-89-306-2198-4　93160

고대 철학자들에게는 어떤 것이 존재하는가가, 근대 철학자들에게는 어떤 것이 존재한다는 것을 어떻게 아는가가 고민의 주제였다면 20세기에 들어서는 그런 고민이 표현된 명제들의 의미가 무엇인지, 언어의 의미가 무엇인지가 중요한 문제로 부각되었다. 언어에 대한 탐구로의 전환에서 주도적인 역할을 한 사람이 비트겐슈타인이다. 철학적 탐구의 대상이 언어로 바뀌게 된 것은 철학적 문제 자체에 대한 탐구에서 비롯된다. 전통적으로 철학자들은 여러 철학적 문제들에 답하려고 했고, 답이 제시되면 철학적 문제들은 해결된다고 여겼다. 그러나 비트겐슈타인은 철학적 문제 자체를 문제로 본다. 그에 따르면, 철학의 문제는 풀어서 답을 제시해야 하는 진정한 문제가 아니라 오해에 기인한 잘못된 물음이다. 철학적 문제가 언어의 오해에서 비롯되었기 때문에 언어를 제대로 이해하기만 한다면 철학적 문제는 해결이 아니라 해소될 것이다. 이러한 문제의식은 그로 하여금 언어 탐구에 천착하게 하였고, 그 결과 그의 사상은 철학사에서 언어적 전회를 야기하였다.

　이런 철학적 관심사의 변화는 신학이나 종교에 대한 철학적 논의에도 반영된다. 중세에는 실체 혹은 신이 존재하는지가 논의의 중심이었

으며 그래서 신의 존재를 어떻게 증명할 수 있는지가 종교 철학자들이
나 신학자의 과제였다. 근대에는 신의 존재나 신의 섭리를 어떻게 알
수 있는지가 논의의 중심이 되어 이성과 신앙의 문제는 이성과 계시의
문제로 바뀌게 된다. 하지만 이러한 종교 철학적 질문, 신학적 문제 역
시 언어에 대한 오해에서 비롯된 잘못된 질문이며 제거되어야 할 질문
이라는 비트겐슈타인의 주장은 20세기 종교 철학이나 신학의 초점을
종교 언어로 전환시켰다.

　20세기 논리실증주의자들은 검증 원리를 기준으로 의미 있는 명제와
의미 없는 명제를 나누고, 검증 기준을 만족시키지 못하는 형이상학적
명제들, 윤리, 미학, 종교적 명제 등을 의미 없는 명제들로 분류하였다.
논리실증주의자들이 요구한 명제의 의미 기준은 논리실증주의 자체의
영향력보다 더 오래 지속되었는데, 신학자들이나 종교 철학자들은 이
에 대해 만족할 만한 답변이나 대안을 제시하지 못한 처지에 놓여 있었
다. 이런 곤혹스러운 상황을 벗어나게 해 준 것이 후기 비트겐슈타인의
언어놀이 개념이다. 실제로 비트겐슈타인의 제자와 동료들 그리고 이
후 연구자들 중 적지 않은 이들이 이러한 빛 속에 있었는데 대표적인
것이 신앙형태주의(fideism)이다. 신앙형태주의자들은 종교적 믿음에
대해 증명을 요구할 수 없으며, 종교 철학의 의무는 종교 언어의 독특
한 문법과 특성을 드러내는 것이어야 하며, 삶의 형태가 비판의 대상이
되지 않듯 종교적 믿음도 비판의 대상이 되지 않는다고 주장한다. 이렇
게 되면 종교적 명제에 대한 논리실증주의자들의 비판을 피할 수 있다.
하지만 신앙형태주의는 비트겐슈타인 사상의 일부에만 초점을 맞추고
있어, 비트겐슈타인에게서 종교가 어떤 의미를 가지는지 그리고 그의
철학적 작업에서 종교가 얼마나 중요한 토대가 되는지에 대한 이해로
나아가지 못하고 있다.

전기 저서이자 그의 생애 유일한 저서인 『논고』는 언어를 명료화하기 위한 노력의 결과로 '말할 수 있는 것'에 대해서만 말하고 '말할 수 없는 것'에 대해서는 침묵하라는 명령으로 끝을 맺는다. 그리고 실제로 『논고』는 '말할 수 있는 것'들에 대해 말하고 있다. 이 때문에 오랫동안 비트겐슈타인 연구자들은 '말할 수 있는 것'들의 논리를 탐구하는 데 몰두해 왔다. 그런데 비트겐슈타인에 따르면 '말할 수 있는 것'들을 통해 '말할 수 없는 것'들을 드러내는 것이 『논고』의 목적이다. 그렇다면 이제까지 '말할 수 없는 것'들과 무관하게 탐구되었던 비트겐슈타인의 전기 사상은 '말할 수 없는 것'들과 관련되어 다시 논의되어야 한다. 이러한 이유 때문에 비트겐슈타인이 전기에 '말할 수 없는 것'들 중 하나로 언급한 종교에 대한 고찰이 필요하다.[1]

비트겐슈타인은 후기에, 그의 사상이 종교를 배경으로 한다거나 윤리, 미학, 종교 등이 다른 것에 비해 더 중요하다고 명시적으로 말한 적은 없다. 그러나 결정적으로 아주 중요한 발언을 했는데, 그것은 그의 친구이자 제자인 드루리에게 "나는 종교적인 사람은 아니지만 모든 문제를 종교적 관점에서 보지 않을 수 없다"(RW 79쪽)고 한 것이다. 이 말은 비트겐슈타인 연구자들을 상당히 당황스럽게 한다. 왜냐하면 전·후기 통틀어 그가 종교에 관해 언급한 것들은 다른 것들 — 언어, 수학, 심리학 등 — 에 비해 턱없이 부족할 뿐만 아니라 상대적으로 비중도 낮아 보이기 때문이다. 게다가 위의 말을 배경으로 하여 비트겐슈타인의 사상을 이해하거나, 특정 종교에 소속되지 않았고 스스로도 종교인이 아니라고 하면서도 모든 문제를 종교적인 관점에서 본다는 말의 열쇠를 찾기가 쉽지 않기 때문이다. 하지만 그의 삶을 살펴보면 이 말의 의

---

1 말할 수 없는 것들 중 특별히 종교에 대해 고찰하는 이유는 I장에서 밝히고 있다.

미를 이해할 수 있으며, 나아가 이 말이 그의 철학과 얼마나 긴밀한 관계에 있는지를 알게 된다. 비트겐슈타인의 사상은 철학사적으로도 독보적일 만큼 독특하고 중요하며 끼친 영향이 큼에도, 그의 철학적 고민이 종교적 고민과 관련되어 있었다는 점은 이제까지 거의 주목받지 못했다. 특히 국내에서는 그 사정이 더 심한데, 비트겐슈타인의 철학을 종교와 관련하여 고찰하는 것은 차치하더라도, 비트겐슈타인의 종교적 견해 자체에 대한 연구도 적다. 드물게나마 있었다면 후기 비트겐슈타인의 언어놀이 개념을 중심으로 한 논의가 대부분이고, 간혹 전기 사상의 신비주의나 윤리에 대한 논의가 있었을 뿐이다.

이 책은 필자의 박사학위 논문[2]을 정리하고 다듬은 것으로, 전·후기 비트겐슈타인의 종교관, 그의 철학과 종교, 그리고 그의 삶 사이의 관계를 다루고 있다. I장에서는 전기의 종교관을 논의하는데, 여기에는 '말할 수 없는 것'들의 특성, 비트겐슈타인이 이해한 신 개념, 선악의 문제, 삶의 목적 등이 포함될 것이다. 그뿐만 아니라 전기 사상의 신비주의적 측면과 유아주의에 대한 고찰까지 이루어질 것이다. 비트겐슈타인이 윤리에 대해 언급한 것은 드물었지만, 생전에 단 한 번 있었던 강연이 윤리에 관한 것이라는 점은 주목할 만하다. 이 강연을 바탕으로 II장에서는 그의 윤리관을 살펴보려고 한다. 그리고 여기에서 그치지 않고 전기에 '말할 수 없는 것'이라고 한 미학, 종교와 윤리의 관계, 나아가 철학과의 관계도 살펴볼 것이다. 여기까지 고찰하게 되면, '말할 수 없는 것'이 '말할 수 있는 것'보다 더 중요하다고 한 말이 이해될 것이다. III장에서는 후기 비트겐슈타인의 종교관을 살펴볼 것이다. 여기서는 우선 프레이저의 『황금가지』에 대한 비트겐슈타인의 소견들을

---

2 하영미, 「비트겐슈타인의 종교관과 철학」, 부산대학교 철학박사학위논문, 2012.

중심으로 종교적 행위에 대해 살펴볼 것이다. 비트겐슈타인은 종교적 행위를 본능-행위로 보는데, 이러한 견해는 종교적 행위에 대한 기존의 이해, 즉 도구-지성주의 혹은 감정, 정서의 표현이라는 표현주의와 전혀 다른 것으로, 종교적 행위에 대한 새로운 이해를 제공하며 나아가 인간 본성의 새로운 측면도 밝혀 준다. 또한 이 장에서는 이제까지 간혹 연구되었던 종교 언어를 후기 사상의 중심 개념인 '문법'과 관련하여 고찰할 것이다. Ⅳ장에서는 비트겐슈타인의 기독교에 대한 관점 그리고 그의 후기 사상과 불교의 연관성을 차례대로 고찰할 것이다. 특히 그의 기독교에 대한 견해는 종교에 대한 바람직한 이해가 무엇인지를 알게 할 것이다. 또, 후기 사상의 불교와의 유사점 고찰은 그의 전 · 후기 사상 모두 동양 사상과 어떻게든 연결된다는 것을 보여 줄 것이다. Ⅴ장에서는 그의 철학과 종교를 그의 삶과 관련해 살펴볼 것이다. 이 장에서 논의되고 있는 비트겐슈타인의 철학적 의도와 그 결과, 그리고 그것과 종교와의 관계는 비트겐슈타인 철학에 대한 이해에 새로운 빛을 던져 줄 것이며, 그의 삶과 고뇌가 그의 철학적 작업에 얼마나 깊이 얽혀 있는지 알게 할 것이다. 또 그의 철학은 그가 평생에 걸쳐 벌였던 삶의 문제에 대한 치열한 사투의 결과라는 것도 알게 해 줄 것이다. 그뿐만 아니라 이 장에서의 논의를 통해 철학자의 진정한 임무가 무엇인지 알게 될 것이다. 마지막 장까지 따라와 보면 그가 모든 것을 종교적 관점에서 보지 않을 수 없다고 했던 말의 의미를 알 수 있을 것이다.

흔히 비트겐슈타인을 냉철한 철학자로 이해한다. 그것은 그가 생애에 일, 이차 세계 대전이라는 참혹한 비극을 겪었으며, 심지어 그 스스로 일, 이차 세계 대전에 직간접적으로 참여[3]까지 했음에도 그의 철학

---

3 일차 세계 대전 때는 오스트리아 군인으로 참전으로 했고, 이차 세계 대전 중에는

에는 역사적 비극의 흔적이 그림자로도 남아 있지 않기 때문이다. 하지만 이 책에서 논의된 비트겐슈타인의 종교관, 그리고 그와 관련된 그의 철학을 살펴보면, 비트겐슈타인이 인간의 고뇌와 고통에 결코 무관심했던 철학자가 아니라는 것을 알 수 있다. 그는 표면적으로 드러나도록 그런 문제들을 다루지는 않으나 심층에서 아주 치열한 고투를 벌였다. 따라서 비트겐슈타인의 종교관과 철학에 대한 논의는 비트겐슈타인 철학에 숨어 있던 깊은 인간애까지 드러내 보일 것을 믿어 의심치 않는다.

영국 가이 병원 약국 배달원으로, 나중에는 왕립 빅토리아 병원 실험실 조수로 일했다.

I

전기 비트겐슈타인의 종교관:
'말할 수 있는 것'의 배경으로서의 종교

비트겐슈타인은 종교인은 아니었으나 그의 삶은 종교적이며 윤리적이었다.[1] 그의 철학적 고민은 종교적 고민과 무관하지 않은데 특히 전기에 그런 경향이 강하다.[2] 이것은 그가 출판사 사장에게 『논고』의 출판을 의뢰하면서 쓴 편지에서도 알 수 있다.

이 책의 요점은 윤리적인 것입니다. 지금은 이 책에 수록되어 있지 않지만 …… (이 편지에 쓰려고 하는 내용을) 책의 서문에 포함시키려고 의도한 적

---

1 이를 입증할 만한 사례는 여러 가지가 있으나 두 가지만 든다면, 일차 세계 대전 참전 중 톨스토이의 『성경(The Gospel in Brief)』을 구입한 이후 항상 그 책을 휴대하면서 읽었으며 그래서 동료들이 그를 '복음을 가진 자'라고 불렀다는 것과 전쟁 후 상속받은 막대한 유산을 다른 사람들에게 나눠 주고 자신은 단 한 푼도 소유하지 않았으며 이후 엄격할 만큼 검소한 삶을 살았다는 것을 들 수 있다.
2 러셀은 그의 자서전에서, 비트겐슈타인이 늦은 밤에 찾아와 그의 방을 배회하면서 고민에 싸여 있을 때, 논리학과 자신의 죄악 중 어느 것이 고민인가라는 자신의 질문에 "둘 다"라고 대답한 비트겐슈타인과의 대화를 기록하고 있다(Munitz, 318쪽 참조). 비트겐슈타인의 친구 엥겔만은, 비트겐슈타인에게서 논리학과 신비주의는 똑같은 근원에서 생겨났으며, 신비주의적 태도로부터 논리적인 결론을 이끌어 냈다고 하는 것이 공정하다고 말한다(Munitz, 330-1쪽 참조).

이 있었습니다. 내가 쓰려고 하는 것은 다음과 같은 내용입니다. 나의 연구 작업은 두 부분들로 구성되어 있습니다. 그것은 여기에 표현된 내용과 내가 쓰지 않았던 모든 내용입니다. 그리고 중요한 내용은 분명히 두 번째 구성 부분입니다. 내 책은 말하자면 그 내부로부터 윤리적인 영역에 대해 제한선을 긋는 것입니다. …… 서문과 결론을 읽어 주기 바랍니다. 왜냐하면 그 내용이 이 책의 요점에 관한 가장 직접적인 표현을 포함하고 있기 때문입니다.[3]

이 글은 『논고』의 초점이 윤리적인 것임을 보여 준다. 그러므로 윤리적인 것들은 '말해질 수 있는 것'과 비교해 볼 때 상대적으로 적은 분량으로 언급되고 있는 것이 사실이지만, 그 때문에 관심을 덜 가져도 되는 것으로 생각해서는 안 된다. 『논고』의 대부분이 논리학과 언어에 대한 언급인 이유는 그것에 관해서는 말할 수 있기 때문이며 '신비로운 것', 종교와 윤리, 예술 등에 관해 언급하지 않은 것은 그것들이 말할 수 없는 것들이기 때문이다. 윤리는 말할 수 없는 것이며, 그래서 침묵해야 하는 것이지만 말할 수 있는 것의 배경이 된다는 점에서 중요하다.[4] 따

---

3 Munitz, 326쪽
4 "윤리는 세계를 다루지 않는다. 윤리는 논리와 마찬가지로, 세계의 조건이어야 한다. 윤리와 미학은 하나이다"(『노트북』 77쪽)라는 말을 통해 비트겐슈타인이 논리와 윤리, 미학을 세계의 조건, 세계의 배경으로 생각했음을 알 수 있다. 즉 '말할 수 없는 것'들은 '말할 수 있는 것'들의 배경이 된다.
   '말할 수 있는 것'을 밝히고 명료하게 함으로써 '말할 수 없는 것'을 드러낸다는 비트겐슈타인의 주장은 물체와 허공의 관계와 유사하다. 허공의 존재는 그 자체로는 잘 드러나지 않는다. 그런데 허공 속에 물체가 있게 되면 허공의 존재가 드러나며, 물체의 윤곽을 명확히 할수록 허공의 존재는 더 명확하게 드러나게 된다. 이와 유사하게 '말할 수 없는 것'은 말할 수 없기에 명제로 나타낼 수 없지만 '말할 수 있는 것'을 밝힘으로써 저절로 드러나게 된다. 허공은 물체를 통해 그 존재가 드러나지만 또한 물체의 배경이 된다. 마찬가지로 '말할 수 없는 것'은 '말할 수 있는 것'을 통해 드러나면서 동시에

라서 전기 비트겐슈타인의 사상은 말할 수 있는 것뿐만 아니라 윤리에 대한 고찰을 통해서만 온전히 파악된다고 할 수 있다.[5]

그런데 필자는 윤리가 아니라 종교를 살펴보고자 한다. 그 이유는 첫째, 종교는 윤리와 마찬가지로『논고』에서 '말할 수 없는 것'에 해당하고 그래서 '말할 수 있는 것'의 배경이 되기 때문이며 둘째, 비트겐슈타인에게서 윤리와 종교는 밀접한 관계를 가지고 있기 때문이다. 실제로 『노트북』에서 비트겐슈타인은 윤리나 종교, 미학을 크게 구분하지 않고 있으며, "만일 어떤 것이 선(善)이라면, 그것은 또한 신적이다. 이상스러울지 모르지만, 이로써 나의 윤리학은 요약된다"(『문화』 31쪽)고 말함으로써 그 스스로 윤리와 종교는 밀접한 관계에 있음을 밝히고 있다. 셋째, 윤리, 미학, 종교 등이 동일하게 '말할 수 없는 것'으로 분류됨에도 윤리나 미학보다는 종교에 대한 언급이 훨씬 많기 때문이다.[6] 전기의 두 문헌,『논고』와『노트북』에서 '말할 수 없는 것'에 대한 언급 대부

'말할 수 있는 것'의 배경이 된다.

5　재닉과 툴민 역시 이러한 주장을 하고 있다. 그들은『논고』는 당시 오스트리아의 지식인들의 고민 — 논리학과 윤리학, 그리고 언어비판이 밀접하게 관련되어 있다는 것, 이성은 가치와 무관하며 그 자체로 좋은 것도 나쁜 것도 아니라는 것, 특히 당대 사유와 표현의 부패함과 부도덕성 등에 대한 고민 —과 깊은 관련이 있으며, 그들의 고민을 해결하는 결정판이었다고 한다. 재닉과 툴민의 주장에 따르면, 만일『논고』가 영국이 아니라 오스트리아에서 출판되었다면『논고』는 윤리적 논문으로 간주되었을 것이며, 비트겐슈타인과 친했던 오스트리아인들은 비트겐슈타인의 고민은 언제나 윤리적 관점에서 나온 것이라고 한다. 심지어 그들은『논고』가 윤리의 본성을 보여 준 것에 그치는 것이 아니라 그 자체로 윤리적 행위였다고 한다(Janik & Toulmin, 33-4쪽 참조).

6　분량의 차이는 후기에 더 심한데, 1929년 12월에 강연한「윤리학」을 제외하고는 윤리에 대해서는 거의 언급하지 않는 데 반해 종교에 대한 언급은「소견들」과『강의』에서 적극적으로 하고 있고, 또한『문화』에서도 윤리보다는 예술, 종교 등에 대해 훨씬 많이 언급하고 있다. 그리고『강의』에서 종교와 미학은 다루지만 윤리는 다루지 않았다는 것에서도 비트겐슈타인이 윤리와 종교를 달리 보지 않았다는 것을 보여 준다.

분이 종교에 대한 것이다. 실제로 비트겐슈타인은 윤리가 더 중요하다고 하면서 윤리에 대해서는 거의 언급하지 않고 종교에 대해 훨씬 많이 언급하고 있다. 이것은 그가 종교와 윤리를 구분해서 보지 않았다는 증거이다. 윤리와 종교가 그에게서 구분되지 않는다면, 그리고 말할 수 없는 것들에 대한 언급 대부분이 윤리나 미학보다는 종교에 대한 것이라면, '말할 수 있는 것'의 배경이 되는 '말할 수 없는 것'에 대한 고찰은 종교를 통해 이루어져야 할 것이다. 끝으로 종교적 삶에 대한 그의 고뇌가 적지 않았다는 것도 이유로 들 수 있다. 비트겐슈타인은 그의 전 생애 동안 항상 종교적 삶에 대해 심각하게 고민했는데 이것은 여러 일화들을 통해 잘 알 수 있다. 이러한 이유들 때문에 전기에 종교는 '말할 수 없는 것'의 대표 역할을 한다고 볼 수 있을 뿐만 아니라 그에 대한 고찰은 다른 말할 수 없는 것들에 대한 논의 기반이 될 것이다.

1. '말할 수 있는 것'과 '말할 수 없는 것'

비트겐슈타인은 『논고』의 서문을 다음과 같이 시작하고 있다.

> 이 책의 전체적인 뜻은 대략 다음의 말로 요약될 수 있을 것이다: 도대체 말해질 수 있는 것은 명료하게 말해질 수 있다; 그리고 이야기할 수 없는 것에 관해서는 우리는 침묵해야 한다. (『논고』 머리말)

뒤이어 그는 "생각에 한계", "사고의 표현에 한계"(『논고』 머리말)를 긋겠다고 한다. 생각될 수 있는 것은 명료하게 생각될 수 있고, 언표될 수 있는 것은 명료하게 언표될 수 있다(『논고』 4.116 참조). 따라서 "철학의 목적"은 사고를 "논리적"으로 "명료화"하는 것(『논고』 4.112)이며, 생각될 수 있는 것과 생각될 수 없는 것, 언표될 수 있는 것과 언표될 수 없는 것 사이의 한계를 긋는 것이다. 그렇다면 '말해질 수 있는 것'은 무엇인가? "자연 과학적 명제들"(『논고』 6.53)이다. "대상들의 결합"(『논고』 2.01)인 "사태의 존립과 비존립을 묘사"(『논고』 4.1)하는 명제는, "이미 뜻을 가지고 있어야 하"며(『논고』 4.064 원문 강조), "명제의 뜻은 사태들의 존립과 비존립 가능성들과 명제와의 일치와 불일치"(『논고』 4.2)에 있다. 그런데 그런 명제는 경험적 명제, 즉 자연 과학적 명제들이다(『논고』 4.11 참조). 그러므로 철학은 '말할 수 있는 것'으로서 자연 과학의 영역을 한계 짓는다(『논고』 4.113 참조).

그러나 실상 비트겐슈타인이 겨냥하는 것은 자연 과학에 있지 않다. 정말 해결되어야 할 것은 자연 과학의 문제가 아니기 때문이다(『논고』 6.4312, 6.52 참조). 그는 생각될 수 있는 것을 통해 "생각될 수 없는 것을 한계"(『논고』 4.114) 짓고자 한다. "철학은 말할 수 있는 것을 명료하게 묘사함으로써, 말할 수 없는 것을 의미"(『논고』 4.115)하는 것이기 때문이다. 강조는 뒤에 있다. 그렇다면 '말할 수 없는 것'은 무엇인가? 윤리학, 미학, 종교, 형이상학 등이다. 비트겐슈타인은 윤리학과 미학은 언표될 수 없는 "선험적"인 것이며(『논고』 6.421; 『노트북』 77쪽 참조),[7] 윤리학이나 종교를 말하려고 하는 것은 "완전히, 절대적으로 희망 없는(hopeless)"(「윤리학」 36쪽) 시도이며, 그 결과는 무의미(non-

---

7 논리학도 선험적이다(『논고』 5.552, 6.13 참조). 그래서 "논리학의 모든 명제들은" "아무것도 말하지 않는다"(『논고』 5.43). 그것에 대해 말할 수 있으려면 "명제를 가지고 논리 바깥에, 즉 세계 바깥에"(『논고』 4.12) 서야 하기 때문이다. 논리학이 선험적이며 말할 수 있는 것은 아니지만 무의미하지는 않다(『논고』 4.4611 참조). 단지 뜻이 없을(senseless) 뿐이다(『논고』 4.461 참조). 이에 반해 윤리학, 미학, 종교에 대해 말하는 것은 무의미하다.

sense)가 될 뿐이라고 한다. 그리고 "형이상학적인 어떤 것을 말하려고" 하는 것은 "아무런 의미도 부여하지 못"한다는 것을 입증하는 것에 불과하다고 한다(『논고』6.53).

그런데 형이상학은 말할 수 없는 것이며, 그에 대해 말한다는 것은 무의미한 것이라는 비트겐슈타인의 주장은 그를 논리실증주의자처럼 보이게 한다. 실제로 논리실증주의자들은 비트겐슈타인의 견해가 자신들의 견해와 일치한다고 생각했다. 하지만 비트겐슈타인과 논리실증주의자들의 견해 사이의 거리는 멀다. 논리실증주의자들은 말할 수 있는 것만 중요하며 의미 있다고 한다. 비트겐슈타인도 '말할 수 있는 것'에 대해서만 말할 수 있고, 또 그것은 의미가 있다고 한다. 하지만 그는 여기서 그치지 않고 '말할 수 없는 것'들은 스스로 드러나며, 비록 그에 대해 침묵할 수밖에 없지만 더 중요하다고 주장한 점에서 논리실증주의와 차이가 있다. 비트겐슈타인이 종교와 윤리적 진리들을 사실적 담론 내에 두지 않은 것은 논리실증주의자들이 종교나 윤리적 진리에 대해 취했던 태도와 다르다. 비트겐슈타인은 종교나 윤리가 중요하지 않다는 것을 증명하기 위해 사실적 담론 내에 두지 않은 것이 아니라, 사실적 담론 속에 두었을 때 훼손될 가능성으로부터 차단하려는 의도에서 그렇게 하였다.[8]

2. 신

비트겐슈타인은 "세계"와 "나의 독립된 나(my independent I)"라는

---

8 Pears, 71쪽 참조.

"두 개의 신성(godheads)"이 있다고 한다(『노트북』 74쪽). 비트겐슈타인은 "신에 대해 아는 것이 무엇인가?"라는 질문에 "나는 이 세계가 존재한다는 것을 안다"고 말한다(『노트북』 72쪽). 신에 대한 질문에 신에 대해 답하는 것이 아니라 세계가 존재한다는 것을 안다고 답하고 있다. 그의 '말할 수 있는 것'과 '말할 수 없는 것'의 구분을 고려한다면 신에 대해 말할 수 없음은 당연하다. 비록 신에 대해 말할 수는 없지만 이 세계가 존재한다는 것은 안다. 그렇다면 비트겐슈타인은 이 세계가 존재한다는 것을 통해 신에 대해 알 수 있다는 것을 보여 주는 것이 아닐까? 혹은 세계가 존재한다는 것이 신을 드러내는 것이 아닐까? 신이 존재한다, 존재하지 않는다고 명제적으로 언표할 수 없고, 우리가 할 수 있는 것은 말할 수 있는 것으로 말할 수 없는 것을 드러내는 것, 즉 '세계가 존재한다'고 말하는 것뿐이다.

> 세계는 내게 주어져 있다. 즉 나의 의지는 이미 완성되어 있는 어떤 것 속으로 들어가듯 완전히 밖에서부터 세계 속으로 들어간다.
> (나의 의지가 무엇인지에 대해서 아직 나는 모른다.)
> 그것이 우리가 외부의 의지(alien will)에 의존하고 있다는 느낌을 가지는 이유이다.
> 그것은 그렇다 치고, 어쨌든 우리는 어떤 의미에서 의존적이며, 우리가 의존하는 것을 우리는 신이라 부를 수 있다.
> 이런 의미에서 간단히 신은 운명(fate) 혹은 동일한 것, 즉 세계 — 우리의 의지에 독립적인 — 일 것이다. (『노트북』 74쪽 원문 강조)

우리가 무엇인가에 의존하고 있다고 느끼는 이유는 세계가 주어져 있기 때문이다. 이것은 외부의 의지이며, 이것을 우리는 신이라고 한다.

주어진 것으로서의 세계는 우리의 의지로부터 독립적이기 때문에 사람들은 이것을 운명이라고 부른다. 우리 의지로부터 독립적인 세계는 사실들의 총체로서의 세계이다. 그러므로 사실들의 총체로서의 세계는 외부의 의지이며 운명이며, 신이다.

2.1 사실들의 총체로서의 세계

비트겐슈타인은 『논고』 첫 부분을 세계에 대한 명제로 시작하고 있다.

> 1 세계는 일어나는 모든 것이다.
>
> 1.1 세계는 사실들의 총체이지, 사물들의 총체가 아니다.
>
> 2 일어나는 것, 즉 사실은 사태들의 존립이다.
>
> 2.01 사태는 대상들(실물들, 사물들)의 결합이다.
>
> 2.0272 대상들의 배열이 사태를 형성한다.

세계는 사물들의 총체가 아니고 사실들의 총체, 존립하는 사태들의 총체이며 사태는 대상들의 결합이다. 그런데 대상은 확고하나 그 배열은 변한다(『논고』 2.0271 참조). 어떤 측면에서 대상이 확고하고 어떤 측면에서 배열이 변하는가?

> 4.123 어떤 속성을 지닌 대상이 그것을 소유하지 않는다고는 생각될 수 없다면, 그 속성은 내적이다.
>
> 2.01231 어떤 한 대상을 알기 위해 내가 그 대상의 외적 속성들을 반드시 알아야 할 필요는 없다. 그러나 나는 그 대상의 내적 속성들은 모두 알아야 한다.
>
> 2.0123 내가 대상을 알고 있다면, 나는 그것이 사태들 속에서 나타날 가능

성들도 전부 알고 있다.

(이러한 모든 가능성은 대상의 본성 속에 놓여 있어야 한다)

나중에 가서 새로운 가능성이 발견될 수는 없다.

대상들은 내적 속성과 외적 속성을 가지고 있다. 외적 속성은 한 대상이 다른 대상들과 어떤 연결을 가지며, 어떤 사태의 일부가 되는가에 의존하기에 고정된 것이 아니며 변하는 것이다. 이런 측면에서 대상의 배열은 변한다. 이에 반해 내적 속성들은 대상이 가지고 있는 고유한 형식이고 대상의 본성이어서 변하지 않는다. 그래서 대상은 확고하다. 그러므로 대상을 알기 위해서는 대상의 내적 속성을 알아야 한다. 대상의 내적 속성을 알게 된다면 그 대상이 사태들 속에 나타날 가능성도 알게 된다. 왜냐하면 대상의 본성 속에는 이미 사태들 속에서의 가능성이 놓여 있기 때문이다. 예를 들어, 의자는 책상과 책상 사이에 놓여 있을 가능성은 있지만 벽과 벽에 발린 페인트 사이에 있을 가능성은 없다. 그러므로 우리가 의자를 안다면 의자가 어떤 가능한 사태를 동반하는지를 안다. 따라서 모든 대상을 함께 고려한다면, 대상들의 가능한 결합의 총체, 가능한 사태들을 알 수 있다(『논고』 2.0124 참조).

"세계 속에서 모든 것은 있는 그대로 있으며, 모든 것은 일어나는 그대로 일어난다"(『논고』 6.41 원문 강조). 대상에 의해 존립하는 사태들은 주체에 의해 변하지 않는다. 대상의 내적 속성은 고정되고 불변하기 때문에 그에 따라 존립하는 사태들의 총체는 주체에 의해 변할 수 없다. 이런 의미에서 세계는 주어진 것이다. "의지와 세계 사이"에 어떤 "논리적 연관"이나 "물리적 연관"도 가정할 수 없다(『노트북』 73쪽; 『논고』 6.374 원문 강조). 그래서 세계는 "주체를 필요로 하지 않으며"(『노트북』 89쪽), 주체 독립적이다(『논고』 6.373 참조). 의지의 세계 독립적

관계는 쉽게 파악될 수 있다.[9] 두 명제 '나는 p가 일어날 것을 확신한
다'와 'p'는 논리적으로 서로 독립적이다. 'p가 미래에 일어날 것'이라
는 나의 확신은 p가 사실상 일어날 것을 보증할 수 없다. 비록 p가 일
어날 수 있게 어떤 방안을 모색한다고 하더라도, 내가 나의 바람과 내
가 모색한 수단 사이의 '물리적 연관'이지 나의 '의지'가 물리적 연관
은 아니다(『논고』 6.374 참조). 'p가 발생할 것'이라는 나의 확신과 사
실상 'p가 발생하는 것' 사이에 메울 수 없는 간격이 있다. 따라서 주어
진 것으로서의 세계, 존립하는 사태들의 총체로서의 세계는 주체 독립
적인 것으로서 앞에서 말한 신성 중 첫 번째 것에 해당된다.

2.2 나의 독립된 나

우리가 외부의 의지와 같은 뭔가에 의존하고 있다는 느낌을 가지는 것
은 세계가 내게 주어져 있기 때문이다. 여기서 중요한 것 중 하나는 실
제로 우리가 외부의 의지에 의존하는 것은 아니라는 것이다. 정확히 말
하면, 의존하는지 하지 않는지는 정확하지 않다. 그러나 의존하고 있다
는 '느낌'은 있다. 우리는 아무리 노력해도 어찌해 볼 수 없는 일들을
만난다. 아무리 노력해도 어찌할 수 없기에 마치 신의 뜻인 양, 미리 정
해진 운명과 같은 것이 작동하는 양 여긴다.

2.2.1 의지하는 주체

비트겐슈타인에 따르면 '나'는 세계로부터 독립되어 있다. "세계에
서 일어나는 일을 나의 의지에 따르게 할 수 없"으며(『노트북』 73쪽),
내가 세계에서 일어나는 일에 영향을 미칠 수 없기 때문이다. 세계만

---

9   Black, 366쪽 참조.

나의 의지로부터 독립된 것일 뿐만 아니라 나 역시 세계로부터 독립된
존재이다. 서로 영향을 주고받을 수 없지만 둘 다 존재하며, 존재하기
는 하지만 서로 영향을 주고받지 않기에 둘은 신의 두 측면 혹은 두 신
성이어야 한다(『노트북』 74쪽 참조).

그런데 나의 독립된 나는 "세계는 나의 세계", "나는 나의 세계"(『논
고』 5.63)라고 할 때의 '나'가 아니다. 왜냐하면 "세계는 나의 세계"에
서의 '나'는 유아주의의 자아이며(『논고』 5.62 참조) "세계는 나의 세
계"라는 것을 통해 철학에 들어온 철학적 자아(『논고』 5.641 참조)인
데 반해, '나의 독립된 나'는 나의 의지와 관계되는 것이기 때문이다.

비트겐슈타인이 언급하는 주체는 두 개다. 하나는 사유하는 혹은 생
각하고 표상하는 주체(『논고』 5.631 참조)이고 다른 하나는 의지하는
주체이다.

결국 사유하는 주체는 단순히 미신이 아닌가?
세계 속 어디에서 형이상학적 주체가 발견되는가?
당신은 그것은 눈과 시야에 대한 것과 같다고 말한다. 그런데 당신은 실제로
눈을 보지 못한다.
……
확실히 사유하는 주체는 단순한 환상이다. 그러나 의지하는 주체는 존재한
다.
만일 의지가 존재하지 않는다면, 우리가 나(the I)라고 부르는, 윤리의 소지
자인 세계의 중심도 없을 것이다. (『노트북』 80쪽, 원문 강조)

사유하는 주체는 형이상학적 주체이며 형이상학적 주체는 철학적 자아
인데(『논고』 5.641 참조), 이러한 주체는 미신이고 환상에 불과하며 존

재하지 않는 것이다. 미신이나 환상에 불과함에도 불구하고 언급한 이유는 세계가 존재하기 때문이다. 세계와 사유하는 주체는 마치 눈과 시야와 같다. 시야가 있다면 눈이 있음에 틀림없다. 눈 없이 시야가 있을 수 없기 때문이다. 그러나 시야에는 눈이 없다. 뿐만 아니라 시야 속에 있는 것을 통해서 눈을 추론할 수도 없다(『논고』 5.633 참조). 우리는 그저 눈을 통해 볼 뿐, 내 눈 앞에 있는 것을 통해 나의 눈이 있다는 것을 추론하지 않는다. 시야가 있다는 것을 인식하게 되면 그것을 가능하게 하는 눈을 추정할 수는 있으나 발견할 수는 없다. 마찬가지로 사유하는 주체는 세계 내 존재가 아니고(『논고』 5.631 참조) 그래서 신체도 영혼도 아니지만, 세계가 존재한다는 점에서 그리고 그 세계가 나의 세계라는 점에서 철학적 자아로 상정된다(『논고』 5.641 참조). 철학적 자아는 유아주의의 나(the I)로서(『노트북』 82쪽 참조), 존재한다고 해야 하나 실상 찾으면 존재하지 않는, 연장 없는 점이 된다(『노트북』 82쪽 참조). 그래서 "유아주의가 엄격히 관철되면" "유아주의의 자아는 연장 없는 점으로 수축되고", 그 후에는 "그것과 동격화된 실재"만 남게 되어 유아주의는 "순수한 실재주의"가 된다(『논고』 5.64). 결국 남는 것은 유아주의의 자아와 동격인 세계이다. 그런 의미에서 철학적 자아는 세계의 한계이며(『논고』 5.641 참조) 사실들의 총체로서의 세계이다. 사유하는 주체, 철학적 자아, 형이상학적 자아는 세계가 존재하기 때문에 존재한다고 해야 하나 찾으려고 하면 점으로 수축해 존재하지 않는다. 그래서 환상이며 미신이다.

　존재하는 것은 의지하는 주체뿐이다.[10] 왜냐하면 의지가 없다면 세계

────────────

10　『논고』에서 언급되는 의지는 윤리적 의지이며, 주체로서 존재하는 것은 윤리적 의지뿐이다. 그런데 모든 의지적 행위를 윤리적 의지 행위라고 할 수 있는가? 만일 누군가가 '팔을 들려고 해' 라고 말하고 실제로 그렇게 한다면, 그는 윤리적 행위를 하는 윤

의 중심도 없을 것이기 때문이다. 왜 의지가 없으면 세계의 중심도 없
게 되는가? '세계의 중심이 있다'는 것과 '의지하는 주체가 존재한다'
는 것은 무슨 관계가 있는가? 여기서 언급된 세계의 중심은 물리적인
차원에서의 중심이 아니다. 그것은 마치 세계의 한계가 물리적인 한계
가 아닌 것과 마찬가지이다.[11] 그렇다면 세계의 중심이라는 말은 무슨

리적 주체라고 봐야 하는가? 『노트북』에는 다음과 같은 말이 있다. "모든 경험은 세계
이며, 주체를 필요로 하지 않는다"(89쪽). 이 말에 따르면, 경험의 주체는 없다. '팔을
들려고 해'라는 말과 그에 부합한 행위는 있으나, 그 말과 행위의 주체는 찾으려 하면
결국 사라지는 점이 된다. 결국 '~려고 한다'의 주체는 찾을 수 없다. 그렇다면 '~려
고 한다(will)' 등과 같은, 즉 의도 등은 윤리적 행위가 아니고 윤리적 의지도 아니며,
주체도 요청하지 않는 경험일 뿐이다. 비트겐슈타인이 『논고』와 『노트북』에서 언급하
는 의지는 실제 세계에 어떤 행위를 하는 것과 무관하다. 『논고』와 『노트북』의 의지는
세계에 대한 태도로서의 의지이다(『노트북』 87쪽 참조).

11　비트겐슈타인은 『논고』에서 자주 '한계'에 대해 언급하고 있다. 그런데 '한계'라
는 표현에 유의해야 하는데, 비트겐슈타인이 사용하고 있는 '한계'라는 낱말은 메타포
이기 때문이다(Munitz, 331–2쪽 참조). '한계'라는 낱말은 마치 물리적인 경계선에 의
해 분리된 두 영역, 혹은 두 세계가 있으며 이 두 세계를 분리시켜 주는 경계로서의 한
계로 생각하기 쉬운데 이는 오류이다. 이 낱말은 두 개의 '세계들' 혹은 두 개의 '영역
들' 등을 의미하는 것이 아니다(Black, 308쪽 참조). 비트겐슈타인에 따르면 오직 하나
의 세계만이 존재한다. 현실과 현실의 그림인 명제(『논고』 4.01 참조)는 논리적 형식을
공유하는데(『논고』 4.12 참조), 이 "논리적 형식을 묘사"하기 위해서는 우리가 "명제를
가지고 논리 바깥에", "세계 바깥에" 있어야 한다(『논고』 4.12). 그런데 명제로 명제의
논리적 형식을 묘사할 수 없다(『논고』 4.121 참조). 명제의 논리적 형식은 명제로만 드
러난다. 다시 말해 논리의 바깥, 세계의 바깥은 없다. 마치 울타리가 있고 이는 뛰어넘
을 수 있어, 뛰어넘기 전 영역과 뛰어넘어 간 영역 모두를 기술할 수 있는 것처럼 이 세
계 밖 세계가 있고 거기에서 이 세계와 세계의 한계에 관한 내용을 말할 수 있는 것이
아니다. 또한, '한계'라는 표현은 어떤 양적이고 '유한한' 영역을 기호화하는 것이 아
니다. 비트겐슈타인이 한계 지어진 전체로서의 세계를 말할 때, 시공간적으로 한계 지
어진 물리적인 우주로서의 세계를 의미하는 것이 아니다. 나아가 하나의 벽이 두 개의
영역을 분리시키는 동시에 풍경의 한 부분이 되는 것처럼 한계는 그 자체가 세계나 언
어의 한 부분이 되지 않는다. 언어의 한계는 언어 내(within)에서 형성될 수 없으며, 언
어 안(in)에 있는 하나의 명제가 될 수 없다. 세계의 한계나 한계 지어진 전체로서의 세

말인가?

> 의지하는 주체는 행복하거나 불행해야 할 것이며, 행복과 불행은 세계의 일
> 부일 수 없을 것이다.
> 주체는 세계의 일부가 아니라 세계 존재의 전제조건이듯이 주체의 속성인
> 선과 악은 세계의 속성이 아니다. (『노트북』 79쪽)

'주체는 세계 존재의 전제조건'이라고 할 때의 주체는 의지하는 주체이
다. 윤리는 논리와 마찬가지로 세계의 조건이다(『노트북』 77쪽 참조).
논리가 세계에 영향을 미치지 않으나 세계의 존립 근거이며 전제가 되
는 것과 마찬가지로, 의지도 세계에 영향을 미치지 않으나 세계의 전제
조건이 된다. 그래서 논리와 윤리는 선험적이다(『논고』 6.13, 6.421 참
조).[12] 세계의 구조와 논리의 구조가 일치하기 때문에 논리 없는 세계가
가능하지 않으며, 주체는 그러한 세계를 선 혹은 악으로, 행복 혹은 불
행으로, 즉 특정한 윤리적 태도를 가지고 대하기 때문에 윤리 없는 세
계 역시 가능하지 않다. 의지는 세계에 대한 주체의 태도이다(『노트북』
87쪽 참조). 논리는 세계 내의 사실들, 사태들 혹은 명제들에서 드러나
며, 의지는 세계와 사실들, 사태들에 대한 태도에서 드러난다. 그러므

계는 그 세계를 구성하고 있는 사실들의 총체 속(in)에 있는 하나의 사실이 될 수가 없
다. 그렇기 때문에 언어나 세계의 한계가 무엇인지 말할 수 없다. 따라서 시공간 밖에
있다고 하는 것을 또 하나의 세계로 이해해서는 곤란하며, 우주적 공간 외부로 이해해
서도 안 되며, 나아가 언어로 명료화하려고 해서도 안 된다.
12 『논고』에서는 윤리학이 선험적이며 말로 표현할 수 없다는 점에서 윤리학과 미학
은 하나라고 하고 있다(6.421 참조). 또 『노트북』에서는 윤리는 논리와 마찬가지로 세
계의 조건이라는 말과 함께 윤리와 미학은 하나라고 한다(77쪽 참조). 이로부터 미학
도 세계의 조건임을 알 수 있다.

로 윤리의 소지자가 세계의 중심이라는 말은 의지하는 주체가 없다면 세계가 성립할 수 없는 것으로 이해될 수 있으며, 그런 의미에서 의지하는 주체는 세계의 전제조건이며 세계의 중심이다.

2.2.2 선과 악

주체가 세계의 일부가 아니라 전제조건이듯, 주체의 속성인 선악은 세계의 속성이 아니기에 세계 내에 없다. 세계 그 자체는 선도 악도 아니지만(『노트북』 79, 80쪽 참조), 주체를 통해 선한 세계 혹은 악한 세계가 되는데, 그것은 선악이 세계의 한계에 영향을 미치기 때문이다(『노트북』 73쪽 참조). 선한 혹은 악한 의지가 세계의 한계에 영향을 미친다는 것은 마치 세계가 증가되거나 감소되는 것, 즉 의미를 얻게 되거나 상실하게 되는 것과 같은 것이다(『노트북』 73쪽 참조). 다시 말해 의지하는 주체가 세계에 미치는 영향은 세계의 의미와 관련되는 것으로, 선한 의지는 세계를 의미 있는 것(의미 획득)으로, 악한 의지는 세계를 의미 없는 것(의미 상실)으로 만든다.

선한 의지를 가진 자는 행복하며 악한 의지를 가진 자는 불행하다(『노트북』 75, 79쪽 참조). "행복한 자의 세계는 행복한 세계"(『노트북』 78쪽)이며, 불행한 자의 세계는 불행한 세계이다. 비록 사실들의 세계는 변함이 없으나, 의지하는 주체가 세계를 어떻게 보는가, 어떤 조망을 가지고 세계를 보는가에 따라 세계는 확연히 달라진다. 이렇게 세계가 달라지는 변화는 세계관적 전환을 경험한 사람들에게서, 특히 종교적 개종을 한 사람에게서 볼 수 있다. 사실로서 그의 주변 상황은 변한 것이 없으나 그의 세계는 전혀 다른 세계가 되며, 세계에 대한 그의 자세도 달라진다. 그래서 종교적 태도는 전체로서의 세계를 향한 태도이다.[13] 이전에 중요했던 것이 전혀 중요하지 않은 것이 되고, 이전에 가치 없던 것이 가치 있는 것이 되기도 하며, 문제를 어떤 측면에서는 심각하게 받아들이지만 또 다른 측면에서는 전혀 심각하게 받아들이지 않으며 심지어 그보다 더 중요한 다른 것이 있다고 말하기도 한다(RC III §317 참조).

그렇다면 선한 의지를 가진 사람의 세계의 의미[14]는 무엇인가? 또 그것이 선한 사람의 세계라는 것을 알 수 있는 표식은 무엇인가? 그것은 말할 수 없다. 왜냐하면 그것은 '말할 수 없는 것'이기 때문이다. 그것은 "물리적인 것이 아니라 형이상학적이고 초월적인"(『노트북』78쪽) 표식이기 때문이다. 하지만 유비적인 고려조차 차단된 것은 아니다. 비트겐슈타인은 "선한 삶은 영원의 관점(sub specie aeternitatis)에서 본 세계"(『노트북』83쪽)라고 한다. 일반적인 봄은 사물을 사물들의 한 가운데에서 보는 것인데 반해 영원의 관점에서 사물을 본다는 것은 "사물들의 외부(outside)로부터 보는 것"이며, "세계를 배경으로, 전체 세계를 배경으로 사물을 보는 것"(『노트북』83쪽)이다. "예술 작품은 영원의 관점에서 보여진 대상이다. 선한 삶은 영원의 관점에서 보여진 세계이다. 이것이 윤리와 예술 사이의 연관이다"(『노트북』83쪽). 비트겐슈타인은 '영원의 관점에서의 봄'에서 미학과 윤리학을 관련시킨다. 예술

---

13 Hyman, 3쪽 참조.
14 "오직 명제만이 뜻을 가진다: 오직 명제 연관 속에서만 이름은 의미를 가진다"(『논고』3.3). 『논고』에서 비트겐슈타인은 대상에는 의미(Bedeutung)를, 명제에는 뜻(Sinn)이라는 말을 쓴다. 『논고』에서 'Bedeutung'은 'meaning'으로, 'Sinn'은 'sense'로 영역되어 있다. 그런데 『노트북』의 영역자 Anscombe의 경우에는 위와 같은 일관성을 결여하고 있다. 예를 들어 'Sinn des Lebens'의 경우 'the meaning of life'로 영역하고 있다(『노트북』74쪽 참조). 필자는 여기서 특별히 Sinn과 Bedeutung을 구분하지 않고 '의미'로 사용하기로 한다.

에서 세계를 배경으로 하여 본 대상은 조화로운 대상, 전체와의 조화로운 관계 속에서의 대상이다(『노트북』 83쪽 참조). 마찬가지로 영원의 관점에서 본 세계는 조화로운 세계이다. 따라서 선한 의지를 가진 사람은 세계를 조화로운 것으로 보며 이에 어울리는 삶을 산다.

3. 삶의 목적 – 행복

비트겐슈타인은 신에 대한 질문에 "세계가 존재한다는 것을 안다"는 것으로 답했는데, "삶의 목적이 무엇인가?"라는 질문에도 동일한 대답을 한다(『노트북』 72쪽 참조). 삶의 목적은 언표될 수 있는 것이 아니고 드러날 뿐이다. 그렇다면 어디에서 삶의 목적이 드러나는가? 세계가 존재한다는 것에서 드러난다. 세계가 존재하므로 '세계에서 사는 것', 그것이 삶의 목적이다. 그래서 "산다는 것 외에 어떤 목적도 가질 필요가 없는 사람"은 "만족한 사람"이며 행복한 사람이다(『노트북』 73쪽). 비트겐슈타인에 따르면 행복하게 사는 것이 존재의 목적이며 삶의 목적이다. 왜 행복해야 하는가? "행복한 삶은 좋고 불행한 삶은 나쁘기" 때문이며, "행복한 삶은 그 자체로 정당화되는 유일하게 옳은 삶"이기 때문이다(『노트북』 78쪽). 그러므로 "왜 행복하게 살아야 하는가라는 질문은 동어반복"(『노트북』 78쪽)에 불과하다. 그것은 당연한 것, 질문이 되지 않는 것을 질문한 무의미한 물음이다.

　그렇다면 '행복'은 무엇인가? 비트겐슈타인은 행복에 관해서도 정의하지 않는다. 이 역시 '말할 수 없는 것'에 대해서는 침묵해야 한다고 언표한 바와 일치한다. 만일 행복에 대해 정의한다면 그것은 말할 수 없는 것, 신비로운 것에 대해 말하는 것이 된다. 그러므로 행복이 무엇인지 정의할 수 없을 뿐만 아니라 정의해서도 안 된다. 행복한 자는 '행복'이 무엇인지 정의하고 자신의 삶이 그 정의에 부합하는지를 확인함으로써 행복을 드러내지 않는다. 자신이 누리는 행복에 대해 말하는 것이 아니라 단지 행복한 삶을 살 뿐이다. 이에 따라 우리도 행복에 대한 정의를 기대할 것이 아니라 행복한 자의 삶을 통해 행복한 자의 특징을 알아볼 수밖에 없다.

3.1 문제의 멈춤

삶이 무엇인지, 삶의 의미가 무엇인지에 대한 고민은 누구나 갖고 있다. 그러나 정작 그에 대한 답을 얻었다고 단언할 수 있는 이는 드물며 설혹 답을 얻었다 하더라도 누구나 공감할 수 있는 답이 되는 경우도 드물다. 그런데 대체로 삶에 대한 고민 — 삶이 무엇인지, 삶의 의미가 무엇인지 — 이 깊어질수록 건강한 삶에서 더 멀어진다. 삶의 문제[15]에는 답이 없다. 대답이 언표될 수 없다면 "물음도 언표될 수 없다"(『논고』6.5). "물음이란 대답이 존립할 수 있는 곳에서만 존립할 수 있으며, 또 이 대답이란 어떤 것이 말해질 수 있는 곳에서만 존립할 수"(『논고』6.51) 있기 때문이다. 삶의 문제는 말할 수 있는 영역에 속하는 것이 아니다. 삶의 문제에 답이 없다면 삶의 문제는 존립할 수 없다. 이렇게 삶의 문제는 물음으로서 성립할 수 없다는 것을 아는 사람이 행복한 사람이다. 그래서 행복한 자에게는 삶의 문제가 정지된다(『노트북』74쪽; 『논고』6.521 참조). 그는 삶의 문제가 존립할 수 없다는 것을 알기 때문에 삶의 문제에 집착하지 않고, 그럼으로써 오히려 삶에 관심을 가

---

15 비트겐슈타인이 여기서 말하는 '삶의 문제'는 '삶의 의미'이다(『논고』6.521 참조). 삶에서 일어나는 고통 등과 관련된 삶의 문제에 대한 언급도 있는데, 이에 대해서는 이후에 언급할 것이다.

지며 건강한 삶을 살게 된다. 반면 삶의 문제가 더 이상 존립하지 않는
데도 불구하고 여전히 그 문제를 껴안고 있는 사람은 불행한 사람이다.
비트겐슈타인이 "삶의 문제의 해결은" 삶의 "문제의 소멸에서 발견된
다"(『논고』 6.521)고 한 것은 이런 뜻에서이다. 삶의 문제는 답을 얻음
으로써 해결되는 것이 아니라 문제 자체가 사라짐으로써 해결되는 것
이다. 그래서 삶의 문제에 대해 오랫동안 회의한 후 삶의 의미가 명확
해진 사람은 그 뜻이 어디에 있는지 말하지 못하고(『논고』 6.521 참조)
그저 행복한 삶을 보여 줄 뿐이다.

삶의 문제가 정지된 삶을 사는 사람은 "시간 속(in time)에서가 아니
라 영원 속(in eternity)에서 살고 있는"(『노트북』 74쪽) 사람이다. 시간
속(in)에 있다는 것은 세계 속에 있다는 것이다. 그런데 삶의 의미는 세
계 속(in)이 아니라 "세계 밖(outside)에 있"다(『노트북』 73쪽). 따라서
시간을 벗어나야만 삶의 문제가 멈춘다. 그렇다면 '영원 속에서 산다'
는 것은 무엇인가? 비트겐슈타인은 '영원'을 "시간의 무한한 지속이 아
니라 무시간성(non-temporality)"(『노트북』 75쪽)으로 본다. 영원을 무
시간성으로 본다면, 무시간적 현재를 사는 사람이 영원 속에서 살고 있
는 사람이며 행복한 사람이다. 무시간적 현재에 산다는 것은 시공간 밖
에 있다는 것이다. 그런데 비트겐슈타인에 따르면 물리적 차원의 시공
간 밖(outside)은 없다. 따라서 시공간 밖에 있다는 것은 세계의 시공간
속의 사건, 사실에 무관하게 사는 것으로 해석되어야 한다. 이런 의미
에서 종교인들은 시간 속에 살고 있지 않다. 그들은 시공간 속에서의
사실이나 사건에 가치를 두지 않는다. 그렇기 때문에 신앙이 있는 사람
에게는 아무것도 일어날 수 없고 따라서 근심이 없고 불안이 없다. 아
무것도 일어나지 않는다는 것은 세계 속에서의 사건을 경험하지 않는
다는 것이 아니라, 세계 속에서의 사건을 경험한다고 하더라도 그것에

영향을 받지 않는다는 것이다. 사건에 의해 동요되지 않고 영향을 받지 않는다는 것은 아무 일도 일어나지 않은 것과 같다. 설혹 고통스러운 재난이 닥치더라도 동요되지 않는 자세를 유지할 수 있다는 것은 그 재난이 그에게는 사건이 아니라는 것이다. 이런 사람에게는 삶에서의 문제[16]가 정지된다(『노트북』 74쪽 참조). 그래서 무시간성으로서의 현재에는 사건으로서의 죽음이 없다(『노트북』 75쪽; 『논고』 6.4311 참조). 죽음을 직면하는 것을 두려워하지 않고, 죽음에 의해 동요되지 않기 때문에 현재를 사는 사람에게는 죽음이 사건이 되지 않는다. 비트겐슈타인은 "죽음에 직면한 두려움은 잘못된(false), 나쁜(bad) 삶의 최고의 표시"(『노트북』 75쪽)라고 한다. 현재를 사는 행복한 사람이라면 "죽음에 대한 두려움이 없는 것이 당연"(『노트북』 74쪽)하다.

3.2 세계와의 일치

"행복한 삶은 불행한 삶보다 더 조화롭다"(『노트북』 78쪽). 행복한 사람은 세계를 조화로운 것으로 이해하기 때문에 세계에 일치한 삶을 산다. 그래서 "행복하게 됨(being happy)은 세계와의 일치"(『노트북』 75쪽)를 의미한다. 행복한 사람, 현재를 사는 사람은 죽음에 대한 두려움뿐만 아니라 여타의 두려움도 없으며 심지어 소망조차 없다(『노트북』 76쪽 참조). 세계에 일치하기 때문에 소망이 있을 수 없다. 그렇다고 아무것도 의지(will)하지 않는다는 것은 아니다. 행복한 사람은 의지하여도 그 결과에 얽매이지 않는다. 비트겐슈타인에 따르면 의지는 바람과는 다르다. "바람은 행위가 아니다"(『노트북』 88쪽). 의지가 바람과 다

---

16   이것은 앞서 언급한 삶의 의미로서의 '삶의 문제'가 아니라 실제 삶 속에서 일어난 문제를 말한다.

르기 위해서는 그것은 행위여야 한다(『노트북』 77쪽 참고). 그런데 "의
지의 행위(act)는 경험이 아니다"(『노트북』 89쪽). 그렇다면 의지에 의
한 행동은 무엇인가? 또 의지한다는 것은 무엇인가? "행동을 의지한다
는 사실은 행동을 야기하는 어떤 다른 것을 하는 것이 아니라 행동을
이행함"(『노트북』 88쪽)에 불과하다. "의지에 의한 행위(act)는 행동
(acting)의 원인이 아니라 행동 그 자체이다"(『노트북』 87쪽). 어떤 결
과를 유발하기 때문에 의지함이나 의지에 의한 행위가 의미 있는 것이
아니라 의지함 그 자체, 의지에 의한 행위 그 자체가 의미 있는 것이다.
"의지가 세계에서 대상을 가져야 한다면 그 대상은 의도된 행동 그 자
체이다"(『노트북』 87쪽).[17] 그렇기 때문에 의지하는 바가 이루어지지
않더라도 불행하게 되는 것은 아니다(『노트북』 77쪽 참조).

　비트겐슈타인은 "'네 이웃을 사랑하라'는 것은 의지(will)하는 것을
의미한다"(『노트북』 77쪽)고 한다. '사랑함'이 의지함이다. 사랑에는
조건이 없다. 다른 사람을 사랑할 때 사랑의 결과를 기대하고 사랑하는
것이 아니다. 이웃을 향한 사랑이 이후 결과에 의존한 것이라면 그것은
진정한 사랑이 아니다. 그래서 "네 이웃을 사랑하라"는 명령을 이행하
는 사람은 사랑해서 한 행위의 결과가 어떠하든 동요되지 않으며 행위
그 자체에 만족한다. 그 사람을 괴롭히는 것은 이웃을 사랑하지 않는
것 혹은 덜 사랑한 것이지, 사랑에 따른 결과의 결여에 있지 않다. 그래
서 비록 원망(want)이 이루어지지 않는다 하더라도 행복할 수 있다
(『노트북』 77쪽 참조). 의지할 수 있으나 의지함을 그 결과와 연결시키
는 것은 행복한 사람의 특징이 아니다. 결과는 세계의 사실이고, 의지

17　이 때문에 비트겐슈타인은 윤리학이 상벌과 무관하며, '상벌'이 있다면 그 '행위
자체' 속에 놓여 있다고 한다. 『논고』 6.422 참조.

는 세계의 사실에 어떤 영향도 미칠 수 없다는 점에서 나는 세계에 대해 전적으로 무능력하다(『노트북』 73쪽 참조). 따라서 이 둘, 즉 의지함과 그 결과가 연관될 수 없다는 것을 아는 것이 행복한 삶이다. 그래서 행복한 사람은 소망을 가지지 않는다. "사건에 대한 포기"는 윤리나 윤리적 의지가 "사실과는 전혀 다른 차원에 속한다는 것을 인식"한 것이다.[18]

의지가 사실과 다른 차원에 속한다는 것을 인식한 자는 평정하다. 만일 나의 양심이 평정을 잃는다면 그것은 내가 세계와 일치하지 않기 때문이다(『노트북』 75쪽 참조). 양심을 따른다는 것은 양심에 따른 의지적 행동을 수반한다. 그런데 양심에 따른 의지적 행동은 세계 속의 사건에 영향을 미치는 것으로 보이며 그렇다면 세계의 사실에 대한 어떠한 영향도 포기한다는 것과 양립 불가능해 보인다. 하지만 이 둘은 양립 불가능한 것이 아니다. 사실에 대한 어떠한 영향도 포기해야 양심에 일치할 수 있기 때문이다.[19] '세계에 일치함'은 일어나는 모든 사건에 대한 체념이 아니라 선한 의지로 행하되 사실적 결과에 관심을 가지지 않고 그 결과를 외부의 의지에 맡겨 둔다는 것이다. 그리고 그것이 "신의 의지를 행하고 있는 것"(『노트북』 75쪽)이다.

4. 신비주의

종교, 윤리, 미학 등을 말할 수 없는 것으로 분류하고 말할 수 없는 것에 대해서는 침묵해야 한다는 주장, 그리고 죽음은 체험되지 않으며,

---

18 Finch, 172쪽 원문 강조.
19 Finch, 172쪽 참조.

영원은 무시간성이고, 세계의 존재 자체가 신비롭다고 하는 것까지 비트겐슈타인의 전기 사상에서 신비주의적 경향을 부인할 수 없다. 우선 신비주의는 어떤 특징을 지니고 있는지 살펴보자.

신비주의에 정통한 이들조차 '신비주의'에 대해 서로 일치하지 않는 것은 사실이지만 그럼에도 대략적인 공통점을 발견할 수 있다. 맥기니스에 따르면 신비주의자(the mystic)의 믿음은 네 가지 특징을 갖는다.[20] 첫째, 신비주의자들은 실재에 대한 통찰력을 믿으며, 이 통찰력이 감각이나 이성과 다를 뿐만 아니라 심지어 그보다 훨씬 월등하다고 믿는다. 둘째, 신비주의자는 실재가 어떤 대립이나 '분리도 없는 '전체로서의 하나''라고 믿는다. 셋째, 신비주의자는 시간은 실재하는 것이 아니라고 하며, 넷째, 선과 악을 환상(illusory)으로 보며, 이 때문에 그들의 윤리는 세상을 수용하는 것이다. 이외에 맥기니스는 자신들의 경험을 교리화하지 않으며, 교리화하는 것이나 언어로 표현하는 것이 불가능하다고 생각하는 것 등도 신비주의자들의 공통점이라고 한다.

비트겐슈타인의 전기 사상에는 맥기니스가 언급하는 신비주의자들의 특징이 있다. 첫째, 언표불가능성과 관련된 비트겐슈타인의 언급들은 신비주의적 특성을 띤다. 베어에 따르면 "신비(Mystik)"라는 낱말은 "눈과 귀와 입을 막는다"는 의미의 그리스어 "myein"에서 왔다.[21] 이것은 '신비'라는 낱말 자체가 이미 '침묵', '말할 수 없음'을 내포하고 있다는 것을 보여 준다.

---

20   McGuiness, 305-6쪽 참조.
21   Wehr(2001), 8쪽

황홀경을 말로 표현할 수 없다는 것은 모든 신비주의의 핵심이다.[22]

생각은 하나됨의 상태를 마음에 의해 분석되는 조각들로 찢어 놓게 됩니다.
하지만 침묵은 하나가 되게 합니다. 이 순간의 경험은 현존하지만 파악될 수
없고, 알려지지만 규정될 수 없습니다. 깨어 있는 이것은 붙잡을 수 없습니
다. 그것을 규정하고 파악하려고 하는 것은 헛된 시도일 뿐입니다.[23]

신비주의자들은 실상에 대해서 말할 수가 없다고 한다. 왜냐하면 진리
는 개념 너머에 있는데 "입을 열면" 그것은 "개념이 되어 버리기 때문"
이다.[24] 그래서 침묵할 뿐이다.

말은 진리가 아니며 진리를 가리킬 뿐입니다. ……
침묵은 현존을 전달하는 훨씬 더 강력한 도구입니다.[25]

말이란 진행되고 있는 진실의 아주 작은 부분일 뿐입니다. 진실은 말로 표현
될 수 없습니다. 진실은 침묵으로 존재하는 무엇이며, 설명될 수 없는 것입
니다.[26]

비트겐슈타인 역시 종교, 윤리 등은 말할 수 없는 것이기에 침묵해야
한다고 하고 있는데, 이는 신비주의자들이 자신의 경험과 실재에 대해

---

22 James, 490쪽
23 Adyashanti, 222쪽
24 Adyashanti, 212쪽
25 Tolle, 151쪽
26 Adyashanti, 227쪽

말로 할 수 없다고 한 것과 일치한다.[27] 신비적 체험을 한 자들은 한결같이 인간이 관념으로 접근할 수 있는 것, 이성과 기호로 표현할 수 있는 것은 신과 무관하며,[28] "개념적 확증"을 시도하는 신학은 "무한한 신을 설명하"지 못할 뿐만 아니라, 오히려 "신을 향해서" 나아가는 데 "방해가 된다"고 한다.[29] 개념적 확증이나 설명, 교리화 등과 같이 이성적으로 진리에 접근하고자 하는 것은 말로 표현할 수 없는 것 위에 그물을 치는 것과 같고, 실재를 파악하려고 개념을 보탤수록 우리 자신이 친 그물에 스스로 얽혀 들게 된다.[30] 신과의 만남은 전혀 다른 차원에서 이루어진다.

'신'이라고 하든 '존재'라고 하든, 혹은 다른 단어를 쓰든, 그 말 뒤에 숨은 실재를 정의하거나 설명할 수는 없습니다. 유일하게 중요한 문제가 있다면, 그 말이 품고 있는 바를 우리가 경험하는 것입니다. 때로는 말 자체가 본래의 뜻을 방해하는 경우가 적지 않기 때문입니다.[31]

27　어떤 이들은 말할 수 없는 것에 대해 침묵해야 한다고 말하는 비트겐슈타인 스스로가 말할 수 없는 것에 대해 말하고 있는 것이 아니냐고 비판한다. 이에 대한 답은 『논고』 6.54에 있다. 비트겐슈타인은 스스로의 작업을 주해 작업이라고 말하고 있다. 자신의 명제를 이해한 사람은 자신의 명제가 무의미하다는 것을 알게 될 것이기에 그들에게 자신의 명제나 자신의 작업은 일종의 사다리와 같다. 이르러야 할 곳에 이른 후에는 그곳으로 이끌었던 것은 더 이상 소용이 없게 되는 것처럼, 자신의 작업은 세계를 올바로 보게 된다면 더 이상 소용이 없다는 것이다. 이 점에서 불교와 유사하다. 허드슨은 "불교에 있어서도 그 목적은 불교 자체의 것까지도 포함하여 교리나 이론에 대한 집착으로부터 우리를 자유롭게 하는 데 있다. 교리나 이론은 강을 건널 수 있게 해 주는 뗏목에 불과하기 때문에, 일단 강을 건너면 그것들은 우리에게 더 이상 필요가 없는 것"(Hudson, H., 248쪽)이라고 말하고 있다.

28　Wehr(2001), 214쪽 참조.

29　Wehr(2001), 225쪽

30　Hardwick, 218쪽 참조.

비트겐슈타인 역시 말할 수 없는 것인 종교, 윤리, 미학 등은 설명될 수 있는 것이 아니며 이론화될 수 있는 것이 아니라고 한다. 피어스에 의하면, 비트겐슈타인이 "『논고』에서 한계선 너머에는 침묵이 있어야 한다고 했는데, 그것은 비과학적인 진리들을 말로 표현하려고 시도할 때는 그것들을 과학적 담론의 틀에 강제로 집어넣음으로써 필연적으로 왜곡이 일어"[32]나기 때문이다.

둘째, 신비를 체험한 자들의 공통적인 고백 중 하나가 '세계는 하나'이며 '주체와 객체, 관찰하는 나와 대상에의 일치', 곧 "미분화(未分化)의 통일"[33]이다.

> 신비주의적 인식은 사물 인식에 해당하는 주관-객관-인식의 구도를 철저하게 타파한다.[34]

신비적 앎의 본래 모습은 긍정과 부정 표현 그리고 개념적 표현을 배제한다. 그 이유는 그것이 개념을 넘어서 있고(본래 마음은 모든 이미지와 사유가 비워진 상태에 있다), 긍정과 부정 표현에서 요구되는 주객의 대립을 넘어서 있기 때문이다.

그 신비적 앎은 합일의 경험으로서, 선(禪)에서는 자기와 모든 사물과의 합일을 강조하고, 기독교 신비주의에서는 신과 나와의 합일을 목표로 한다. ……

요컨대 신비주의는 유형·무형의 모든 사물의 대상성을 탈피하는 사물과의

---

31 Tolle, 29쪽

32 Pears, 120쪽

33 최세만, 32쪽

34 Wehr(2009), 145쪽

합일을 지향한다.[35]

"나는 나의 세계이다.(소우주)"(『논고』 5.63), "사람은 소우주이다"(『노트북』 84쪽 원문 강조)라는 언급은 비트겐슈타인이 '나'와 세계를 하나로 보았으며 '나'를 우주를 고스란히 담고 있는 존재, 즉 세계로 여겼음을 보여 준다.

신비적 경험을 한 후에 세계가 달라졌다는 말은 신비주의자들에게서 흔히 들을 수 있다. 신비 체험을 한 사람들은 대부분 체험 후 자신들의 삶이 통째로 바뀌었다는 주장들을 한다. 이들이 말하는 새로운 세계는 세계 내의 사실이나 세계 내 대상들, 세계의 사건이 바뀌었기 때문에 생긴 것은 아니다. 세계, 즉 세계의 사실과 대상들을 새롭게 보게 됨으로써 가능하게 된 것이다. 그렇게 세계를 새롭게 보게 되면 삶의 의미는 달라진다.

신비적 경험은 삶과 세계에 대한 새로운 조망을 열어 준다. 이 조망은 일상적인 경험과 모순될 필요는 없다; 그것은 오히려 "경험의 총체적 맥락"과 대질함을 통해서 검토되어야 한다. 그러나 신비 경험은 경험의 자료들을 새로운 빛 속에서 나타나게 한다; 그것은 그것들을 해석하며, 그 이전에 볼 수 없었던 연관들을 드러내 준다. ……
신비주의자가 제공하는 가설들은 신앙을 강요하지 않는다; 그것들은 다만 삶의 의미를 보게 하는 하나의 제안이다.[36]

---

35 Johnston, 188-9쪽
36 Ricken, 131-2쪽

미분화된 세계, 전체로서의 세계에 대한 통찰은 영원의 관점에서만 가능하다. 신비적 체험을 한 사람들의 삶과 삶에 대한 태도는 체험 전과 다른데, 이것은 비트겐슈타인이 세계를 영원의 관점에서 보게 되면 삶의 의미가 달라진다고 하는 것과 일치한다.

셋째, 신비 체험을 한 사람들은 공통적으로 시간은 실재하는 것이 아니며, 영원은 '지금 이 순간'이라고 한다.

> 이슬람의 신비주의 전통인 수피즘도 '지금 여기'에 현존할 것을 가르침의 핵심으로 삼고 있습니다. '수피 교도는 현재의 아들'이라는 격언이 전해질 정도입니다. ⋯⋯
>
> 13세기의 영적 스승인 에크하르트는 그 모든 것을 다음과 같이 아름답게 갈무리했습니다.
>
> "시간은 빛이 우리에게 당도하는 것을 가로막는다. 신에게 이르는 데 있어서 시간보다 더 큰 장애물은 없다."[37]

신비가들은 "지금말고는 어떤 '시간'도 없고, 여기말고는 어떤 '공간'도 없으며, 여기와 지금이 존재하는 전부"[38]라고 한다. 또 "지금이 영원한 순간"[39]이고, 시간은 "환상에 불과"하며, '지금'만이 유일한 존재이며 "'지금'만이 존재하는 모든 것", "삶은 '지금'"[40]이라고 한다.

> 여기가 바로 '약속의 땅'입니다. 지금이 곧 영원입니다.[41]

---

37   Tolle, 85~6쪽
38   Walsh 3권, 101~2쪽
39   Walsh 3권, 305쪽
40   Tolle, 80쪽

비트겐슈타인 역시 "영원"을 "무한한 시간 지속이 아니라 무시간성"이라고 주장하며, 때문에 "죽음은 삶의 사건이 아니"며 "현재를 사는 사람은 영원히" 살고(『논고』 6.4311), "현재를 사는 삶에는 죽음이 없다"(『노트북』 75쪽)고 한다. 그에 따르면 삶도 죽음도 세계 내의 사건이 아니며, 현재를 사는 것은 지금 이 순간 여기에 있는 것이기에 세계 내 경험과 관련된 시간과 무관하다.

넷째, 사람들은 보통 선은 긍정하고 악은 부정하고 싶어 한다. 하지만 신비 체험을 한 사람들은 공통적으로 선악 개념은 환상이라고 말한다. "높은 곳에서 내려다보면 부정과 긍정은 동전의 양면"[42]에 불과하기 때문이다.

> 높은 전망대에서 보면 모든 조건은 항상 긍정적입니다. 정확히 말하자면 어떠한 조건도 긍정적이거나 부정적이라고 할 수 없습니다. 그냥 있는 그대로 일 뿐입니다. 그리고 당신이 있는 그대로를 완전히 받아들이고 산다면, 당신의 삶에는 더 이상 선이나 악이 없을 것입니다. 그것이 현명한 삶의 길입니다. 있다면 더 높은 선이 있을 뿐이며, 그 선은 악을 포함하고 있습니다.[43]

비트겐슈타인 역시 "세계 내에 선과 악이 있다는 것을 부인"[44]한다. 선과 악은 세계에 속하는 것이 아니다. 선하거나 악한 의지가 있을 뿐이다. 그런데 의지는 세계에 전혀 관계되지 않기에 세계 내 사실을 바꿀 수 없다. 따라서 선한 의지나 악한 의지는 세계에 어떠한 영향도 미칠

41   Adyashanti, 272쪽
42   Tolle, 55쪽
43   Tolle, 248쪽
44   McGuiness, 307쪽 원문 강조.

수 없다. 다만, 선한 의지를 가진 이들의 세계는 그렇지 않은 이들의 세계와 다를 뿐이다. 세계 내 사실이 다르다는 의미에서가 아니라 세계의 한계가 다르다는 의미에서 다르며(『논고』 6.43 참조) 세계의 의미가 다르다는 의미에서 다르다. 세계의 한계가 다르다는 것 혹은 세계의 의미가 다르다는 것은 세계에 대한 태도와 관계된다. 선한 의지를 가진 사람은 세계와 조화하는데 반해 악한 의지를 가진 사람은 세계와 조화하지 못한다. 세계와 일치하는 자들은 평안과 기쁨을 누리는데, 특별한 이유에 의해서가 아니라 존재 자체가 기쁨이고 삶 자체가 기쁨이기 때문이다. 이 점 역시 신비 체험을 한 이들과 일치하는데, 그들은 선악을 환상으로 보기에 세계 그 자체를 온전히 받아들인다.

> 모든 것의 '있음'을 허용함으로써 대립되는 세상 저변에 깔린 좀 더 깊은 차원이 당신 앞에 드러날 수 있습니다. 변하지 않을 깊고 고요한 상태로서, 선악을 초월하여 아무 이유 없이 솟아나는 기쁨의 상태로서 언제나 현존할 수 있습니다. 이것이 바로 존재의 기쁨이요 신의 평화입니다.[45]

> 삶에 저항하지 않는 것은 은총과 평화와 빛 속에 존재하는 것입니다. 그러면 더 이상 좋은 것도 나쁜 것도 없게 됩니다. 그런 것에 의존하지 않게 됩니다.[46]

평범한 사람과 신비를 따르는 사람 사이의 유일한 차이는 후자는 세계를 받아들이고 그 작동과 사건에 마음이 없으며, 그것에 대한 사유에서

---

45 Tolle, 254-5쪽
46 Tolle, 261쪽

경이로움으로 충만하다는 점에 있다.[47]

　이제까지 비트겐슈타인의 전기 사상에 나타난 신비주의적 특징을 살펴보았다. 다음 절에서는 이 중에서 두 번째 특징과 관련되는 그의 자아 개념을 좀 더 살펴보려고 한다. 왜냐하면 전기 비트겐슈타인 사상은 오랫동안 유아주의로 간주되어 왔는데 신비주의적 특징에서 살펴본 그의 '자아' 개념은 그의 사상을 유아주의로 볼 수 없게 하기 때문이다.

5. 자아

비트겐슈타인은 『논고』 5.6과 5.61에서 언어의 한계들, 논리의 한계들, 세계의 한계들에 대해 언급하고서 5.61 말미에 "우리가 생각할 수 없는 것을 우리는 생각할 수 없다; 그러므로 우리는 또한 우리가 생각할 수 없는 것을 말할 수도 없다"고 한다. 5.62와 5.63에서는 "세계가 나의 세계", "나는 나의 세계", "언어의 한계들은 나의 세계의 한계들"이라고 말하고 있다. 그러고 나서 "이러한 고찰은 유아주의가 어느 정도까지 진리인가를 결정해 줄 열쇠를 준다. 요컨대 유아주의가 뜻하는 것은 전적으로 옳다. 다만 그것은 말해질 수는 없고, 드러날 뿐이다"(필자 강조)라고 하고 있다. 생각할 수 없는 것은 생각할 수도 없고 말할 수도 없는데, 그것은 언어의 한계를 통해 드러나며 그 언어의 한계는 나의 언어의 한계라는 점에서 유아주의가 옳다. 하지만 전기 비트겐슈타인의 유아주의는 전통적인 의미의 유아주의가 아니다. 비트겐슈타인의 유아주의는 "실재주의와 합치"(『논고』 5.64)되는데, 이런 그의 독특한 유아주

47　McGuiness, 314쪽 참조.

의는 그의 '자아' 개념에 토대한다. 여기서는 먼저 "나의 언어의 한계들은 나의 세계의 한계들"(『논고』5.6)이라는 것이 뜻하는 바를 살펴보고, 그것을 토대로 하여 비트겐슈타인의 '자아' 개념을 살펴볼 것이다. 이러한 고찰은 전기 비트겐슈타인의 유아주의가 전통적인 의미에서의 유아주의와는 다르다는 것뿐만 아니라 그의 '자아' 개념이 동양 사상의 '자아' 개념에 가깝다는 것도 알게 할 것이다.

5.1 논리, 언어, 세계

"나의 언어의 한계들은 나의 세계의 한계들(『논고』5.6)"이며 "세계의 한계들은 또한 논리의 한계들"(『논고』5.61)이다. 세계의 한계가 논리의 한계라면 나의 세계의 한계는 나의 논리의 한계가 되며, 따라서 나의 언어의 한계는 나의 세계의 한계, 나의 논리의 한계가 된다. 그런데 '나의 논리'라는 것이 있는가? 논리는 하나이며 선험적이기 때문에 (『논고』6.13 참조) 논리가 있을 뿐 '나의 논리', '나만의 논리'는 성립하지 않는다. 그렇다면 '나의 언어', '나의 세계', '나의 논리'라는 표현을 어떻게 이해해야 할까? 이것은 『논고』에 나타난 논리, 언어, 세계의 관계를 살펴보아야 알 수 있다.

우리가 그리는 사실들의 그림은 현실의 모형이다(『논고』2.12 참조). 현실을 모사하는 모든 그림이 현실과 공유해야 하는 것은 논리적 형식, 현실의 형식이다(『논고』2.18 참조). 그래서 모든 그림은 논리적 그림이다(『논고』2.182 참조). 그런데 사고는 사실들의 논리적 그림으로서 (『논고』3 참조) 명제로 표현된다(『논고』3.1 참조). 명제가 사실을 주장하기 위해서는 명제의 구조와 사실의 구조 사이에 공통적인 무엇이 있어야 하는데, 그것이 논리이다. 세계와 명제는 논리적 형식을 공유하기 때문에, 세계의 논리는 명제의 논리이며 언어의 논리이다. 그리고 언어의 한계는 내가 언어로 표현하고 묘사할 수 있는 것 전체의 한계이며 그것은 곧 세계의 한계가 된다. 따라서 세계와 언어, 논리는 동연적이다. 세계와 언어가 하나의 논리를 공유하며 동연적이라면 '나의 언어'라는 말은 성립하지 않는다.

"세계가 나의 세계라는 것은, 언어(내가 유일하게 이해하는 그 언어)의 한계들은 나의 세계의 한계들을 의미한다는 점에서 드러난다"(『논고』 5.62 원문 강조)는 비트겐슈타인의 말에서, '내가 유일하게 이해하는 그 언어'라는 표현은 마치 내가 이해하는 나만의 언어가 있는 듯한 인상을 주긴 하지만 나만의 언어는 없다. 스토코프는 "내가 말하는 언어가 무엇이든, 논리의 암반에서, 언어가 세계를 구성하는 상황을 묘사하고, 세계에 닿아 있는 것인 한, 그것은 논리적 언어, 즉 언어 그 자체"[48]라고 말하고 있다. 언어가 세계를 묘사하는 논리적 언어인 한 '내가 유일하게 이해하는 그 언어'는 이런저런 언어가 아닌 하나의 언어, 즉 언어 자체라는 말이다. 마운스 또한 다음과 같이 말하고 있다.

"내가 유일하게 이해하는 그 언어"로 비트겐슈타인은 독일어나 영어, 혹은 러시아어를 의미하는 것이 아니다. 모든 언어는, 비트겐슈타인이 그것을 다루고 있는 방식 속에서, 하나이다. 비논리적 언어가 있을 수 없기 때문이다. 논리는 의미를 가진 언어 내에 온전히 있으며, 의미 없는 언어는 전혀 언어가 아니다. 그래서 논리가 각 언어들 속에 온전히 있다는 점에서 그리고 그들 사이의 차이는 단순히 관습적이라는 점에서 모든 언어는 함께 취급될 수 있다.[49]

48 Stokhof, 198쪽 필자 강조.
49 Mounce, 91-2쪽 원문 강조.

비트겐슈타인이 말하는 언어는 특정한 언어에 해당하지 않는다. 논리가 하나라는 점에서 모든 언어는 동일하기 때문이다. 언어 간의 차이는 표기의 차이에 불과하다. 그러므로 '내가 유일하게 이해하는 언어'는 논리를 가진 모든 언어이며, 유일한 "그" 언어이다. '나의 언어'가 특정한 언어가 아니라 모든 언어, 유일한 논리를 가진 유일한 언어라면 '나의 언어'라는 표현에서 '나'는 특정한 개인을 의미한다고 할 수 없다. '나의 언어'에서 '나'가 특정한 개인을 의미하는 것이 아니라면 '나의 세계'에서 '나' 역시 특정한 개인으로서의 '나'가 아니다. 따라서 『논고』 5.6의 "나의 언어의 한계들은 나의 세계들의 한계"라는 말은 "언어의 한계들은 세계의 한계들"이라는 말에 다름 아니다. 이러한 이유로 "유아주의의 자아는 연장 없는 점으로 수축되고, 그것과 동격화된 실재"(『논고』 5.64)만 남아 유아주의는 실재주의와 합치된다.

비트겐슈타인에 따르면, 명제의 기능은 세계를 묘사하는 것이다. 그런데 이렇게 되면 기술문만 뜻이 있는 것이 되는데, 우리가 사용하는 문장에는 기술문 외에도 감탄문, 의문문, 특히 의도를 나타내는 문장 등이 있다. 이러한 문장들은 사실을 기술하지 않는다. 기술문이 아닌 문장들은 『논고』의 관점에서는 어떻게 이해될 수 있는가? 이에 대해 『논고』나 『노트북』에서 언급된 것은 없다. 하지만 『탐구』에서 힌트를 얻을 수 있다.

"물음이란 무엇인가?" — 그것은 내가 이러이러한 것을 알지 못한다는 진술인가, 또는 내가 다른 사람이 나에게 …… 을 말해 주었으면 하고 원한다는 진술인가? 또는 그것은 나의 불확실한 심리적 상태의 기술인가? — 그리고 "도와줘요!"란 외침은 그러한 기술인가?

(중략)

물론 우리들은 물음의 통상적 형식 대신, "나는 ……인지 여부를 알고 싶다", 또는 "나는 ……인지 여부가 의심스럽다"란 진술 또는 기술 형식을 대입해 놓을 수 있다. 그러나 이로써 그 상이한 언어놀이들이 서로 더 가깝게 되는 것은 아니다.

그러한 변환 가능성들, 예컨대 모든 주장 문장들이 "나는 생각한다" 또는 "나는 믿는다"란 절(節)로 시작하는 문장들로(그러니까 말하자면 나의 내적 삶의 기술들로) 변환될 수 있는 가능성의 의의는 다른 곳에서 더 똑똑히 드러날 것이다. (유아주의(唯我主義)) (『탐구』§24 원문 강조)

『탐구』§24는 의문문, 감탄문 등이 어떻게 기술문으로 변환 가능한지를 보여 준다. 의문문은 '나는 ~에 대해 알지 못한다' 혹은 '나는 ~인지 알고 싶다' 등으로 변환될 수 있고, 같은 맥락에서 감탄문은 '나는 ~에 대해 놀란다'는 식으로 변환될 수 있다. 결국 모든 문장들은 나의 내적 삶의 기술로 변환 가능하다. 이렇게 모든 문장들을 "나는 ~이다"는 식으로 변환하게 되면 언어는 유아주의적 언어가 된다. 그런데 '나는 ~라고 생각한다' '나는 ~을 느낀다' 등에서 '나'는 대상의 이름이 아니다. '나'는 어떤 경우에도 관찰 가능한 대상이 아니다. 나는 형체와 색깔을 보지만 결코 나를 보지는 못하며, 나는 소리를 들을 수 있으나 결코 나를 듣지는 못한다.

비트겐슈타인에 따르면 "생각하고 표상하는 주체는 존재하지 않"는데(『논고』 5.631), 만일 생각하고 표상하는 주체가 존재한다고 하면, 'A는 p를 믿는다'라는 명제에서 A는 존재의 이름이 될 것이며, 그 명제는 존재 A와 사실 p에 대한 생각 사이의 관계를 주장하는 것이 된다. 이러한 관계는 p의 진리치에 독립되어 있다. 결국 복합 명제인 의도적인 명제들의 진리치는 명제 p의 진리치와 독립되어야 한다. 그런데 그렇게 되면, 명제 p는 다른 명제에서 비진리함수적인 방식으로 존재하게 되어 "명제는 요소 명제들의 진리 함수"(『논고』 5)라는 비트겐슈타인 자신의 주장과 일치하지 않게 된다. 명제는 요소 명제들의 진리 함수이기에 어떤 특정한 대상과 짝짓지 않고 완전히 기술될 수 있으며(『논고』 5.526 참조), 오직 진리 연산들의 토대로만 나타난다(『논고』 5.54 참조). 명제는 사실과 대상 사이의 관계가 아니라 대상들 사이의 짝짓기를 통한 사실들 간의 짝짓기이다(『논고』 5.542 참조). 왜냐하면 세계는 사물들의 총체가 아니라 사실들의 총체이며(『논고』 1.1 참조) 논리적 공간 속의 사실들이 세계이기 때문이다(『논고』 1.13 참조). 그래서 명제와 대상과의 관계처럼 보이는 "A는 p라고 믿는다", "A는 p라고 생각한다", "A는 p라고 말한다"는 사실들 간의 짝짓기인 "'p'는 p를 말한다"라는 형식에 다름 아니다. 그러므로 심리학적 명제는 마치 심리학적 주체가 있다는 듯이 표기되나 실상 심리학적 주체 — 영혼 — 는 허깨비이다(『논고』 5.5421 참조). 만일 심리학적 주체인 영혼이 있다고 한다면 그것은 합성된 영혼이어야 할 것인데, 합성된 영혼은 영혼이 아니기 때문이다.

5.2 세계 영혼으로서의 나

비트겐슈타인은 세계와 나의 관계를 시야와 눈의 관계로 비유한다(『논고』 5.633 참조). 시야가 있다는 것이 눈이 있다는 것을 드러내 듯 세계가 있다는 것은 '나'가 있다는 것을 드러낸다. 그리고 눈의 한계가 시야의 한계인 것처럼 나의 한계, 나의 언어의 한계는 나의 세계의 한계이다. 그래서 비트겐슈타인은 주체를 철학적 자아, 형이상학적 주체, 세계의 한계라고 한다. 따라서 형이상학적 주체인 '나'는 세계의 한계로서의 나이다(『논고』 5.632 참조).

해커는 전통적인 "유아주의는 나 자신과 나의 정신적 상태 외에 어떤 것도 존재하지 않는다는 교조(doctrine)"[50]라고 하며, 핏처 역시 "유아론은 그의 자아와 그가 경험하는 것만 존재하고, 다른 자아를 포함해서 자신에 의하여 경험되지 않은 것은 존재하지 않는다는 견해"[51]라고 하고 있다. 이러한 전통적인 유아주의는 흔히 상대주의로 연결되고, 이 때문에 환영받지 못한다. 그리고 일반적으로 유아주의는 경험 주체와 경험 대상의 구분을 요구하며, 그 둘은 근본적으로 다른 종류라는 것을 전제한다.[52] 하지만 비트겐슈타인의 유아주의에는 이런 이원론적 구분이 성립하지 않는다.

> 이것은 내가 지나간 여정이다: 관념론은 세계로부터 유일한 것으로 사람을 뽑고, 유아주의는 나만 골라낸다. 마침내, 나는 나 역시 세계의 나머지의 부류가 되고, 그래서 한편으로 더 이상 아무것도 남아 있지 않고, 다른 한편으로 유일한 것으로 세계만이 남는다는 것을 안다. 이런 식으로 만일 엄밀히 사유된다면 관념론은 실재주의에 이른다. (『노트북』 85쪽 원문 강조)

전통적인 유아주의에 따르면 나만 존재하는데, 이런 유아주의는 관념론뿐만 아니라 실재주의와도 대립된다. 그런데 비트겐슈타인에게서의 '나'는 '세계의 나머지'가 되어 사라지는 '나', '세계'만 남게 하는 '나'이기에 그의 유아주의는 실재주의와 합치된다. 그리고 자아가 사라지고 세계만 남는다는 것은 대상과 주체 사이에 이분법적 구분이 성립하지 않는다는 것을 보여 줄 뿐만 아니라 상대주의로도 귀결될 수 없다는

---

50   Hacker, 216쪽

51   Pitcher, 164쪽

52   Pitcher, 166쪽 참조.

것을 보여 준다. 비트겐슈타인의 유아주의에서는 '나'와 무수히 많은 '또 다른 나'들이 있는 것이 아니라 오직 하나의 '나', 하나의 형이상학적 주체만 있다. 형이상학적 주체는 하나인데, 그것은 논리가 하나이기에 세계도 하나이며 세계가 하나이기에 세계의 한계 역시 하나라는 점에서 그렇다.[53] 주체가 하나뿐이라는 주장 역시 전통적인 유아주의와 일치하지 않는다.

> 유아주의적 용법(mood)을 채용한다는 것은 "나"라는 낱말을 개인적 경험을 기술할 때 사용하지 않는다는 것을 의미한다. …… 만일 우리가 가시 영역을 기술한다면, 필연적으로 어떤 누구도 그 속에 들어오지 않는다. 우리는 가시 영역이 어떤 내적 특성들(properties)을 가진다고 말할 수 있지만, 그것이 내 것(mine)이라는 것은 그것의 기술에 본질적이지 않다. 즉 누군가에게 속한다는 것은 시각이나 고통의 본래적 특성이 아니다. 나의 이미지 혹은 다른 누구가의 이미지와 같은 것은 없을 것이다. (WLC II, 22쪽 원문 강조)

'나'는 개별적 주체를 지칭하는 것이 아니기에 가시 영역 내에서 개인적인 것으로서의 '내 것'이라는 표현은 본질적이지 않다. '나의' 이미지도 없지만 '다른 누구의' 이미지도 없다.

비트겐슈타인이 『논고』에서 유아주의를 처음으로 언급한 것은 5.6과 5.61에 이어진 5.62에서이다.

5.6   나의 언어의 한계들은 나의 세계의 한계들을 의미한다.

5.61   논리는 세계를 가득 채우고 있다; 세계의 한계들은 또한 논리의 한계

---

53   Stokhof, 199쪽 참조.

들이기도 하다.

그러므로 우리는 논리학에서 이렇게 말할 수 없다. 즉 이것과 이것은 세계 내에 존재하고, 저것은 존재하지 않는다고.

왜냐하면 외견상 그것은 우리가 어떤 가능성들을 배제한다고 전제하게 될 터인데, 이는 사실일 수 없기 때문이다. 왜냐하면 그렇지 않다면 논리는 세계의 한계들을 넘어가야만 할 테니까; 요컨대 만일 논리가 이 한계들을 다른 쪽으로부터도 고찰할 수 있다면 말이다.

우리가 생각할 수 없는 것을 우리는 생각할 수 없다; 그러므로 우리는 또한 우리가 생각할 수 없는 것을 말할 수도 없다.

5.62 이러한 고찰은 유아주의가 어느 정도까지 진리인가를 결정해 줄 열쇠를 준다.

요컨대 유아주의가 뜻하는 것은 전적으로 옳다. 다만 그것은 말해질 수는 없고, 드러날 뿐이다.

세계가 나의 세계라는 것은, 언어(내가 유일하게 이해하는 그 언어)의 한계들은 나의세계의 한계들을 의미한다는 점에서 드러난다.

그런데 『논고』의 토대가 되는 『노트북』에서는 5.61이 빠지고 5.6과 5.62 사이에 다음의 글이 들어 있다.

내가 나의 영혼이라고 부르고 싶고, 그것으로만 다른 사람들의 영혼들이라고 부르는 것으로 여기는, 실제로 오직 하나의 세계 영혼만 있다. (『노트북』 49쪽, 원문 강조)

비록 『논고』에는 빠졌지만 이 문구를 고려한다면, 비트겐슈타인은 5.6과 5.62에서의 '나'를 '세계 영혼으로서의 나'로 간주했으며, 5.6에서

말하는 '나' 는 개인으로서의 '나' 가 아니라 '세계 영혼' 으로서의 '나'
임을 알 수 있다. 그의 '나' 는 나도 너도 없는, 나와 세계가 하나된 전일
적인 의미에서의 '나' 이다.[54]

> "오직 나의 경험만 실제이다"라고 말하는 유아주의자는 자신이 아닌 다른
> 사람의 경험이 실제한다는 것은 생각할 수 없다고 말하고 있다. 이것이 사실
> 진술이라면 터무니없다. ······ 유아주의자가 원하는 것은 자아가 독점권을
> 가지는 표기법이 아니라 자아가 사라지는 표기법이다. (WLC II, 22쪽)

연장 없는 점으로 사라지는 형이상학적 자아는 세계 영혼이며 세계 정
신이다. 처칠은 형이상학적 주체를 세계의 유일한 관찰자, 순수한 지
성, 세계의 의식이며, 사실들의 총체인 세계와 동등한 초월적 형이상학
적 주체라고 말한다.[55] 그는 주체가 사라지고 "남겨진 것은 세계 — 모
든 것 — "이기에 "범신론의 신만이 비트겐슈타인의 신비주의 자아로
해석될 수 있다"[56]고 한다.

주체는 사라지고 세계만 남는, 주체가 곧 세계라는 주장은 스피노자
식 범신론이나 동양 사상과 유사하다. 코니시는 비트겐슈타인의 전기
사상, 특히 『노트북』에 언급된 내용이 힌두교나 불교와 유사하다고 주
장하고 있다.

몽크에 따르면, 이따금 비트겐슈타인은 실증주의자들을 멀리하면서 그들에

---

54 이것을 해커는 '초월적 유아주의(transcendental solipsism)' 라고 한다. Hacker,
99쪽 참조.

55 Churchill, 121-2쪽 참조.

56 Churchill, 122쪽

게 벵골의 신비주의자인 라빈드라나트 타고르의 시를 읽어 주곤 했다. 타고르의 희곡『암실의 왕』(*King of the Dark Chamber*)에서 깊은 통찰력을 얻은 비트겐슈타인과 그의 제자 요릭 스미시스는 구어체로 된 영어판을 출간하기도 했다.

비트겐슈타인은 타고르의 시가『논리철학 논고』의 핵심 주제와 직접적인 관련이 있다고 보았다. 물론 타고르는 독실한 힌두교도이고 그의 작품에는 힌두 신비주의가 스며들어 있다. 힌두교의 종교적 목표는 개인의 영혼과 세계정신의 동일성을 깨닫는 것인데, 이는 비트겐슈타인이 1915년 5월 23일『강의노트』에 쓴 내용과 같은 사상이다. 힌두교에서 개별 아트만은 최고의 종교적 깨달음을 얻은 순간에 브라만과 합일을 이룬다.

또 다른 동방의 위대한 종교인 불교에서는 그 최고의 깨달음이 아트만 — 개별 영혼 — 이라는 비존재의 발견과는 약간 다르게 나타난다. 아트만의 존재를 부정하는 것이 불교 신앙의 분명한 교리다. 불교에서는 그것을 아트만이 아니라 아타나로 말한다.[57]

자아가 연장도 없는 점이 되는 것은 명상에 몰입했을 때 자아(아트만)가 존재하지 않는 듯이 느껴지는 것과 유사하며, 신비주의자들의 신비적인 체험과 유사한 측면이 있다. 신비 체험을 한 이들의 공통점 중 하나는 자아의 소멸이며, 신비적 체험을 한 많은 이들이 무아(無我)를 말하고 있다.

그런데 '무아'라는 개념은 비트겐슈타인이 "나는 나의 세계"라는 문구에서 자아의 존재에 대한 확고한 주장, 즉 '나는 존재한다' 혹은 '자아는 존재한다'라는 것을 확고히 주장하는 것과 일치하지 않는 것 같아

---

57 Cornish, 229쪽

보인다. 하지만 아댜샨티에 의하면 '나는 존재한다' 라는 말이나 '나는 존재하지 않는다' 는 말은 같은 말이다. 그는 라마나 마하르쉬가 "오직 진아(眞我 Self)만 존재한다"라고 한 말은 "나는 없다"는 말을 뒤집어 놓은 것에 불과하다고 말한다.[58] '내' 가 없기에 그 무엇도 없으며 그것을 마하르쉬는 '진아' 로 부른 것이다. 비트겐슈타인은 한편으로는 "세계는 나의 세계", "나는 나의 세계"라는 표현으로 '내가 있다' 는 주장을 하는 듯하나, 다른 한편으로는 "유아주의의 자아가 연장 없는 점으로 수축"(『논고』 5.64)된다는 말을 함으로써 마치 "나는 존재하지 않는다" 라는 말을 하는 것처럼 보인다. 한편으로는 존재를 다른 한편으로는 비존재를 말하고 있는데, 이는 아댜샨티의 말과 같이 존재와 비존재가 하나라는 것, 즉 '나는 존재한다' 라는 말이나 '나는 없다' 라는 말은 결국 같다는 것을 보여 주는 것이다.

　이제까지 전기 비트겐슈타인의 종교관에 대해 살펴보았다. 비트겐슈타인은 세계와 나의 독립적 나를 신의 두 신성이라고 한다. 이것이 하나인지 둘인지 논란이 될 수 있지만, 마치 기독교에서 삼위 — 성부, 성자, 성령 — 가 있고 그 각각이 이름과 역할에서 구분되나 하나, 즉 다르나 같은 것이라고 하듯 세계와 나의 독립된 나 역시 다르나 구분할 수 없는 하나라고 할 수 있을 것이다. 다른 것은 둘은 서로에게 영향을 미치지 않으며 서로에게 의존하지 않는다는 것이며, 구분할 수 없다고 하는 것은 세계가 나의 독립된 나인 의지하는 주체와 구분된 채 만날 수 없다는 것이다. 어떠한 태도도 없이 세계를 만날 수는 없으며, 취할 수 있는 선택지는 선하거나 악한 것 둘 뿐이고, 선한 의지는 세계와 조화되고 세계에 일치한다. 그리고 세계와 일치한 삶이 행복한 삶이다.

58　Adyashanti, 242쪽 참조.

II

사물을 보는 관점으로서의 윤리학,
그리고 미학과 종교

비트겐슈타인의 철학에서 윤리는 중요한 비중을 가진다. 드루리는 다음과 같이 말한다.

> 한 번은 비트겐슈타인에게 『존재의 본성』이라는 맥타가트(McTaggart)의 책에 대해 말하고 있을 때 그는 나에게 "몇몇 사람들에게는 이런 류의 사유를 버려야 하는 것이 그들에게 영웅적 용기를 요구한다는 것을 깨닫는다"라고 했다. 나는 비트겐슈타인 작품을 이해하는 데서 발견되는 난점은 지적 난점 뿐만 아니라 윤리적 요구라고 믿는다. …… 내가 「윤리학」를 다시 읽을 때 내가 방금 말한 것은 더 명확해진다. (RW 82쪽)

이어 드루리는 비트겐슈타인이 1929년 케임브리지 이교도 협회(The Heretics Society)에서 행한 강연 「윤리학」에서 자신의 주제에 대해 설명하는 부분을 인용한다.

> 저는 제가 저의 주제를 택한 이유에 관해서 몇 말씀 드리겠습니다. 여러분의 전임(前任) 총무께서 영광스럽게도 저에게 이 협회에서 논문을 하나 발표하

라고 요청했을 때, 저의 처음 생각은, 물론 그렇게 하겠다는 것이었고, 두 번째 생각은, 제가 여러분에게 말할 기회를 가질 거라면, 제가 여러분에게 꼭 전달하고 싶은 어떤 것에 관해 말해야겠고, 이 기회를, 이를테면 논리학에 관해 강의하기 위해 오용해서는 안 되겠다는 것이었습니다. (「윤리학」 24 쪽)

비트겐슈타인이 꼭 전달하고 싶은 것이란 바로 '윤리학'이었다. 결국 드루리는 비트겐슈타인의 저작이 윤리적 측면에서 고려되어야 한다는 것과 비트겐슈타인에게서 중요한 것은 윤리라고 말하고 있다. 윤리가 비트겐슈타인의 저작을 이해하는 데 반드시 필요한 것이라면 비트겐슈타인의 종교관을 이해하는 데에도 윤리가 필요할 것이다. 그런데 비트겐슈타인에게서 윤리와 종교의 관계는 윤리가 그의 저서와 맺은 관계에서 비롯된 파생적 관계에 국한되지 않는다. 그것은 '선한 것은 신적'이라는 주장, 그리고 바로 이러한 주장이 '그의 윤리학의 요약'이라는 비트겐슈타인 자신의 말을 통해 알 수 있다(『문화』 31쪽 참조). 이런 점들을 감안한다면, 비트겐슈타인의 윤리관을 살펴보는 것은 그의 종교관 이해에 반드시 필요한 것이라 할 수 있다. 그런데 종교가 윤리와 가진 관계는 미학에서도 성립한다. 이 장에서는 비트겐슈타인의 윤리에 대한 견해를 살펴보고, 그것과 종교의 관계, 나아가 그의 철학과의 관계도 살펴보려고 한다. 이러한 고찰에는 미학도 포함될 것이다.

1. 윤리학

일반적으로 윤리는 가치의 문제라고 생각한다. 하지만 그럼에도 실제

로 윤리에서 말하는 가치를 면밀히 살펴본 경우는 드물다. 이것은 비트
겐슈타인의 「윤리학」을 살펴보면 명백히 알 수 있다. 윤리적 가치는 단
순한 가치가 아니고 절대적 가치이다. 그런데 윤리적 가치가 절대적 가
치라고 한다면 말로 하기 쉽지 않은 상황, 즉 말할 수 없는 상황이 발생
한다. 여기서는 절대적 가치로서의 윤리에 대해 알아보고, 그 절대성
때문에 윤리가 말할 수 없는 것이라는 것과 말할 수 없는 윤리의 역할
이 무엇인지도 살펴보려고 한다. 이것은 비트겐슈타인이 왜 말할 수 없
는 것이 더 중요하다고 했는지도 밝혀 줄 것이다.

1.1 상대적 가치와 절대적 가치

비트겐슈타인은 일상생활 속에서 '좋은'이란 낱말의 쓰임새가 두 가지
로 나뉠 수 있다고 한다. 하나는 "사소한 또는 상대적인 뜻"으로 쓰이는
것이고, 다른 하나는 "윤리적인 또는 절대적인 뜻"(「윤리학」 26쪽)으로
쓰이는 것이다. '좋은'이란 낱말이 상대적으로 쓰인다는 것은 미리 결
정된 목적에 부합하는 것을 말한다. 예를 들어 '좋은' 의자라고 말한다
면, 이는 그 의자가 미리 결정된 어떤 목적, 즉 의자의 용도에 맞는 것
이어서 사용하는 데 도움이 된다는 뜻이다(「윤리학」 26쪽 참조). '좋
은' 피아니스트는 피아노로 어떤 작품을 어느 정도의 수준으로 연주할
수 있다는 것을 의미한다. 또 '올바른' 도로라고 하면 다른 도로에 비해
그 길을 가는 이가 잘 갈 수 있게 해 주는 편안한 도로라는 뜻으로 혹은
지름길이라는 뜻으로 혹은 가야할 목적지로 방향이 제대로 잡힌 도로
라는 뜻 등으로 쓰인다. 즉 그것은 어떤 목적에 따른 상대적으로 올바
른 도로라는 뜻이다.

그런데 윤리학에서 '좋은'이라는 낱말은 이런 식으로 사용되지 않는
다. 예를 들어 내가 축구를 하는데, 누군가 다가와 "당신, 축구를 잘 못

하네요"라고 말하고, 내가 "알아요, 하지만 더 잘하고 싶은 생각이 없어
요"라고 말한다면 상대는 "아, 네!"라고 하던지, 아쉬운 표정을 짓거나
혹은 어깨를 한 번 으쓱하는 등의 반응을 보이는 것으로 그칠 것이다.
하지만 만일 내가 잘못된 행동을 하고 누군가가 "당신은 행동을 잘못하
고 있어요"라고 말하는데, 내가 "알아요, 하지만 잘할 생각이 없어요"
라고 말한다면 "아, 네!"와 같은 반응이 아니라 "당신은 행동을 더 잘해
야만 한다"라는 말을 듣게 될 것이다. 비트겐슈타인은 후자를 절대적
가치 판단이라고 하고 전자를 상대적 가치 판단이라 한다. "상대적 가
치 판단은 사실들의 단순한 진술"이기 때문에 "가치 판단의" 형태를 띠
지 않는 "형식으로 표현될 수 있다"(「윤리학」 27쪽). 예를 들어 "이 길
이 서울로 가는 바른 길이다"라는 말 대신, "최단 시간 안에 서울로 가
고자 한다면 이 길이 맞다"라고 할 수 있고, "좋은 수영선수이다"는
"500m를 몇 분 안에 들어올 수 있다"로 바꿀 수 있다.

　사실에 대한 기술은 과학에 속하는 것이다. 과학에서 사용되는 말은
자연적 의미와 뜻을 포함하고 전달하는데 반해 "윤리학은 …… 초자연
적이다"(「윤리학」 29쪽 필자 강조). 자연적인 것은 자연적인 것으로 초
자연적인 것은 초자연적인 것으로 전달될 수 있다(『문화』 31쪽 참조).
그래서 비트겐슈타인은 만일 세상의 모든 일들을 기록한 책이 있다면
아마 우리는 그 책 속에서 윤리적인 명제를 찾을 수 없을 것이라고 한
다(「윤리학」 28쪽 참조). 왜냐하면 사실들의 단순한 기록 그 자체는 어
떤 윤리적인 의미도 포함하지 않기 때문이다. 기술된 사실들, 명제들은
동일한 수준, 동일한 평면에 있는 같은 수준의 것이며, 그런 점에서 더
가치 있는 것도 덜 가치 있는 것도 아니며, 절대적인 뜻도, "숭고하거나
중요"한 것도 없으며 심지어 "사소한" 것도 없다(「윤리학」 28쪽). 비록
세상의 모든 일을 기록한 책 속에 살인에 관한 사실이 기록되어 있다고

하더라도 그 살인은 "돌의 낙하와 정확히 같은 수준에 있"는 것(「윤리학」 28쪽)에 불과하다. 물론 살인에 대해 읽을 때 고통이나 분노 등의 감정이 야기될 수 있긴 하겠지만, 그럼에도 "단순히 사실들, 사실들, 사실들만이 존재"(「윤리학」 29쪽)할 뿐 윤리나 가치는 존재하지 않을 것이다. 과학은 가치를 포함하지 않으며 단지 사실을 기술할 뿐이다.

비트겐슈타인에 따르면 "사실들과 명제들에 관한 한, 오직 상대적 가치와 상대적 좋음, 옳음"(「윤리학」 29쪽)만 있다. 만일 어떤 도로를 "절대적으로 올바른 도로"라고 한다면 그것은 우연적이거나 사실적인 의미를 띠는 것이 아니라, "논리적 필연성을 가지고 가야 할"(「윤리학」 30쪽 원문 강조), 가지 않으면 안 될, 가지 않음으로 인해 부끄럽거나 수치스러워해야 할 도로라는 것을 의미한다. 마찬가지로 "절대적 좋음[善]"은, "모든 사람이 자신의 취향과 경향들과는 별개로, 필연적으로 성취할 것, 또는 성취하지 않으면 죄스럽게 느낄 것"(「윤리학」 30쪽 원문 강조)이라는 의미인데, 어떤 사태도 그 자체로는 이런 강제력을 지니고 있지 않다(「윤리학」 30쪽 참조). 윤리학에 들어 있는 가치 판단은 어떤 목적에 부합한다는 뜻의 상대적 가치 판단이 아니라 절대적 가치 판단이다. 절대적 가치 판단은 사실적 진술로 바꿀 수 없을 뿐만 아니라 말할 수도 생각할 수도 없다. "우리가 생각하거나 말할 수 있는 어떤 것도"(「윤리학」 29쪽 필자 강조) 윤리학일 수 없는데 왜냐하면 생각한다는 것은 언어화 된다는 것이며 "우리의 말들은 오직 사실만을 표현할"(「윤리학」 29쪽 필자 강조) 수 있기 때문이다.

물론 절대적인 것, 윤리적인 것이 말로 표현되기도 한다. 왜냐하면 말할 수 없지만 말로 표현하지 않을 수 없기 때문이며, 실제로 종종 우리는 절대적 혹은 윤리적 가치에 대해 말하기 때문이다. 그러나 이때의 말은 사실적 기술이 아니다. 사실적 기술이 아니면서 윤리적 가치 혹은 절대적 가치에 대해 하는 말은 무엇인가? '절대적 선', '절대적 가치'라는 표현을 사용할 때 마음에 두는 것은 무엇이며 '절대적 선', '절대적 가치'는 무엇을 표현하는 것인가? 이 질문에 답하기 위해서는 우리가 언제 그런 표현들을 사용하는지를 살펴보아야 한다. 윤리적인 것은 말로 할 수 없는 것이며 설명의 대상이 아니기에 경험을 통해서만 알 수 있다. 비트겐슈타인은 '절대적 또는 윤리적 가치'가 어떤 것인지 자신의 경험을 통해 논의하고 있다. 비트겐슈타인에 따르면 우리가 절대적 혹은 윤리적 가치가 있는 것을 경험할 때 그 경험을 기술할 수 있는 최선의 방법은 "세계가 존재한다는 것이 실로 경이롭다", "어떻게 이런 세계가 존재할 수 있을까?!" 등과 같은 경이와 감탄 혹은 "무슨 일이 일어나도 나는 안전해!", "그 어떤 일도 나를 해칠 수 없어!"(「윤리학」 31쪽)라는 표현이다.[1]

그런데 이런 "경험들에 우리가 부여하는 언어적 표현은 무의미"하며, "나는 세계의 존재에 놀란다"라고 말하는 것은 "언어를 오용"하는 것이다(「윤리학」 31쪽 필자 강조). 왜냐하면 "이러이러한 것이 사실임에 경탄한다"라는 말은 그게 사실이 아니라고 상상할 수 있는 경우에만 뜻을 가지기 때문이다. 그런데 세계가 존재하지 않는 것을 상상할 수 없다. 따라서 "세계의 존재에 대해 경탄한다고 말하는 것은 무의미"(「윤리학」 32쪽)하다. 혹자는 이런 무의미한 표현들이 올바른 표현들을 발견하지

---

1 비트겐슈타인은 윤리적·절대적 경험을 두 가지 들고 있는데, 하나는 세계의 존재에 대한 것이고, 다른 하나는 절대적으로 안전하다는 느낌에 대한 것이다. 물론 이외에 다른 경험을 언급하기도 한다. 예를 들어 '죄스럽게 느끼는 것'이 그것이다(「윤리학」 33쪽 참조). 세 번째 경험 혹은 그 이상의 경험들이 가능할 것이나(「윤리학」 34쪽 참조) 비트겐슈타인은 '세계의 존재에 대한 경이'와 '절대적으로 안전한 느낌', 이 두 경험을 대표로 삼은 것 같다. 왜냐하면 비트겐슈타인이 윤리적·절대적 경험의 예를 들 때 이 두 경험을 자주 언급하고 있기 때문이다.

못했기 때문에 무의미한 표현들이 되었다고, 다시 말해 올바른 표현들을 발견하기만 한다면 윤리적 표현들도 의미 있는 표현들이 될 것이라고 주장할 수 있다. 하지만 위와 같은 표현들이 무의미한 것은 "아직 올바른 표현들을 발견하지 못했기 때문이 아니라" "무의미성이" "그것들의 본질"(「윤리학」 36쪽)이기 때문이다. 무의미한 표현들을 가지고 하기를 원하는 것은 "세계를 넘어서는 것"이며 세계를 넘어서는 것은 "언어를 넘어서는 것"이다(「윤리학」 36쪽 원문 강조).

　비트겐슈타인이 절대적·윤리적 경험을 할 때 "세계가 존재한다는 것이 경이롭다"라고 표현하는 것은 세계가 어떠어떠하다는 것에 대한 경탄이 아니다. 세계가 어떠하든 간에 경탄하는 것이다. 즉 세계의 사실에 대해 경탄하는 것이 아니라 세계 그 자체에 대해, 세계가 존재한다는 것 자체에 대한 경탄이다.[2] 누군가는 세계가 이러하든 이러하지 않든 경탄한다고 하는 것은 동어반복에 불과하다고 말할 수 있다. 비트겐슈타인은 바로 그 점, 즉 "동어반복에 대해 경탄"한다는 점에서 "무의미"하다고 말한다(「윤리학」 32쪽). '안전하다'는 말도 마찬가지이다. "사실"에 대해 "경탄한다고 말하는 것", 상대적 가치에 대한 표현은 "완전히 훌륭하고 명료한 뜻"이 있는데 반해(「윤리학」 31쪽 필자 강조), 사실 세계에 대해 어떤 것도 알려 주는 바가 없으며 사실 세계에 대해 어떤 말도 하지 않기 때문에 본래적인 가치, 절대적인 가치에 대한 경험을 말로 하는 것은 무의미하다. 따라서 "세계가 존재한다는 것이 놀랍다"라는 말이나 "무엇이 일어나건" 안전하다는 말 등은 오용이다(「윤리학」 32쪽 원문 강조). 그런데 언어에 대한 이런 "오용이 모든 윤리적 표

2　비트겐슈타인에게 사실들은 어떤 중요성도 갖지 못하는데 반해 '세계가 존재한다'고 말하는 것은 다르다.(WVC 118쪽 참조.)

현들과 종교적 표현들에"(「윤리학」 32쪽 원문 강조) 만연해 있다.

어떤 이들은 종교적 언어·윤리적 용어가 사실 명제가 아닌 비유적인 표현이기 때문에 의미 있다고 주장한다. 비트겐슈타인은 "모든 종교적 용어들은" 끊임없이 "비유들로서 또는 알레고리적으로 사용되"고 있는 것처럼 보인다고 한다(「윤리학」 33쪽). 실제로 알레고리들이 절대적 가치에 대한 경험, 절대적 안전에 대한 느낌 등을 기술하기도 한다. 예를 들어 "세계가 존재한다는 것이 경이롭다"라고 표현된 경험은 '신이 세계를 창조했다'는 알레고리를 사용하고, "무슨 일이 일어나든 난 안전해"는 '신이 항상 보호하기 때문에 안전하다'는 알레고리를 사용한다. 우리가 신에 대해 전지하다, 전능하다 등으로 말할 때 위대한 힘을 가진, 마치 엄청난 힘을 소유한 인간과 같은 존재를 상상하게 하는 알레고리들이 있는 것처럼 보인다(「윤리학」 33쪽 참조). 그래서 "윤리적 언어와 종교적 언어에서" "끊임없이 비유들을 사용하고 있"는 것처럼 보인다(「윤리학」 33쪽). 그런데 "비유"라면 "어떤 것에 대한 비유"여야 한다(「윤리학」 33쪽 원문 강조). 그리고 어떤 사실을 비유로 표현했다면 비유 없이 그것을 표현할 수 있어야 한다. 그러나 윤리적·종교적 경험의 경우, 비유를 버리고 사실 그 자체를 기술하려고 했을 때 그런 사실들이 없음을 발견하게 된다(「윤리학」 34쪽 참조).

세계 내 사실을 기술하는 것이 아님에도 "삶의 궁극적 의미, 절대적 선, 절대적 가치에 대해 무엇인가를 말하려는 욕망"을 가진다면 윤리학은 "인간 정신 속의 한 경향에 대한 기록"(「윤리학」 36쪽 필자 강조)이다. 어떤 기술(記述)도 절대적 가치를 기술하기에 좋지 않다. 그런데도 그것들로 세계를 넘어서려고 하는 것, 즉 유의미한 언어를 넘어서려고 하는 것은 윤리학이나 종교에 대해 쓰거나 말하려고 시도하는 모든 사람의 경향이다. 언어의 한계들에 달려가 부딪히는 것이 이러한 경향이다. 그런데 비트겐슈타인은 우리 인간 정신 속의 이러한 경향에 대해 깊이 존경한다고 한다(「윤리학」 36쪽 참조).

1.2 사물을 보는 두 방식

윤리적 · 종교적 · 절대적 경험들을 사실로 기술할 수도 있다. 그런 경험이 언제 어디서 그리고 얼마동안 지속되었는지 등에 대해 사실적으로 기술할 수 있다. 그러나 윤리적 경험, 종교적이며 절대적인 경험을 사실적으로 기술하게 되면 "경험이, 사실이 초자연적인 가치를 가지는 것처럼"(「윤리학」 34쪽) 보이게 되며, 자연적인 것이 초자연적인 것을 표현하는 역설적 상황이 발생한다.

이런 역설적 상황을 어떻게 피할 수 있을까? 비트겐슈타인은 이를 '기적'이란 낱말과 관련하여 해결하고 있다(「윤리학」 34-5쪽 참조). '기적'을 경험적 사실로 접근하는 것은 과학자나 의사를 데리고 와 그 현상을 살펴보는 것이다. 그러면서도 마치 절대적인 의미인 양 '기적'이라는 표현을 쓰는 것이 바로 자연적인 것으로 초자연적인 것을 표현하는 역설적인 상황이다. 예를 들어 어떤 사람이 갑자기 머리가 사자머리가 되고 사자처럼 포효한다면 우리는 놀랄 것이고, 어떤 이는 "기적이 일어났다"고 말할 수도 있다. 그런데 의사나 과학자를 데려와 이 현상을 과학적으로 탐구하게 할 때도 여전히 '기적'이란 말을 쓸 수 있을 것인가? 아마 아닐 것이다. 과학자나 의사를 데려와 그 상황을 "과학적으로 탐구"하게 할 때 "기적적인 모든 것이 사라져 버"리게 되기 때문이다(「윤리학」 34-5쪽). 기적적인 모든 것이 사라지는 것은 과학적 탐구의 결과 때문이 아니다. 과학적 탐구로 그 현상을 설명할 수 있다면 그 현상은 더 이상 기적이 될 수 없을 것이고, 반대로 과학적으로 그 현상을 설명할 수 없다고 하더라도 마찬가지다. 왜냐하면 과학적으로 설명되지 않았기 때문에 그 현상을 기적으로 보는 사람은 그 현상이 과학적으로 설명되면 언제든지 태도를 달리할 것이기 때문이다. 기적적인 현상을 과학적으로 탐구하려는 것 자체가 이미 그 현상을 기적으로 보지 않는다는 것이다. 기적적인 현상을 과학적으로 탐구하여 그 진위 여부를 가리려는 사람은 종교적인 태도가 아닌 과학적 태도를 취하는 것으로, 이러한 사람은 종교적 삶의 형태와 다른 삶의 형태 속에 사는 것이며, 종교적 문법과 다른 문법을 사용하고 있는 것이다. 그래서 결과가 어떠하든 더 이상 기적이라는 말을 그 현상에 적용할 수 없게 되어 버린 사람이다. 그가 사용하는 '기적'이라는 낱말과 종교인들이 사용하는 '기적'이라는 낱말은 표면적으로는 유사하나 사용에서 다르다.

> 수학자도 물론 자연의 경이(결정체)에 놀라워한다. 그러나 그가 보는 것이 무엇이냐가 일단 문제가 되면, 그는 그렇게 놀라워할 수 있을까? (『문화』 125쪽 원문 강조)

수학자나 과학자도 자연에 대해, 세계에 대해 경탄할 수 있다. 그러나 놀라워하는 대상에 대해 과학적 의문을 가지고 접근하게 되면 놀라운 상황, 경이로운 상황은 멈춰 버린다. 마치 화려한 색상들의 현란한 TV 화면이 흑백 화면이 된 듯, 마치 생동감 있게 활발히 움직이던 것이 갑자기 정지된 듯 굳어 버리는 것과 같다. 기적은 아직 과학에 의해 설명되지 않은 것 혹은 이제까지의 과학 체계 내에서 다른 사실들과 모순되지 않고 조화롭게 되는데 실패한 것을 의미하지 않는다.[3]

---

3 비트겐슈타인은 '좋은'이란 윤리적 표현의 상대적인 뜻과 절대적인 뜻을 구분해 논

비트겐슈타인은 사물을 보는 방식에는 두 가지가 있다고 한다. 하나는 과학적으로 보는 방식이고, 다른 하나는 기적으로 보는 방식이다. "사실을 바라보는 과학적 방식은 그것을 기적으로 보는 방식이 아니"다(「윤리학」 35쪽). 사물을 과학적으로 보는 방식과 기적으로 보는 방식 사이에 공통된 부분은 없다. 그래서 둘은 겹치지도 않고 걸치지도 않으며 심지어 배타적인 관계도 아니다. 때문에 "기적을 과학적으로 증명했다"는 말이나 "기적이 없음을 과학적으로 증명했다"는 말 모두 어처구니없는 헛소리에 불과하다(「윤리학」 35쪽 참조). 사물을 기적으로 보는 것과 과학적으로 보는 것은 차원이 다른 봄(seeing)이다. 사물을 기적으로 보는 것은 사물을 '영원의 관점에서' 보는 것이며, "세계의 존재에 대해 경탄하는 경험"은 "세계를 하나의 기적으로 보는 경험이다"(「윤리학」 35쪽).

> 르낭의 《이스라엘 민족사》에서 나는 다음을 읽었다: "출생 · 질병 · 죽음 · 정신착란 · 전신 강직증 · 잠 · 꿈들은 무한히 강렬한 인상을 주었다. 그리고 오늘날조차도, 이 현상들이 우리의 조직 안에 그 원인들을 가지고 있다는 점을 명료하게 보는 능력은 단지 소수의 사람들에게만 허락되어 있다〈."〉 그 반대로, 이 일들에 대해 놀랄 이유는 전혀 없다. 왜냐하면 그것들은 매우 일상적이기 때문이다. 원시인이 그것들에 대해 놀랄 수밖에 없다면, 개와 원숭이는 얼마나 더 하랴. 또는 우리들은 이렇게 가정하는가, 즉 그 사람들은 말하자면 갑자기 깨어났고, 이미 언제나 현존하고 있던 이 일들을 갑자기 주목했고, 명백히 놀랐다고? — 그렇다. 그 비슷한 어떤 것조차도 가정될 수 있

의했듯이, '기적'이란 낱말에 대해서도 상대적인 뜻과 절대적인 뜻이 있다고 하고 있다(「윤리학」 35쪽 참조). 여기서의 논의는 후자에 해당되는 것이다.

을 것이다. 그러나 그것은 그들이 이 일들을 처음으로 지각했다는 것이 아니라, 그들이 그것들에 대해 갑자기 놀라기 시작했다는 것이다. 그러나 이는 또다시, 그들의 원시성과는 아무 관계도 없다. 사물들에 대해 놀라지 않는 것을 원시적이라고 부르지 않는다면 말이다. 그러나 그렇게 부를 경우에는, 바로 오늘날의 인간들과 르낭 자신이 — 그가 과학의 설명이 그 놀람을 없앨 수 있다고 믿는다면 — 원시적이다.

마치 번개가 오늘날에는 2000년 전보다 더 평범하거나 덜 놀랄 만하다는 듯이.

놀라기 위해서는 인간은 — 그리고 아마 민족들은 — 깨어나야 한다. 과학은 그를 다시 잠재우기 위한 수단이다. (『문화』 34–5쪽 원문 강조)

르낭이 놀라움과 강렬한 인상을 준 것들로 언급하는 것은 사실 전혀 놀랄 일이 아니다. 그것들은 일상적인 것들이다. 그런데 원시인들 대다수는 이런 일상적인 일들에 놀란다. 그들이 일상적인 것들에 대해 놀랐다는 것을 현대인들, 대표적으로 프레이저 같은 이들은 원시성에 그 원인을 두려고 한다. 그러나 비트겐슈타인에 따르면 오히려 그 반대이다. 그들은 일상적인 것들에 대해 놀랄 줄 알았고 경이로워 할 줄 알았다. 원시인들의 놀람은 마치 항상 보아 왔던 사물에 대한 새로운 관점을 가진 것처럼 갑작스러운 것이다. 그들 원시인들은 갑자기 주목했고 놀랐다. 현대 과학이 원시인들이 놀라는 이런 일들을 설명할 수 있고 그래서 그러한 일들은 더 이상 놀람의 대상이 아니라고 믿는다면, 다시 말해 과학이 놀람이나 두려움을 제거할 수 있다고 믿는다면 이것이야말로 비트겐슈타인이 보기에는 원시적인 것이다. 비트겐슈타인에 따르면 원시인들은 자연력 앞에 두려워해야 하고 우리 현대 문명인들은 두려워해서는 안 되는 것처럼 생각하는 것, 이것이 바로 미신이다. 자연력에 놀라는 것, 자연에 대한 경이는 과학의 영역에 속하지 않는다. 과학은 그 이유를 설명하지 못하며 설명할 수도 없고 그래서 과학은 그러한 놀람이나 경탄을 옹호하지도 제거하지도 못한다. 물론 많은 원시인들이 자연 현상들을 두려워하는 경향이 있다는 것을 보여 주는 것은 사실이다. 그러나 그렇다고 해서 마치 원시인들은 당연히 놀라워해야 하며 그럴 수밖에 없는데 반해 우리는 그렇지 않은 것으로 단정하는 것은 잘못이다.

자연력에 놀라는 것, 자연에 경탄하고 경이로워 하는 것은 자연을 영원의 관점에서 보는 것이다. 자연을 영원의 관점에서 보기 위해서는 사실에 대한 과학적 관점에서 벗어나 일상적인 것들을 새롭게 보는 각성이 필요하다. 새로운 관점으로 일상적인 것들에 대해 놀란다는 것은 세계 내의 사실들의 가치를 발견한다는 것이다. 윤리적으로 말한다면 사물들을 가치로 보게 된다는 것이다. 사물들을 가치로 보기 위해서, 즉 놀라기 위해서는 깨어나야 하는데 과학은 오히려 깨어난 인간 정신을 다시 잠재우는 역할을 한다는 것이 비트겐슈타인의 견해이다. 과학적 정신은 자연력에 대한 두려움과 결합할 수 없다(『문화』 35-6쪽 참조). 이런 측면에서 보면 원시인들은 현대인들에 비해서 영원의 관점에서 보는 능력이 더 뛰어나다 할 수 있다.

2. 종교, 예술, 윤리 그리고 철학

슐릭은 신학적 윤리학에서의 선(善)은 '신이 원하기 때문에 선은 좋은 것'이라는 것과 '선이 좋은 것이기 때문에 신이 원한다'는 것 두 가지로 나뉘는데, 후자가 더 심오한 것이라고 한다(WVC 115쪽 참조). 그러나 비트겐슈타인은 '신이 원하기 때문에 선하다'는 것이 더 심오한 것이라고 한다. '선이 좋은 것이라서 신이 원한다'는 주장은 마치 선한 것에 대해 어떤 이유를 제공할 수 있다는 듯이, 그래서 이성으로 설명하고 해석할 수 있다는 듯이 말하고 있다(WVC 115쪽 참조). 이에 반해 신이 원하기 때문에 선은 좋은 것이라는 생각은 선의 본질이 사실과 무관하다는 것을 보여 준다. 그래서 어떤 명제도, 어떤 설명도 필요치 않다. 그것을 표현하는 명제가 있다면, 그것은 '신이 명령하는 것, 그것이 선하다'이다. 심지어 비트겐슈타인은 가치에 대한 어떤 말도 듣고 싶지 않은데 "그것은 그 설명이 틀렸기 때문이 아니라 설명이기 때문"(WVC 116쪽 원문 강조)이라고 한다. 윤리적인 것을 이론으로 '설명한다면' 윤리적인 것은 어떤 가치도 없게 된다. 비트겐슈타인에게 이론은 사실과 마찬가지로 어떠한 가치도 없으며 어떠한 것도 제공하지 않는다(WVC 117쪽 참조).

비트겐슈타인에게서 윤리학은 미학과 밀접한 관련을 가진다. 왜냐하면 그는 '윤리학'을 '좋은 것[善]에 대한 탐구'라는 무어의 정의에서 한 걸음 더 나아가 미학의 본질적인 부분을 포함하는 것이라고 하고 있기 때문이다(「윤리학」 25쪽 참조).[4] 윤리학이 미학의 본질적인 부분을 포함한다면 미학 역시 윤리의 특성을 공유할 것이며, 윤리와 종교의 관계는 미학에도 해당될 것이다.

---

4 윤리학과 미학의 관계를 특별히 더 언급하지 않고 있다. 비트겐슈타인의 평소 스타일로 보아, 더 이상 언급이 없는 것은 이로써 충분히 말했기 때문이다. 그렇다면 윤리학에 대한 정의, 즉 '가치 있는 것에 대한 탐구', '진짜 중요한 것에 탐구', '삶의 의미에 대한 탐구'는 미학에도 해당된다고 할 수 있다.

2.1 종교, 예술, 윤리

비트겐슈타인에게서 종교는 윤리뿐만 아니라 예술과도 밀접한 연관을 가진다. 첫째, 말할 수 없는 것, 그래서 침묵해야 하는 것이라는 점에서 종교, 윤리, 예술은 공통적이다. 그는 다음과 같이 말한다.

> 아무것도 말하지 않는 것, — 이것만큼 좋은 어떤 것을 예술에서 말하기는 어렵다. (『문화』 65쪽 필자 강조)

둘째, 설명될 수 없고 과학적으로 접근할 수 없다는 것, 그래서 그것들에 대한 어떠한 이론도 성립할 수 없다는 점에서 유사하다.

> 영혼이 가득 찬 음악적 표현. 그것은 강약과 템포의 정도에 따라 기술될 수 없다. 마치 영혼이 가득 찬 얼굴 표정이 공간적 척도에 의해 기술될 수 없는 것과 마찬가지로. 심지어 그것은 범례에 의해서도 설명될 수 없다. 왜냐하면 동일한 악곡이 수많은 방식으로 올바르게 표현되어 연주될 수 있기 때문이다. (『문화』 170쪽 필자 강조)

셋째, 종교, 윤리, 예술 모두 체험을 통해 알 수 있다는 점에서 공통된다. 말할 수 없는 것들을 알 수 있는 방법은 직접 체험하는 것이다. 윤리는 체험에 전적으로 의존한다. 체험 없는 윤리는 그야말로 공허하다. 때문에 경험과 체험이 배제된 추상화된 어떠한 설명도 윤리에 어울리지 않는다. 예술과 종교도 마찬가지이다.

> 음악의 악절에 대한 이해와 설명 — 가장 단순한 설명은 때때로 하나의 몸짓이다. 다른 하나의 설명은 가령 춤의 한 스텝이거나, 또는 하나의 춤을 기술

하는 말일 것이다. ─ 그러나 대체 악절을 이해한다는 것은 우리가 그것을 듣는 동안의 체험이 아닐까? 그런데 그 설명은 무엇을 해 주는가? 음악을 들으면서 우리는 그 설명을 생각해야 하는가? 음악을 들으면서 우리는 춤을, 또는 무엇이든 상상해야 하는가? 그리고 만일 우리가 그렇게 한다고 할 때, ─ 왜 우리들은 그것을 '음악을 이해하면서 들음'이라고 불러야 하는가? 만일 춤을 보는 일이 중요하다면, 음악 대신 **춤**이 상연되는 것이 과연 더 나을 것이다. (『문화』 147쪽 원문 강조)

악절을 이해한다는 것은 듣는 동안의 체험이다. 설명은 결코 이러한 체험을 제공할 수 없다. 심지어 비트겐슈타인은 설명이 왜 필요한지, 설명이 왜 중요한지 묻는다. 설명이 하는 역할이 무엇인가? 예술이 우리에게 주는 인상에 설명이 어떤 기여를 하는가? 물론 때로는 설명이 없었으면 받지 못했을 인상을 얻게 하는 데 도움이 되기도 한다. 그러나 설명은 예술이나 예술적 체험에서 중요한 것이 아니다. 만일 그렇게 설명이 중요하다면 음악을 들을 것이 아니라 그 음악에 대한 설명만 있어도 충분할 것이다. 하지만 예술이 주는 특별한 인상을 얻기 위해서는 설명이 아니라 체험이 필요하다. 이는 종교에서도 마찬가지이다. 종교적인 발화는 체험과 관련되며, 그런 체험이 뒷받침되지 않은 발화는 의미를 상실한다. 체험과 분리된 종교적 명제 혹은 그에 대한 설명이나 해석은 우리에게 어떤 것도 제공하지 않는다. 종교가 우리에게서 중요한 것이 되기 위해서는 체험이 반드시 있어야 하며, 그러한 체험에 설명이 동반될 필요가 없다. 아니 오히려 해석과 설명이 종교에게서 생명력을 빼앗는 것이 된다. 그리고 예술에서의 체험이 제스처를 통해 드러나고 삶을 통해 표출되듯이 종교적 발화 당사자의 체험은 그의 삶을 통해 드러난다.

음악의 이해는 인간 삶의 표출이다. 어떻게 그것이 어떤 사람에게 기술될 수
있을까? 자, 우리들은 무엇보다도 아마 그 음악을 기술해야 할 것이다. 그
다음 우리들은 사람들이 그것에 대해 어떤 태도를 취하는지를 기술할 수 있
을 것이다. (『문화』 149-50쪽 원문 강조)

넷째, 올바른 관점을 제시한다는 점에서 공통된다.

엥겔만이 자신의 글들을 바라보고 그것들을 (개별적으로는 출판하고 싶지
않지만) 멋진 것으로 여길 때, 그는 자신의 삶을 신의 예술 작품으로서 본
다. 그리고 이러한 것으로서, 각각의 삶과 모든 것은 분명 고려할 만한 가치
가 있다. 그러나 오직 예술가만이 개별자가 우리에게 예술 작품으로 보이게끔
표현할 수 있다: 우리들이 저 원고들을 개별적으로 보면, 그리고 특히, 우리
들이 그것들을 선입관 없이, 즉 미리 영감 받음이 없이 바라본다면, 그것들
은 정당하게도 그 가치를 상실한다. 예술 작품은 우리에게 ― 말하자면 ― 올
바른 관점을 강요한다. 그러나 예술이 없다면 대상은 다른 모든 것과 마찬가지
로 한 조각의 자연일 뿐이다. 그리고 우리가 그것을 영감을 통해 고양시킬 수
있다는 것, 이 말은 아무도 그것을 우리 앞에 가져다 줄 자격이 없다는 것이
다. (『문화』 33-4쪽 필자 강조)

사람들은 오늘날, 과학자들은 사람들을 가르치기 위해 존재하고 시인과 음
악가들은 사람들을 기쁘게 하기 위해 존재한다고 믿는다. 후자들도 사람들에
게 뭔가 가르칠 것을 가지고 있다는 것, 이 점은 사람들의 마음속에 떠오르지
않는다. (『문화』 90쪽, 원문 강조)

많은 사람들이 예술은 즐거움(쾌)을 위해 존재하는 것이라고 생각하지

만, 비트겐슈타인은 즐거움 이상의 뭔가를 제공한다고 생각한다. 예술을 통해 사물은 살아나며 가치를 얻는다. 결국 예술은 대상을 올바른 관점으로 보게 우리를 인도한다. 왜냐하면 올바른 관점은 가치와 관련되기 때문이다. 비트겐슈타인은 '윤리학'을 '좋은 것[善]에 대한 탐구'라는 정의 대신 '가치 있는 것에 대한 탐구', '진짜 중요한 것에 대한 탐구'라고 정의할 뿐만 아니라 "삶의 의미에 대한 탐구"이며, "삶을 살 가치가 있는 것으로 만드는 것에 대한 탐구", "올바른 삶의 방식에 대한 탐구"(「윤리학」 26쪽)라고 한다. 삶이 의미 있다는 것, 삶이 살 가치가 있다는 것을 아는 것이 삶에 대한 올바른 관점이다. 결국 삶에 대한 올바른 관점은 삶의 가치를 드러낸다. 마찬가지로 대상들을 올바른 관점에서 본다는 것은 대상들의 가치를 본다는 것이다. 그리고 영원의 관점에서 볼 때 사물의 가치를 보게 된다. 그런데 윤리뿐만 아니라 종교도 사물을 올바른 관점으로 보게 한다. 이렇게 되면 대상들을 올바른 관점으로 보게 하는 예술의 역할은 윤리적이며 종교적이다. 결국 비트겐슈타인에게서 종교와 윤리, 미학은 사물을 영원의 관점에서 바라보게 한다는 점에서 일치한다. 영원의 관점에서 사물을 바라보는 것은 무엇인가? 사실들의 총체, 즉 세계를 위에서 조망하는 것으로 세계 내의 사실들에 영향을 주지도 받지도 않고, 사물을 있는 그대로 바라보는 것이다. 영원의 관점에서 사물을 보게 되면 사물이, 세계가, 자연이 경이롭게 느껴진다. 이것은 사물을 기적으로 보는 것이다.

자연의 경이.
우리들은 이렇게 말할 수 있을 것이다: 예술은 우리에게 자연의 경이를 보여준다. 예술은 자연의 경이라는 개념에 기초하고 있다. (개화하는 꽃. 그것의 무엇이 멋진가?) 우리들은 말한다: "보라, 저것이 어떻게 피는가를!"(『문

화』124-5쪽 원문 강조)

2.2 철학

세계 위에서 사물들을 바라보는 것은 예술, 윤리, 종교에만 해당되는 것이 아니다. 예술 작품 외에도 세계를 영원의 관점에서 보게 하는 것이 있는데 그것은 바로 '사유의 길'이다. 비트겐슈타인은 사유는 세계 위에 날아가, 세계를 있는 그대로 있게 하며 "세계를 위에서부터 비행(飛行) 중에 바라보"는 것이라고 말한다(『문화』34쪽 원문 강조). 따라서 사물들을 새로운 관점으로 보게 하는 것은 윤리, 종교, 미학 그리고 철학이다. 또한 비트겐슈타인은 철학은 설명이 아니라 기술이어야 한다고 하는데, 설명이 아니며 설명될 수 없다는 특성 역시 철학이 종교, 윤리, 미학과 공유하고 있는 특성이다.

  (아마도 특히 수학에서의⟨⟩)철학적 탐구와 미학적 탐구와의 이상한 유사성.
  (예컨대 이 옷에서 무엇이 나쁜가, 어떻게 어울릴까, 등등) (『문화』70쪽)

  나는 다음과 같은 말로 철학에 대한 나의 입장을 요약했다고 믿는다: 철학
  은 본래 오직 시(詩)로 지어져야 하리라. (『문화』68쪽 원문 강조)

철학적 탐구가 미학적 탐구와 유사하다면 그리고 예술, 윤리, 종교와 마찬가지로 철학이 사물을 영원의 관점에서 보는 것이라면, 철학은 삶의 문제, 삶의 가치를 다루는 것이어야 하며 종교나 윤리, 예술과 마찬가지로 사물에 대한 올바른 관점을 제시하는 것이어야 한다. 그런데 철학, 종교, 예술, 윤리의 역할이 올바른 관점 제시에만 국한되는 것이 아니다.

철학에서의 작업은 — 건축에서의 작업이 여러모로 그렇듯이 — 실제로는 오히려 자기 자신에 대한 작업이다. 자기 자신의 파악에 대한 작업. 사물들을 어떻게 보느냐에 대한 작업. (그리고 그것들로부터 요구되는 것에 대한 작업.) (『문화』 61쪽 원문 강조)

철학적 작업은 자기 자신에 대한 작업, 자신이 세계를 어떻게 보는가에 대한 작업이다. 올바른 관점을 제시한다는 것은 바로 자신에 대한 성찰, 자신의 관점에 대한 작업이다. 그러므로 비트겐슈타인에게서 종교, 윤리, 미학, 철학은 올바른 관점 제시라는 측면과 궁극적으로는 자기 자신에 대한 이해, 자신의 삶의 문제와 관련된다는 점에서 밀접한 관련을 가진다.

그렇다면 종교와 윤리, 예술은 같은 것인가? 적어도 비트겐슈타인에게서 윤리와 종교는 구분할 수 없는 것으로 보인다. 이것은 앞서 살펴보았듯이, 비트겐슈타인이 신이 명령한 것은 선이며, 선한 것은 신적이라는 견해를 가졌다는 것, 그리고 이것이 비트겐슈타인 자신의 윤리학이라는 그의 표현을 통해 알 수 있다. 그러나 종교와 예술은 완전히 같은 것이라고 할 수 없어 보인다.

르낭이 유태 종족의 '조숙한 양식(bon sens précoce)' (오래전에 이미 나에게 떠올라 있던 관념)에 관해 말할 때, 그것은 비-시적인 것, 바로 구체적인 것으로 가는 것이다. 그것은 내 철학의 특징이다.

사물들은 바로 우리 눈 앞에, 아무 베일도 덮이지 않은 채 놓여 있다. — 여기서 종교와 예술은 서로 분리된다. (『문화』 36쪽 원문 강조)

비트겐슈타인은 비-시적이며 구체적인 것으로 가는 것이 자기 철학의

특징이라고 말하고 있다. 비트겐슈타인의 철학 목표는 사고의 명료화
이다. 그는 자신의 철학을 구체적이며 명쾌하게 서술한다. 종교 역시
비-시적이며 구체적인데 이 점에서 시적인 예술과는 차이가 있다. 그
러므로 종교, 미학, 윤리가 사물에 대한 관점을 제시하며 영원의 관점
에서 사물을 보게 한다는 점에서 일치하지만 표현 방식은 다르다고 해
야 할 것이다.

한편 예술의 표현방식이 시적이라는 것이 예술에 대한 표현주의적
접근을 허용하는 것은 아니다. 비트겐슈타인은 종교에 대해서 표현주
의자들의 입장을 받아들일 수 없는 것과 마찬가지로,[5] 예술에 대해서도
표현주의적 견해를 거부하기 때문이다. 자신에게 영향을 끼쳤던 톨스
토이조차 예술을 감정 표출과 전달의 도구로 여겼으나 비트겐슈타인은
환원주의적 입장이나 도구주의적 입장을 거부한다.

예술 작품은 '감정'을 전해 준다고 하는 톨스토이의 잘못된 이론으로부터
우리들은 많은 것을 배울 수 있다. — 그리고 어쨌든 예술 작품은 감정의 표
현은 아니지만, 감정의 한 표현, 또는 하나의 느껴진 표현이라고는 할 수 있
을 것이다. 그리고 그 표현을 이해하는 사람들은 이해하는 만큼 그것에 맞춰
'몸을 흔들고', 그것에 응답한다고도 할 수 있을 것이다. 우리들은 말할 수
있다: 예술 작품은 다른 어떤 것을 전하려는 것이 아니라, 자기 자체를 전하
려 한다. 마치 내가 어떤 사람을 방문할 때 나는 단지 그에게 이러이러한 감
정을 불러일으키고자 원하는 것이 아니라, 무엇보다도 그를 방문하고, 또 물
론 잘 대접받기를 원하는 것처럼.

예술가는 자기가 글을 쓰면서 느끼는 것을 다른 사람이 읽으면서 느끼기

---

5 III장 2.3절 표현주의 비판 부분 참조.

원한다고 말하는 것은 이미 처음부터 완전히 헛소리이다. 나는 물론 (예컨
대) 시를 이해한다고, 그것을 그 지은이가 원하는 대로 이해한다고 믿을 수
있다. ― 그러나 그가 글을 쓸 적에 무엇을 느꼈건 간에, 그것은 나와는 전혀
상관이 없다. (『문화』 128쪽 원문 강조)

종교 및 종교적 행위가 '~에 대한 표현'이 아닌 것처럼 예술 역시 그러
하다. 물론 예술이 감정을 표현하기도 한다. 그러나 예술은 '감정의 표
현'이 아니라 단지 '감정의 한 표현'일 뿐이다. 예술은 감정, 정서, 교
훈과 같은 '어떤 것'을 전달하려고 하는 것이 아니라 그 자체를 전하려
고 한다. 무엇에의 도구로 여길 수 없다는 것, 그 자체를 받아들여야 한
다는 점에서도 종교와 예술은 일맥상통한다.

　비트겐슈타인이 케임브리지로 돌아온 것은 1929년이다. 케임브리지
로 돌아왔다는 것은 그가 『논고』와 결별했다는 것을 의미한다. 왜냐하
면 그가 케임브리지를 떠난 건, 『논고』로 철학을 완성했고 그래서 더 이
상 철학에 종사할 필요가 없다고 생각했기 때문이다. 그런데 이 장에서
논의된 「윤리학」은 그가 케임브리지로 돌아온 1929년에 행해진 강연임
에도 그 내용은 '말할 수 없는 것'들에 대한 『논고』의 언급과 별반 다르
지 않다. 그리고 철학을 자기 자신에 대한 작업이라고 말한 것도(『문
화』 61쪽 참조) 이 무렵(1931년)에 해당한다. 그런데 철학자는 새로운
봄을 제시해야 하며, 이를 위해서는 자신의 삶 자체가 달라져야 한다는
것, 그리고 그것에는 용기가 필요하다는 주장은[6] 후기에도 이어지고 있
고, 종교가 새로운 관점을 제시하고 삶의 방향을 지시하는 것이어야 한

6　이것은 『철학적 소견들』 서문에 나오는 것인데, 이에 대해서는 V장에서 자세히 다
룰 것이다.

다는 견해 역시 변함없다. 또, 예술에 대한 언급은 전·후기 모두에 걸친다. 그러므로 비록 윤리적 명제는 말할 수 없는 것이며, 말하려고 하는 것은 세계를 넘어서며 언어를 넘어서는 것이라는 주장은 후기에는 성립하지 않으나 그 외 논의된 것들, 즉 종교, 윤리, 예술, 철학은 세계에 대한 올바른 관점을 제시하며, 삶을 가치 있게 만든다는 것 등은 전·후기 모두에 걸쳐 유지되고 있다고 할 수 있다.

후기 비트겐슈타인의 종교관

학자들 간에 다소의 차이는 있지만 대체로 비트겐슈타인의 후기 사상은 전기 사상과 차이가 있다고 본다. '명제'나 '명제의 뜻'에 대한 이해에서 차이가 있으며, 전기에 '논리'는 하나이며 경험에 의존하지 않는 "선천적인"(『논고』 5.4731) 것이었으나, 후기에는 여러 다양한 '논리', 즉 다양한 '문법'이 있으며 따라서 서로 다른 문법에 따라 서로 다른 언어놀이를 할 수 있으며 그 중 어떤 언어놀이가 진정한 언어놀이인지를 결정해 주는 절대적이고 객관적인 기준은 없다고 하는 점에서 차이가 있다.[1]

전·후기 사상에서 일관된 부분도 있는데, 윤리, 미학, 종교 등에 대한 이해가 그러하다. 물론 윤리, 미학, 종교에 대한 전·후기 견해 사이

---

1 전기 사상에서의 '논리' 개념에는 이미 후기 사상에서 보이는 '문법' 개념이 전조로 나타나 있다고 하는 주장도 있다. 우선 『논고』에서 "논리적 문법"(3.325)이라는 표현이 등장하는데, 이는 비트겐슈타인이 이미 전기의 '논리'를 '문법'으로 간주했다는 증거라는 것과 『노트북』에서 "논리학은 스스로를 돌본다"(2쪽, 11쪽)는 말은 논리의 자율성을 뜻하는 것으로 볼 수 있는데, 이런 논리의 자율성은 후기 사상에서 '문법'의 자율성 개념과 연결된다는 것이다(이영철(2008), 60-62쪽 참조). 필자 역시 이런 측면에서의 연속성은 인정한다.

에 간과할 수 없는 차이 역시 존재한다. 윤리, 미학, 종교 등은 전기 사상에서는 말할 수 없는 영역에 속하는 것으로 그것에 대해 말한다면 무의미만 발생할 것이라고 한데 반해, 후기에는 말할 수 없는 영역으로 분류하지도 않을 뿐더러 그 자체로 의미 있게 말해질 수 있다고 하는 점에서 차이가 있다.[2] 이러한 차이는 언어관의 변화에서 비롯된 것이다. 따라서 후기 비트겐슈타인의 종교관을 살펴보기 위해서는 후기 비트겐슈타인의 언어관에 대한 이해가 선행되어야 한다. 그런데 후기 비트겐슈타인의 종교관 연구는 종교 언어에 대한 문법적 고찰에서 그칠 수 없다. 왜냐하면 후기 비트겐슈타인은 당대 가장 주목받았던 종교 저술 중 하나인 프레이저의 『황금가지』에 대해 강력히 비판하면서 종교적 행위가 무엇인지, 종교적 행위가 우리에게 보여 주는 것이 무엇인지에 대해 논하고 있기 때문이다. 우선 그의 언어관이 어떻게 변했는지를 살펴본 다음, 종교적 행위와 종교 언어에 대한 그의 견해를 살펴보자.

1. 전기에서 후기로의 전환

그의 후기 사상은 전기 사상이 보여 준 명제의 뜻에 대한 이해가 적절하지 못했다는 인식에서 비롯된다. 『탐구』에서는 『논고』에서의 낱말-대상 대응 관계에서의 의미 발생을 비판하고 있다.

---

2 또 다른 차이는 전기 비트겐슈타인의 종교관은 신비주의적이고 동양 사상적 측면이 강한데 비해 후기에는 그런 성격이 적다는 것이다. 그러나 비트겐슈타인의 후기 사상에서 나타나는 불교와의 유사성을 고려한다면 비트겐슈타인의 전 · 후기 사상은 어떻게든 동양 사상과 관련된다는 측면에서는 일관된다고 할 수 있다.

우리들이 "의미"라는 낱말로써 그 낱말에 '대응하는' 대상을 지칭한다면, 그 낱말은 어법에 어긋나게 사용되고 있다는 점을 확인하는 것이 중요하다. 그것은 이름의 의미를 이름의 소지자와 혼동하고 있음을 뜻한다. (『탐구』 §40 원문 강조)

'의미'라는 말을 이름에 대응하는 사물을 의미하는 것으로 이해하는 것은 '의미'라는 말을 오해한 것이다. 『논고』에서 비트겐슈타인은 이름의 소지자와 이름의 의미를 혼동하였는데, 이름의 소지자와 그것의 의미는 별개이다. 이름은 그것에 대응하는 것이 없어도 의미를 지닐 수 있다(『탐구』 §§39-45 참조). 예를 들어 A라는 사람이 죽었다고 할 때 "그 이름의 소지자가 죽"었다고 말하지 "그 이름의 의미가 죽는다고 말하지 않"는다(『탐구』 §40). 만일 이름의 소지자가 이름의 의미라면 이름의 소지자가 죽으면 그 이름의 의미도 상실하게 될 것이고 그렇게 되면 "A가 죽었다"고 말하는 것조차 뜻을 가지지 않게 된다. 물론 "때때로 한 낱말의 의미는 그 소지자를 가리킴으로써 설명"(『탐구』 §43 원문 강조)되기도 하지만, 그것이 낱말의 의미를 설명하는 유일한 것은 아니다. 낱말의 의미는 그 낱말이 지시하는 대상과의 대응에 있지 않고 낱말의 사용에서 발생한다. 낱말의 의미에 대한 이해에서 후기 비트겐슈타인의 견해는 전기와 차이가 있다.

『논고』에 따르면 윤리, 미학, 종교적 언어는 의미 있는 논리적 형식을 갖지 못하고 그래서 세계에 대해 어떤 것도 말하지 않지만 중요한 것이다. 전기에 윤리, 종교 등이 중요하다고 주장한 것은 후기에도 이어진다. 그리고 전기에 윤리, 미학, 종교적 언어가 사실적 세계와 일치하지 않는다는 생각도 후기에 이어진다. 이후 살펴볼 것이지만 후기에서의 종교 언어도 사실 세계와 대응되는 것이 아니며 사실과의 대응에서 의

미가 발생하는 것도 아니다. 하지만 후기에는 윤리, 미학, 종교적 언어
뿐만 아니라 우리의 언어 자체가 세계와의 대응 관계에 있는 것이 아니
며 그로부터 명제의 뜻이 발생하는 것이 아니라는 점에서 전기와 차이
가 있다. 뿐만 아니라 후기에는 '말할 수 있는 것'과 '말할 수 없는 것'
의 구분 자체가 없으며, 어떤 의미에서 종교적 언어는 의미 있게 말해
진다는 점에서도 전기와 후기는 차이가 있다.

　비트겐슈타인은 전기에는 언어의 '논리'에 관심을 가졌고 후기에 와
서는 '논리' 대신 '문법'에 관심을 가졌다. 후기의 '문법'은 전기의 '논
리'를 대체하는 것이다. 하지만 전기에 사용한 '논리'의 의미가 그대로
유지되는 것은 아니다. 후기의 '문법' 개념에서 전기 '논리' 개념이 이
어지는 것도 있고 달라진 것도 있다. 먼저 유사한 점들을 살펴보자. 첫
째, 전기의 '논리'와 후기의 '문법'은 각각을 보여 주는 경험적 명제가
가능하다는 점에서 유사하다. 이러한 경험 명제들은 세계에 대한 그림
과 같다.[3] 둘째, 논리에 대해 설명할 수 없듯이 문법도 설명할 수 없다
는 점에서 유사하다. 논리를 설명할 수 없는 것은 논리를 설명하는 언
어는 이미 구조 내재적으로 논리를 포함하기 때문이다. 설명항이 이미
피설명항을 포함하기에 설명이 성립될 수 없는 것이다. 문법도 마찬가
지이다. 낱말들의 사용을 설명하고 정당화하고 비판하는 데 쓰이는 문
법적 명제들의 '참'은 어떤 외부적 사실에도 의존하지 않고 전적으로
언어 내에서 정의되기 때문에 명제를 벗어나 '문법' 그 자체를 설명할
수 없다.[4] 셋째, 자율적이면서도 자의적이지 않다는 점에서 유사하다.

3　물론 전기의 '그림'과 후기의 '그림'은 다르다. 전기에 그림으로서의 명제를 말할
때 그림이 세계에 일치하는 그림이며 명료한 그림이라면, 후기에서의 '그림'은 유일한
것이 아니며 세계를 묘사하는 것도 아니다(『탐구』 §295 참조).
4　이영철(2008), 84-5쪽 참조.

구문론적 규칙이 주어지면 사물, 속성 등에 대한 어떠한 이론도 필요하지 않다는 점, 실체에 대한 어떤 이론에도 의존하지 않는다는 점에서 논리는 자율적이다. 또, 실재를 묘사하기 위해 충족시켜야 하는 보편적인 선-조건[5]이 된다는 점에서, 즉 어떤 외적 상황에도 의존하지 않는다는 점에서 자율적이다. 하지만 논리는 "언어와 실재가 공유하는 본질적인 구조적 특징들을 보여" 준다는 점에서 그리고 하나의 언어, 하나의 논리만이 있다는 점에서 자의적일 수 없다. 문법 역시 자율적인 면과 비자의적인 면을 가지고 있다(『쪽지』 §358 참조). 언어 사용 규칙들로서의 문법은 언어놀이 밖에서 정당화될 수 없다는 점에서 자율적이다. 그럼에도 자의적이지 않은데, 그것은 "내가 어떤 문법 규칙들을 이용할 수 있느냐가 자의적이지 않"다는 점에서 그러하다(WLC I 30쪽). 우리가 사용하는 언어가 이미 주어져 있듯, 우리의 언어 문법은 이미 주어져 있다. 그리고 우리는 언어를 익힘과 동시에 그 언어의 문법 규칙들을 익히고 그것들을 따르지 않으면 안 된다는 점에서 자의적이지 않다.

논리와 문법은 자율적이면서도 자의적이지 않다는 점에서는 유사하지만 자의적이지 않은 이유에서 차이가 있다. 첫째, 전기의 '논리'는 언어와 실재가 공유하는 것으로, 실재를 반영하는 것이며 선천적인 것이기에 자의적이지 않지만, 후기의 '문법'은 낱말 사용의 기준으로서 규범적 성격을 갖기 때문에 자의적이지 않다. 둘째, 진리 함수 논리가 유일한 문법이라는 전기 비트겐슈타인의 관점은 진리 함수 논리는 참, 거짓 문법의 일부에 불과하다는 후기의 견해와 차이가 있다. 『논고』에서 논리적 문법은 유일한 것이지만, 후기에는 유일한 것이 아니라 다양한 문법 중 하나에 불과하다. 셋째, '논리'는 "이상적 표기법에서 실현되

---

5 이영철(2008), 72쪽 참조.

는 진리 함수적 구문론"[6]인데 반해, 후기 '문법'은 "일상적인 언어 사용 규칙들을 포괄하는 문법 체계들"[7]이라는 점에서도 차이가 있다. 이런 차이 때문에 전기의 '논리'의 본성을 알기 위해서는 명제에 대한 논리적 분석이 요구되지만, 후기의 '문법'을 알기 위해서는 우리의 언어 사용을 그대로 '기술(記述)'하는 것이 요구될 뿐이다.

언어에 대한 후기 견해는 종교 언어에도 고스란히 적용된다. 종교 언어에도 고유의 문법이 있는데, 이는 종교 언어놀이를 기술해 보면 드러난다. 종교 언어놀이와 그 문법에 대한 고찰은 후기 비트겐슈타인의 종교관 이해의 중심이 된다고 할 수 있다. 그런데 그에 못지않게 중요한 것이 있다. 「소견들」에서 제시된 종교적 행위에 대한 논의가 그것이다. 「소견들」에서 비트겐슈타인이 주술적 · 제의적 행위는 견해나 의견에 의거한 행위가 아니라 본능–행위이기에 주술적 · 제의적 행위를 설명하려고 해서는 안 된다고 한 점에서, 그리고 인간은 본능적으로 제의적이라는 것을 보여 준다는 점에서 인간에 대한 새로운 이해를 제공하고 있다.

2. 제의적 인간[8]

오랫동안 종교가 세계나 실재에 대한 이해를 제공하는 것으로 간주되어 왔는데, 이처럼 종교를 과학과 같이 세계에 대한 설명을 제공하는

---

6 이영철(2008), 60쪽
7 이영철(2008), 61쪽
8 이 부분은 필자의 졸고 "본능–행위로서의 종교적 행위"를 수정, 보완한 것으로, 일부 변화된 견해가 반영되어 있다.

것으로 보는 견해를 과학주의라고 한다. 종교, 특히 원시 종교를 과학주의적 입장에서 고찰한 대표적인 사람이 프레이저이다. 프레이저는 원시 종족들의 주술적 행위는 세계에 대한 잘못된 이해에서 비롯된 것으로 본다.

2.1 주술(magic), 종교에 대한 프레이저의 이해

프레이저는 주술과 종교는 자연 세계를 설명하는 일종의 이론이며, 이 이론 체계에서 주술적 종교적 의례(rituals)가 나온다고 본다. 이것은 주술, 종교, 과학이 모두 세계에 대한 이해에 의거한 것이며, 그 이해 정도와 정확도, 합리성 여부에 따라 전자로부터 후자로 진행하고 발전한다는 생각을 전제로 하고 있다. 이런 역사적 발전 모델에서 초기 단계인 주술은 자연 현상에 대한 무지에서 비롯된 것이며, 변덕스러운 자연을 주술적 이론화를 통해 조작하려는 것이 원시인들의 주술 행위라는 것이 프레이저의 견해이다.

　프레이저에 따르면 주술적 이론화는 크게 두 가지로 볼 수 있다. 하나는 동종요법의 법칙(law of homoeopathy)이며, 다른 하나는 접촉의 법칙(law of contiguity)이다. 동종요법의 법칙은 '같은 것은 같은 것을 산출한다, 결과는 원인을 닮는다'는 원리이며, 접촉의 법칙은 '한 번 접촉한 것은 물리적으로 떨어져 있더라도 서로에게 지속적으로 영향을 미친다'는 원리이다.[9] 프레이저에 따르면 원시인들은 동종요법의 법칙이나 접촉의 법칙을 자연의 원리라고 생각했으며 이러한 자연의 원리들에 의거하여 자신들이 직면한 문제를 해결하려고 했었다. 예를 들어

9　프레이저는『황금가지』에서 원시인들의 주술적 행위를 공감 주술이라고 하고 이 공감 주술 안에 '동종요법 법칙'과 '접촉 법칙'이 있다고 한다.『황금가지』 1권 3장 "주술과 종교" 참조.

가뭄이 들었을 때 원시인들은 나무 위에 올라가 물을 뿌리고, 양동이 같은 쇠붙이와 몽둥이를 가지고 치면서 천둥치는 소리를 내고, 부싯돌을 부딪쳐 번개가 번쩍이는 흉내를 내는데, 이것은 이러한 행위들로 인해 동일한 결과, 즉 천둥번개 치며 비가 내리는 결과를 얻을 것이라는 믿음, 동종요법이 자연을 지배하는 원리라는 믿음 때문이다. 미워하는 사람이나 적에게 상해를 가하고자 할 때 그의 형상(effigy)을 만들어 그 형상을 불에 태우거나 화살을 쏘거나 하여 상대에게 상해를 가하려는 것 역시 같은 것은 같은 것을 낳는다는 동종요법의 법칙에 의거한 행동이다. 또 원시인들은 미워하는 사람에게 화(禍)가 미치게 하려고 그의 머리카락이나 손톱과 같은 신체의 일부를 밀납에 넣고 그 밀납을 태우기도 하는데, 이는 접촉의 법칙에 따른 것이다. 그것은 자연은 한번 접촉된 것은 접촉한 것의 일부 혹은 전체와 같다는 접촉의 법칙의 지배를 받는다고 여겼기 때문이다. 그런데 적의 형상을 아무리 많이 태워도 적은 죽지 않고, 수없이 많이 나무에 올라가 물을 뿌리며 천둥, 번개 치는 것을 흉내 내어도 하늘이 꿈쩍도 않는 상황이 자주 발생하자, 즉 동종요법의 법칙이나 접촉의 법칙 등이 자연 현상에 맞아 떨어지지 않게 되자, 원시인들은 더 이상 자신들의 이론, 자신들의 주술을 신뢰하지 않게 되었고, 마치 우리가 과학 이론이 현상에 부합하지 않으면 오류로 판정하고 폐기하듯이 폐기한다는 것이 프레이저의 주장이다.

2.2 프레이저 비판

주술적 · 종교적 행위에 대한 프레이저식의 과학주의적 접근을 도구주의[10]라고 하는데, 그것은 주술적 행위를 자연을 조작하여 특정한 결과

---

10 클랙은 원시인들의 주술적 · 종교적 행위에 대한 이해가 지성주의 대 표현주의, 객

를 얻을 수 있는 도구로 보기 때문이다. 비트겐슈타인은 이러한 프레이저의 견해를 거부한다.

> 나는 (프레이저와는 반대로) 원시적 인간의 특징은 의견들에 근거하여 행위하지 않는다는 것이라고 믿는다. (「소견들」 51쪽 원문 강조)

주술이나 종교적 행위는 '이론'이나 '견해'에 근거한 것이 아니기 때문에 주술이나 종교적 행위가 '잘못된 이론'이라고 할 수 없다. "오류는 오직 견해에만 해당"(「소견들」 41쪽)되며 의견이나 견해가 아닌 것에 참, 거짓을 말할 수 없기 때문이다.

비트겐슈타인이 「소견들」에서 하고 있는 프레이저에 대한 비판은 네 가지로 나눠 볼 수 있다. 첫째는 반례 제시이다. 비트겐슈타인은 프레이저가 말하는 공감 주술의 원리가 적용되지 않는 예들을 통해 프레이저의 주장에 문제가 있음을 보여 준다. 원시인들이 의견에 근거하여 행위한다고 볼 수 없는 의례들이 있는데, 그 중 하나가 '아프리카의 비의 왕'과 관련된 의례이다. 우기가 오면 사람들은 비의 왕에게 빈다. 만일 프레이저의 말대로 이러한 의례가 비를 오게 할 것이라는 '의견'에 근거한 것이라면 이 의례는 우기가 아니라 건기에 행해져야 한다. 비트겐슈타인에 따르면, 비록 옛 사람들이 어리석다고 하더라도 비가 언제 시

관주의 대 정서주의, 효과주의 대 표현주의 등의 대립구도를 그려 왔다고 한다(Clack (1999a), 22쪽 참조). 이러한 구도에 따르면 프레이저의 입장은 지성주의, 객관주의, 효과주의에 해당한다고 할 수 있다. 또, 바렛은 프레이저의 관점을 '환원주의'라고 한다(Barrett, 214쪽 참조). 쿡은 주술, 신화, 원시인들의 행위에 대한 두 가지 관점, 즉 '객관주의적 관점'과 '정서주의적 관점'이 있으며 객관주의적 관점은 믿음의 참, 거짓 여부와 관련된다고 한다(Cook, 3쪽 참조). 필자는 프레이저식의 접근을 도구주의라고 할 것인데, 객관주의에 대한 쿡의 견해는 도구주의와 유사하다.

작되는지 정도는 이미 경험적으로 알고 있었기 때문에, 만일 기우제를 비의 원인으로 간주했었다면 비의 왕으로 하여금 비가 내리지 않는 나머지 기간에 비를 내려달라고 요청했을 것이 분명하다. 같은 이유로 해맞이 제의는 태양이 떠오르는 아침이 아니라 밤에 거행되어야 하지만 실제로 해맞이 제의는 태양이 떠오르는 아침에 행해진다(「소견들」 51-2쪽 참조). 이러한 예들을 통해 비트겐슈타인은 주술적 행위가 과학처럼 인과적 연관, 즉 이론이나 견해에 의존한 것이 아님을 보여 주고 있다.

둘째, 원시인들의 일상적 삶에서의 행위들이 그들의 주술적·종교적 행위가 자연 현상에 대한 잘못된 과학 이론에 근거한 것이 아님을 보여 준다. 원시인들은 자신이 살 오두막을 짓고 적과 싸우기 위해 화살을 만든다. 프레이저가 설명한대로 원시인들이 자연에 대한 이해에 근거하여 주술적·종교적 행위를 했다면, 그리고 실제로 인과적 연관에 의거한 결과를 기대했다면 왜 자신이 살 오두막을 작은 형상으로 만들어 동종요법적 효과를 기대하지 않았을까? 또 화살을 정교하게 깎아 만드는 이유는 무엇인가?(「소견들」 42쪽 참조) 만약 주술이 세계에 대한 이해, 즉 동종요법이나 접촉의 법칙이라는 자연 법칙에 의거한 것이라면 그래서 그 결과가 인과적으로 기대되었다면, 실제 전쟁을 치를 필요 없이 적의 작은 형상과 화살의 작은 형상을 만들어 작은 형상인 적에게 작은 형상인 화살을 쏘아 전쟁을 치르면 될 것이다. 그리고 비, 바람으로부터 보호해 줄 튼튼한 오두막을 어렵게 지을 필요 없이 작은 형상으로 단단한 오두막을 짓는 것으로 문제를 훨씬 쉽게 해결할 수 있었을 것이다. 원시인들의 일상적인 삶이 동종요법 법칙이나 접촉의 법칙을 따르지 않았다는 것은 원시인들의 주술적·종교적 행위에 대한 프레이저의 설명이 틀렸음을 보여 준다.

셋째, 프레이저식으로 주술적 행위를 설명하려면 '일관성'이 요청된다. 비록 원인과 결과 사이의 연결이 잘못되었다 하더라도 한 사건과 또 다른 사건을 과학적 인과관계로 묶으려면 최소한의 일관성은 있어야 한다. 대략적으로라도 원인과 결과가 정해지면, 그 범위가 아무리 넓더라도 대립하는 두 사건이 동일한 원인의 결과들로 간주될 수는 없다. 요청되는 일관성은 그런 종류의 것이다. 그런데 주술적·종교적 행위에는 그런 일관성을 볼 수 없다. 동일한 원인으로부터 서로 대립되는 두 사건이 나올 수 있다고 간주되며, 이를 이상하게 여기지도 않는다. 오히려 결과로 여겨지는 두 사건이 서로 대립되는지 아닌지에 대한 생각조차 없는 경우가 흔하다. 종교인들에게서 흔히 볼 수 있는 현상 중 하나는 신의 무한한 사랑이 나에게 복을 준다고 하는 주장과 신의 무한한 사랑이 나에게 고통을 준다는 주장을 전혀 문제없이 동시에 한다는 것이다. 시기의 차이도 없이 대립하는 두 사건을 동일한 원인의 결과들로 간주하는 것은 종교인들에게서는 흔한 일이다. 그런데 이런 현상이 종교에만 해당되는 것은 아니다. 슈베르트 사후, 그의 동생이 슈베르트의 악보를 작은 토막으로 나누어 슈베르트가 총애하던 학생들에게 몇 소절씩 나눠 주는 것, 혹은 전혀 반대로 아무도 접근할 수 없는 곳에 보관하는 것, 심지어 그의 악보들을 불태우는 것, 이 모두가 동일한 원인, 즉 슈베르트에 대한 숭배, 경외의 표시가 될 수 있다(「소견들」 43-4쪽 참조).

인간에게 자신을 숲의 한 나무로 태어나게 하는 선택권이 주어져 있다면, 그러면 가장 멋진 또는 가장 높은 나무를 고를 사람들, 가장 작은 나무를 택할 사람들, 그리고 평균적인 또는 평균보다 못한 나무를 택할 사람들 — 그것도, 속물근성에서가 아니라 다른 사람이 가장 높은 나무를 택한 바로 그 이유 또는 그런 종류의 이유에서 택할 사람들이 — 존재할 것이다. (「소견들」
51쪽)

동일한 이유로 서로 다른 선택을 하는 경우가 있다. 한 부족의 왕이 누
구도 보지 못하도록 보호되어야 한다는 것도 상상할 수 있지만 그 부족
사람 모두가 그를 보아야 한다는 것도 또한 상상할 수 있다. 누구도 그
를 만져서는 안 되지만 누구나 그를 만지지 않으면 안 되는 것 역시 가
능하다. 어떻게 연결될 것인가는 우연에 의거한다(「소견들」 43쪽 참
조). 이러한 예들은 주술적·종교적 행위가 과학적 의견에 근거한 것이
아님을 보여 준다. 과학적 견해 혹은 유사 과학적 견해와 관련된 것이
아니기에 모든 가능성들이 열려 있다. 비트겐슈타인은 오류는 인과적
연결에 있는 것이 아니며, 주술이 "과학적으로 해석될 때"(「소견들」 42
쪽) 발생하며 설명하려는 "기도(企圖) 자체가 이미 잘못되었다"(「소견
들」 39쪽)고 한다.

넷째, 주술적 단계에서 종교로, 종교에서 과학으로 진행한다는 역사
적 발전 가설을 반대한다(「소견들」 47쪽 참조). 왜냐하면 프레이저가
원시인들의 주술적 행위로 본 행위들 중 다수는 문명화된 세계 속에 사
는 우리 속에 여전히 있으며, 우리의 입장에서 세련된 종교적 행위라는
것도 원시인들의 행위와 다를 것이 없기 때문이다(「소견들」 38, 46쪽
참조). 비트겐슈타인은 "사제 왕의 종교적 행위나 종교적 삶"이 오늘날
우리가 행하는 종교적 행위와 다르지 않다고 한다(「소견들」 41쪽). 프
레이저는 '유령', '망령' 등과 같이 우리에게 익숙한 낱말을 사용하여
원시인들의 행위를 설명하는데, 오히려 그 낱말들 때문에 우리와 원시
인들 사이가 멀지 않음을 프레이저 자신이 보여 주고 있다는 것이 비트
겐슈타인의 주장이다. 원시인들과 우리 사이에 있는 이런 근친성, 즉

우리에게 익숙한 '영혼', '유령' 등과 같은 낱말들을 원시인들도 사용하고 있다는 유사함에 비하면 영혼이 먹고 마신다는 것을 원시인들은 믿고 우리는 믿지 않는다는 차이는 하찮은 것에 불과하다(「소견들」46, 49쪽 참조). 따라서 아우구스티누스가 『고백』에서 하느님을 부를 때 오류에 빠진 것이 아니며, 기독교뿐만 아니라 다른 종교의 종교적 행위도 마찬가지로 오류에 빠진 것이 아니다(「소견들」 38쪽 참조).

과학은 진보하지만 주술은 진보와 무관하며, 또 주술이나 종교는 어떠한 "발전 방향도 가지고 있지 않다"(「소견들」 54쪽)는 비트겐슈타인의 주장을 따르더라도 주술과 종교, 과학을 일직선상에 놓고 하나의 기준으로 그 발전 여부를 가름하는 것은 문제가 있음을 알 수 있다. 비트겐슈타인은 『강의』에서 종교적 명제를 과학적·경험적 명제로부터 구분하면서 둘은 전적으로 다른 문법의 지배를 받기에 하나의 기준으로 판단하는 것은 문법적 오류라고 하고 있다. 주술이나 종교, 그리고 과학은 서로 다른 문법을 가진 서로 다른 언어놀이라는 이해 없이 일방적인 잣대로 설명하는 프레이저야말로 미개인이라는 것이 비트겐슈타인의 생각이다(「소견들」 43, 47쪽 참조).

2.3 주술적 행위에 대한 표현주의적 관점

주술적·종교적 행위가 어떤 결과를 얻기 위한 도구가 아니라면 주술적·종교적 행위를 하는 이유는 무엇인가? 비트겐슈타인은 주술적·종교적 행위를 어떻게 이해하고 있는가? 비트겐슈타인 연구자들 중 많은 사람들이 주술적·종교적 행위에 대한 도구주의적 관점을 거부하는 비트겐슈타인의 입장을 표현주의로 간주해 왔다. 종교적 행위가 인과적 원리에 따른 것이 아니라면 감정이나 정서를 표현한 것으로 이해하는 것이 옳으며 비트겐슈타인의 견해가 바로 그러한 표현주의적 입장이라는 것이다.

종교적 행위에 대한 표현주의적 견해는 논리실증주의에 뿌리를 두고 있다. 논리실증주의자들은 윤리적 명제와 종교적 명제를 의미 있는 명제로 보지 않는다. 그들에게서 의미 있는 명제는 세계와 세계의 사실들에 대한 기술이어야 하는데 윤리적 명제와 종교적 명제는 세계나 사실에 대해 기술하지 않기 때문이다. 논리실증주의자들은 윤리적 명제는 의미 있는 명제가 아니고 단지 감정이나 정서를 표현하는 것이라고 본다. 이 때문에 윤리에 대한 논리실증주의자들의 견해를 이모티비즘 (emotivism)이라고 한다. 이모티비즘은 사실과 가치를 구분하며 사실에 대한 기술적 진술과 가치에 대한 윤리적 진술 사이에는 깊은 심연이 있다는 것에 기반하고 있다.[11] 윤리적 명제에 대한 논리실증주의자들의 견해를 이어 받은 것이 종교에 대한 표현주의적 이해이다. 종교에 대한 표현주의적 견해에도 철학자들마다 차이가 있지만[12] 일반적으로 종교적 명제를 세계나 사실에 대한 기술이 아니라 감정이나 정서의 표현으로 간주하고, "주술은 초자연적인 힘을 기술하려는 (그 후에는 조종하려는) 것이라기보다는 느낌, 태도를 표현하는 방식으로 간주되어야 하며, 결코 실수나 잘못이 아니"[13]라고 주장한다.

2.3.1 비트겐슈타인의 표현주의

비트겐슈타인이 주술적 행위에 대해 도구주의적 관점을 거부한다고 했을 때 자연스럽게 등장하는 것은 표현주의적 관점이다. 쿡에 따르면 주술이나 종교에 대한 원시적 실천에 대한 두 가지 관점이 있는데, 하

---

11 Warnock, 146-7쪽, 김태길 211-14, 219-21쪽 참조.

12 이에 대해서는 Clack(1999b) 3장을 참조하라.

13 Clack(2001), 13쪽

나는 객관주의적 관점이고 다른 하나는 정서주의적 관점(the emotivist view)이다. 그런데 비트겐슈타인은 주술적·종교적 행위는 과학주의적으로 이해해서는 안 된다고 하고 있다. 이러한 이유, 즉 비트겐슈타인이 종교적 행위에 대한 객관주의를 비판한다는 이유로 그의 견해는 정서주의에 해당한다는 것이 비트겐슈타인의 견해를 표현주의로 이해하는 이들의 주장이다. 쿡은 비트겐슈타인이 표현주의의 입장을 취하고 있다고 보고, 그 근거로 다음과 같은 것을 들고 있다.[14] 첫째는 비트겐슈타인이 의식적 행위에 대한 프레이저의 해석을 비판하면서 원시 주술과 사랑하는 사람의 사진에 입 맞추는 행위를 비교하는 것이다. 사랑하는 사람의 사진에 입을 맞추는 것은 실제로 그 행위가 어떤 결과를 얻을 것이라고 기대하고서 하는 행동이 아니라, 주체할 수 없는 사랑의 감정을 표현하는 것에 불과하기 때문에 비트겐슈타인의 견해는 표현주의라는 것이다. 둘째는 "소망의 묘사는, 명약관화하게도, 소망의 충족의 묘사이다. 그러나 마술은 소망을 묘사한다; 그것은 소망을 표출한다"(「소견들」 42쪽)는 비트겐슈타인의 직접적인 언급이다. 이 언급에서 비트겐슈타인은 마술(주술)은 소망을 묘사하고, 소망을 표출한다고 명확히 말하고 있기 때문에 종교적 행위에 대한 비트겐슈타인의 관점은 표현주의라는 것이다. 셋째는 "사물들과 과정들에 대한 잘못된, 너무 단순한 표상에 기초하는 수술들은 마술적 수술과 구별되어야 한다"(「소견들」 42쪽)는 비트겐슈타인의 언급인데, 이로부터 주술은 기술(技術)이 아니라는 비트겐슈타인의 견해를 분명히 알 수 있기 때문에 그의 견해는 표현주의라는 것이다.

클랙 역시 비트겐슈타인이 종교에 대해 표현주의적 견해를 가졌다고

---

14 Cook, 4쪽 참조.

볼 수 있는 근거로 다음의 세 가지를 든다.[15] 첫째는 쿡이 제시했던 두 번째 근거와 동일한 것이다. 둘째는 "나는 신들이라고 불릴 수 있는 인간적-초인적 존재가 그 어디엔가 존재한다고 믿지 않는데, 그런 내가 "나는 신들의 분노를 두려워한다"고 말한다면, 그것은 내가 그로써 어떤 것을 뜻할 수 있다거나 저 믿음과 필연적으로 결합되어 있지 않은 어떤 감정을 표현해 낼 수 있다는 것을 보여 준다"(「소견들」 46-7쪽)는 비트겐슈타인의 언급이다. 셋째는 사제 왕의 삶이 '죽음의 위엄'에 대한 관심을 표현한다는 비트겐슈타인의 언급인데(「소견들」 41쪽 참조), 클랙은 이를 통해 비트겐슈타인이 주술과 종교적 의식(ritual)을 특별한 가치와 이념(ideas)을 표현하는 것으로 보았을 수 있다고 말한다. 클랙에 따르면, 비트겐슈타인은 여러 사례를 통해 도구주의적·지성주의적 관점을 거부하는데, 그 중에는 화가 나면 지팡이로 땅이나 나무를 치는 것, 사랑하는 사람의 사진에 입 맞추는 것, 건기가 아닌 우기에 기우제를 지내는 것, 저녁이 아니라 동틀 무렵 해맞이 의식을 치르는 것 등이 있다. 특히 마지막 두 사례들은 주술을 축제 행위, 기쁨의 표현이라고 볼 수 있게 한다.[16]

사랑하는 연인의 사진에 입 맞추는 것은 실제로 나의 입술이 그 혹은 그녀의 얼굴에 닿는 것을 연인이 느끼길 기대해서가 아니라 연인을 향한 나의 사랑의 표현이며, 연인과 함께 있고 싶다는 욕망의 표현이다. 실연을 당했을 때 그의 사진을 찢는 것도 그를 죽이려는 의도에서가 아니라 분노와 좌절, 절망의 표현이다. 이와 마찬가지로 원시인들의 주술적 행위도 소망, 분노 등의 감정적 표현이라는 것이 표현주의자들의 주

---

15   Clack(1999b), 27-8쪽 참조.
16   Clack(1999b), 28쪽 참조.

장이다. 그들에 따르면, 적의 형상을 가해하는 주술사의 행동은 살해 행위가 아니라 적에 대한 적대감을 분출하는 "카타르시스 행위"[17]이다. 의례(ritual)에 대한 카타르시스적 설명은 의례의 기능을 인간 감정의 배출구로서 개인적·집단적 욕구와 소망 등을 공개적으로 표출하는 것으로 본다. 이런 표현주의자들의 주장은 비트겐슈타인이 프레이저를 비판하기 위해 제시한 아프리카 비의 왕의 사례에 잘 들어맞는다. 우기가 될 때 비를 기원하는 의례를 하는 것은(「소견들」 51-2쪽 참조) 그 의례를 통해 실제 비가 올 것이라는 인과적 결과를 의도한 것이 아니라 비를 간절히 바라는 심정의 표시이다. 마찬가지로 아이를 입양하는 여인이 그 아이를 자신의 치마 속에 집어넣었다가 빼는 것은(「소견들」 42쪽 참조) 그 아이를 자신의 뱃속에서 나온 자식과 같이 여기고 싶은 마음의 표현이며, 그런 마음으로 그 아이를 양육하겠다는 결심의 표현이다. 비트겐슈타인이 제시한 다른 예들도 표현주의로 적절하게 설명할 수 있다.

그런데 이런 표현주의적 입장에 적합하지 않는 예들이 있다. 아비시니아(Abyssinia)왕, 알파이(Alfai)가 그 경우이다. 그는 비를 내릴 능력이 있다고 여겨지는데 그가 부족민의 이런 믿음에 부응하지 못하고, 그래서 혹독한 가뭄이 발생하게 되면 그는 돌에 맞아 죽는다.[18] 그 부족민들은 실제로 그가 비를 내릴 수 있는 힘을 가지고 있다고 믿고 있으며, 그 믿음은 왕이 이런 그들의 믿음에 부응하지 못할 때, 즉 그에게 비를 내릴 능력이 없다는 것이 밝혀졌을 때 그를 죽일 만큼 강력하고 확고한 것이다. 나일강 근처 몇몇 부족들의 '비의 왕'의 경우도 마찬가지이다.

---

17 Clack(2001), 15쪽
18 『황금가지』 139-140쪽 참조.

비를 내려달라고 요구하는데도 하늘에 구름이 없으면 부족민들은 왕의 배를 가른다. 이런 예들을 고려한다면 그들의 탄원을 단지 소망과 두려움을 표현하는 것에 불과하다고 주장하기 어렵다. 단순한 소망 표현에 불과하다면 소망이 이루어지지 않았다고 왕을 죽이지는 않을 것이기 때문이다. 클랙은 알파이의 사례는 표현주의적 견해보다는 오히려 도구주의적 견해를 지지하며, 표현주의가 개인의 의식적 행위(사진에 키스하기 등)에 대한 설명에는 적용될 수 있으나 원시 사회의 의식을 담아내는 데는 실패한다고 본다.[19]

2.3.2 클랙의 표현주의 비판

클랙은 표현주의의 허약함을 지적하며 표현주의를 반박한다. 표현주의의 약점은 크게 두 가지로 나눠 볼 수 있는데, 하나는 표현주의자들이 인간의 동기를 '정서적인 것'과 '도구적 것' 둘로 나누는 이분법적 고찰을 한다는 점이다.

표현주의는 종교적 담화는 본질적으로 언어의 기술(記述)적 기능과 어울리지 않으며, 따라서 종교 언어가 명백히 헛소리 그 이상의 어떤 것이라면 그 의미는 '정서적'이어야 한다는 관념에 의존하는 것 같다. 여기서 우리는 언어의 본성에 대한 명확한 관점을 제시하는데, 그 관점은 동어반복을 제외하고, 언어는 기술적(언어의 일차적 기능)이거나 정서적(이차적 기능)이라는 것이다. 종교 언어는 기술적인 것도 동어반복도 아니므로 정서적·표현적이어야 한다.[20]

---

19 Clack(2001), 16쪽 참조.
20 Clack(2001), 20쪽

이것은 언어를 기술적 기능과 정서적 기능으로 나누어, 종교 언어는 기술적인 것도 아니고 동어반복도 아니므로 정서적이며 표현적임에 틀림없다는 주장이다. 그런데 클랙은 표현주의자들이 모든 인간의 행위를 이런 이분법적 구도로 나눠 보면서도 그러한 고찰의 정당성을 확보해 줄 어떤 근거도 제시하지 않는다고 비판한다. 이러한 이분법적 구도를 따른다면 과학의 시대에는 주술적·종교적 믿음은 성립할 수 없을 것이다. 그런데 과학의 시대인 오늘날에도 주술적·종교적 믿음을 가지고 있는 사람들이 있다. 클랙은 자연 현상에 대한 합리적인 이해와 뛰어난 기술적 진보의 시대에 살고 있는 자신조차 부적(符籍)이 여인의 사랑을 얻게 할 수 있다고 여길 수 있다면, 과학적으로 훨씬 뒤떨어진 사회 구성원들이 주술의 힘을 효과가 있는 것으로 믿는다는 것을 충분히 상상할 수 있다고 한다.[21]

클랙이 종교에 대한 비트겐슈타인의 견해를 표현주의로 보는 것을 거부하는 두 번째 이유는 그러한 해석이 비트겐슈타인의 전체 사상과 어울리지 않기 때문이다. 클랙에 따르면 표현주의는 언어의 기능에 대한 독특한 견해에서 비롯된 것이다. 실증주의자들은 과학적 언명만이 참, 거짓을 말할 수 있는 의미 있는 명제이며, 종교, 윤리, 형이상학적 명제들은 무의미한 명제라고 한다. 그러면서 그들은 예를 들어 '살인은 나쁜 것이다'와 같은 도덕적 언명은 단지 살인에 대한 특별한 감정을 표현하고 특별한 태도를 불러일으키기 위한 것에 불과하다고 한다. 이러한 논리실증주의적 표현주의는 종교적 담화가 언어의 기술적 기능에 부합하지 못하고 언어의 표현적 기능만을 수행한다는 관념에 근거한 것이다. 클랙은 윤리와 종교에 대한 이러한 논리실증주의자들의 견해

---

21 Clack(2001), 18쪽 참조.

가 비트겐슈타인의 전기 사상에는 어울리나 후기에는 어울리지 않는다고 한다.[22] 비트겐슈타인의 후기 사상에 따르면 논리실증주의적 의미에서의 언어의 기술적 기능은 종교적 담화에 대해서 뿐만 아니라 모든 언어에 대해서 받아들일 수 없는 것이기에 비트겐슈타인의 종교적 견해를 표현주의로 간주할 수 없다는 것이다.

세 번째 비판은, 비트겐슈타인은 '기술(記述)'이라는 개념이 하나의 동일성을 가진다는 것을 거부한다는 점이다.[23] 『탐구』 §24에는 '기술'이라고 불리는 여러 다른 종류의 것들이 언급되어 있다. 클랙에 따르면, '기술'이라는 낱말이 하나의 동일성을 가지지 않는다면 언어의 기술적 기능이라는 것도 다양하게 해석될 수 있으며, 어떤 측면에서는 언어의 정서적 기능과의 경계가 모호한 경우도 가능하다. 다시 말해 후기 비트겐슈타인의 언어의 가족유사적 성격을 고려한다면 언어의 기술적 기능과 정서적 기능이 반드시 대립되는 것도 아니며 둘 사이에 명확하게 선을 그을 수 있는 것도 아니다. 클랙은 이러한 이유들 때문에 비트겐슈타인의 종교적 견해를 표현주의로 볼 수 없다고 한다.

다른 한편, 클랙은 비트겐슈타인이 프레이저의 도구주의적 관점을 전적으로 비판한 것은 아닌데,[24] 그것은 그의 글을 통해 알 수 있다고 한다. 클랙이 언급한 근거는 다음의 세 가지이다.[25] 1.한때 사람들은 풍성한 수확을 위해 사람을 죽여 '비옥의 신'에게 희생으로 바치는 것이 유용하다고 생각했다. 2.먹는 것과 마시는 일은 미개인들에게만이 아니라 우리에게도 위험들과 연결되어 있다; 이것들로부터 자신을 지키려

22　Clack(2001), 19쪽 참조.

23　Clack(2001), 20쪽 참조.

24　Clack(1999b), 129-31쪽 참조.

25　Clack(2001), 21쪽 참조.

는 것은 자연스러운 것이다. 3.우리의 (또는 어쨌든 내가 사는) 사회에
서 어떤 사람이 너무 많이 웃는다면, 나는 반쯤 부지불식간에 내 두 입
술을 눌러 닫는다. 마치 내가 그로써 그의 입술을 닫게 만들 수 있다고
믿는 듯이 말이다.

결국 클랙은 비트겐슈타인의 글은 종교적 행위에 대한 이분법적 구
분에 어울리지 않다고 주장한다. 비트겐슈타인에게서 이런 이분법적
쌍 — 기술적/비기술적, 인지적/비인지적, 믿음/태도, 설명적/표현적
— 은 불필요하다.[26] 종교에 대한 언급들을 통해 볼 때, 비트겐슈타인이
과학주의적, 도구주의적 접근을 거부한다는 것은 의심할 여지가 없다.
그런데 비트겐슈타인의 다른 글들 — 앞서 클랙이 제시한 것들(1,2,3)
— 과 『황금가지』에 나오는 사례들은 종교적 행위를 표현주의적으로도
볼 수 없게 한다. 그래서 클랙은 두 관점을 아우르려고 한다. 그는 "표
현주의적 요소는 도구주의적 동기가 동시에 존재하는 것을 막지 않는
다. 물론 그런 행위(사랑의 부적을 사용하는 행위) 속에는 바람의 표현
이 있지만, 이러한 실행을 통해, 사랑하는 사람의 머리카락, 옷, 사진을
조작하는 것을 통해, 실제로 그녀(사랑하는 사람)가 의식자(ritualist)의
주문에 빠질 것이라는 느낌 또한 있을 수 있다"[27]고 한다. 클랙이 표현주
의와 도구주의 둘 다를 아우를 수 있는 것으로 제시하는 것은 종교적
행위를 '본능-행위'로 간주하는 것이다. 클랙은 이러한 관점을 통해
한편으로는 표현주의적 견해처럼 보이는 것과, 다른 한편 도구주의적
견해로 보이는 비트겐슈타인의 글들 사이에 화해와 통합을 얻을 수 있
다고 한다.

---

26 Clack(2001), 21쪽 참조.
27 Clack(2001), 17쪽, 필자 강조.

2.3.3 클랙의 비판에 대한 고찰

필자는 비트겐슈타인이 주술적·종교적 행위를 '본능-행위'로 보았다는 클랙의 주장에는 동의하나 표현주의에 대한 그의 비판에는 다소 문제가 있다고 본다.

첫째, 클랙의 표현주의자들의 이분법적 구도에 대한 비판은 타당하다. 하지만 이후에 드는 사례 — 기술적 진보와 자연에 대한 합리적 이해의 시대에 살고 있는 자신조차 부적이 어떤 효과를 가질 것이라고 생각하는 것 — 는 클랙 역시 주술, 종교, 과학을 진화적 발전 과정으로 보는 프레이저의 견해에서 벗어나지 못하고 있음을 보여 준다. 클랙의 언급은 원시인들에 비해 과학이 발달한 우리가 더 합리적이며, 더 합리적인 우리가 주술적·종교적 믿음을 가지고 있다면 우리보다 덜 합리적인 원시인들이 주술의 힘을 믿으며 주술적 행위를 하는 것은 당연하다는 생각을 배경으로 하고 있다. 기술적 진보와 자연 현상에 대한 합리적인 이해의 시대에도 주술적 행위가 어떤 결과를 가져올 것이라고 생각할 수 있다. 그런데 과학적으로 훨씬 덜 발달한 사회 구성원들이 주술의 효과를 신뢰한다고 하더라도 그것은 그 주술이나 주문(呪文), 혹은 부적이 실제로 효과를 가지기 때문에 신뢰하는 것이 아니라, 과학의 시대에 살고 자연 현상에 대한 합리적인 이해를 가진 사람이 부적을 신뢰하는 것과 같은 정도만큼 신뢰하는 것이다. 다시 말해 프레이저가 이해한 것처럼 자연 현상에 대한 오해나, 잘못된 이론의 결과로서의 주술에 의존하는 것이 아니라 클랙 자신이 주술적 부적을 신뢰하는 것과 비슷한 정도로 신뢰한다. 클랙이 부적에 그런 신뢰나 그런 느낌을 가진다고 해서, 그리고 그 부적이 실제 그가 기대한 결과를 초래한다고 해서 자신이 몸담고 있는 사회에서 받아들이고 있는 과학 이론을 바꾸거나 부정해야 한다고 생각하지 않는 것과 같다.

둘째, 비트겐슈타인의 종교에 대한 견해를 논리실증주의적 표현주의로 볼 수 없다는 클랙의 비판은 타당하지만 비판의 근거에는 동의할 수 없다. 우선, 논리실증주의적 표현주의가 비트겐슈타인의 전기 사상과 어울린다고 하는 클랙의 주장을 받아들일 수 없다. 왜냐하면 전기에 '말할 수 없는 것'에 대한 비트겐슈타인의 견해는 논리실증주의자들과 다르기 때문이다. 또 클랙은 비트겐슈타인의 후기 사상을 기반으로 하여 '기술(記述)'이라는 낱말의 의미가 다양할 것이기에 종교적 언어가 세계에 대한 기술이 아니라고 했다 하더라도 그때의 '기술'이라는 낱말의 의미를 다양하게 이해할 수 있다고 한다. '기술'이라는 낱말의 의미가 다양하며 통일된 무언가를 찾을 수 없다는 것은 옳다. 하지만 그렇다고 해서 종교 언어를 세계에 대한 기술로 보아서는 안 된다는 비트겐슈타인의 주장을 어떤 식의 해석도 가능하다는 것으로 이해해서는 곤란하다. 왜냐하면 낱말은 가족유사성을 이루면서 사용되기 때문이다. 명확히 정의내릴 수 없다 하더라도 우리는 '기술(記述)'이 무엇을 의미하는지 알고 있으며, 그것을 일상적인 사용에서 보여 주고 있다. '기술'이라는 낱말의 가족유사성을 충분히 고려하더라도 '종교 언어는 세계에 대한 기술이 아니며, 따라서 진위 여부를 가릴 수 없다'라는 문구를 '종교 언어는 세계에 대한 잘못된 이해에 기반한다'는 것을 의미하는 것으로 볼 수는 없다.

물론 이러한 문제점들이 클랙의 주장, 즉 주술적·종교적 행위에 대한 비트겐슈타인의 관점이 표현주의가 아니라는 주장을 전적으로 폐기하게 하지는 않는다. 하지만 위에 언급된 문제점을 고려한다면 비트겐슈타인이 표현주의적 입장을 취하지 않고 있음을 보여 줄 다른 근거가 요청된다. 다음의 글은 이에 부합하는 비트겐슈타인 자신의 말이다.

어떤 사람이, 중국에 가기 전, 결코 나를 다시 만나지 못할 수도 있을 때, 나에게 "우리 죽은 후에나 만나겠네요"라고 말한다고 해 보자. — 반드시 나는 그를 이해할 수 없다고 말할까? 나는 간단히, "예. 나는 그를 전적으로 이해합니다"라고 말할 수도 있다[말하고 싶다].

    Lewy "이 경우에, 당신은 그가 어떤 태도를 표현했다는 것만을 의미할 것입니다."

    난 "아니, '난 당신을 아주 좋아합니다'라고 말하는 것과 같지 않소"라고 말할 게다. — 그리고 그것은 다른 어떤 것을 말하는 것과도 같지 않을 것이다. 그것은 그것이 말하는 바이다. 왜 당신은 다른 어떤 것으로 대체할 수 있어야 하는가? (『강의』 70-1쪽 필자 강조)

표현주의자들은 인간들의 내면에는 분출하고자 하는 욕구들이 있는데 이것이 주술적 · 종교적 행위를 통해 정당하게 분출된다고 한다. 그런데 우리가 욕구를 충족하는 방식과 감정을 분출하는 형태는 다양하다. 만일 주술적 · 종교적 행위를 소망, 분노 등의 감정 표출로 이해한다면 굳이 특정 행동을 주술적 · 종교적 행위라고 할 이유가 없다. 감정 · 정서 표출 행위는 그 나름대로, 주술적 · 종교적 행위 또한 그 나름대로 각각 고유한 가족 유사성들을 형성한다. 비트겐슈타인은 윤리적 · 종교적 담화는 그 자체의 고유함이 있으며, 우리의 태도나 감정, 정서 등의 표현이 아니기에 어떤 다른 것으로도 대체할 수 없다고 한다. 비트겐슈타인은 왜 어떤 것이 다른 것으로 대체되어야 하는지, 왜 대체하려고 하는지 묻는다. 기술(記述)되어야 할 것에 과학주의적으로 접근하는 것뿐만 아니라 어떠한 이론이나 가설적인 것도 허용될 수 없으며 모든 설명은 사라져야 한다는 것이 비트겐슈타인의 주장이다.

2.4 인간의 제의적 본성

주술적 · 종교적 행위에 대한 견해가 도구주의도 표현주의도 아니라면
비트겐슈타인의 입장은 무엇인가? 앞서 언급한 바와 같이 클랙이 주장
하는 본능-행위인가? 그렇게 볼 수 있다. 실제로 비트겐슈타인 스스로
제의적 행위는 본능-행위라고 하고 있다(「소견들」 52쪽 참조). 프레이
저는 인간의 정신을 역사적 발전 과정 속에 두고, 그 맥락 속에서 고대
인들의 주술적 행위는 현대인들보다 정신적으로 덜 발달된 데 기인한
다고 하는데 비트겐슈타인은 이러한 프레이저의 주장을 오류라고 한
다. 왜냐하면 첫째, 주술적 · 종교적 행위는 의견이나 견해에 근거한 것
이 아니기에 자연 현상에 대한 잘못된 견해에 근거한 것으로 간주할 수
없기 때문이다. 도대체 옳고 그름의 잣대를 댈 수 없는 것이다. 둘째,
정신적인 문제, 영적인 문제에서 미개인들과 문명인들 사이에 차이가
없기 때문이다. 셋째, 인간은 원래 제의적 존재이기 때문이다(「소견들」
45쪽 참조). 첫 번째 이유에 대해서는 이미 2.2절 '프레이저 비판'에서
다루었으므로 여기서는 두 번째와 세 번째 이유를 살펴볼 것이다.

2.4.1 미개인과 문명인의 유사성

비트겐슈타인은 미개인들과 문명인들 사이에, 특히 정신적인 문제
(spiritual matter)에서는 차이가 없다고 본다(「소견들」 47쪽 참조). 그
근거들은 다음과 같다. 첫째, 언어에서의 유사성이다.

프레이저: "이러한 관습들이 살해된 자의 유령에 대한 공포에 의해 지시된
다는 것은 확실해 보인다……." 그러나 프레이저는 대체 왜 "유령"이라는
낱말을 사용하는가? 그러니까 그가 이 미신을 매우 잘 이해하고 있는 것은,
그가 이 미신을 자신에게 익숙한 미신적 낱말을 가지고 우리에게 설명하기

때문이다. 또는 차라리, 이로부터 그는 미개인들의 저 행위 방식을 옹호하는 어떤 것이 우리 안에도 있다는 것을 볼 수도 있었을 것이다. (「소견들」 46쪽 필자 강조)

나는 이렇게 말했으면 한다: 이 사람들의 견해들을 기술하기 위해 프레이저 가 "유령"이나 "망령"과 같이 그와 우리에게 매우 친숙한 낱말을 준비해 가지 고 있다는 것보다 저 미개인들과 우리의 근친성을 더 잘 보여 주는 것은 아무 것도 없다. ……

  그렇다, 이 기묘함은 단지 "유령"과 "망령"이란 표현들에만 관계되지 않 는다. 그리고 우리가 "영혼", "정신"이란 낱말을 우리 자신의 교양 있는 어 휘로 꼽는다는 것에 대해서는 너무나 적게 법석을 떤다. 그것에 비하면, 우 리의 영혼이 먹고 마신다고 우리가 믿지 않는다는 것은 하찮은 것이다. (「소 견들」 49쪽 필자 강조)

프레이저는 미개인들의 종교적 삶을 기술하기 위해 '유령', '망령'과 같은 낱말을 사용하는데, 이러한 낱말은 우리에게 익숙한 개념들이다. 우리에게 친숙한 낱말로 미개인들의 종교적 삶을 기술할 수 있다는 것 은 우리들과 미개인들 사이가 멀지 않다는 것을 보여 준다. 우리는 교 양 있는 사람인 양 '영혼', '정신' 등의 낱말을 사용하지만 이러한 낱말 을 사용한다는 것 자체가 우리와 미개인들 사이에 차이가 없음을 보여 주는 것이다. 이러한 근친성에 비해 '영혼이 먹고 마신다'는 말의 사용 여부는 지엽적인 것에 불과하다.

  언어 사용의 유사성이 왜 중요한가? 비트겐슈타인에게서 언어 사용 에서의 일치는 삶의 일치에 해당한다. 언어, 낱말, 개념에는 그것을 사 용하는 사람들의 삶의 형태가 반영되어 있다. 어떤 언어놀이를 하는가는 어떤 삶의 형태를 가지는가와 밀접한 관련이 있다. 따라서 미개인들이나 우리들이 정신적 개념과 종교적 용어에서 동일한 언어, 동일한 개념을 사용하고 있다면 적어도 정신적 영역이나 종교적 삶에서 둘은 다르다 할 수 없다. 이미 우리는 언어를 통해 프레이저가 말하는 미신에 익숙해 있다. 따라서 우리의 언어를 갈아 엎지 않는 한 우리는 정신적 문제, 영적인 문제에서 미개인들과 다를 것이 없다(「소견들」 46쪽 참조).

둘째, 미개인들의 주술적 행위나 문명인들의 종교적 행위가 근본적인 점에서 다르지 않다.

> 사제 왕의 종교적 행위나 종교적 삶은 오늘날의 모든 진정한 종교적 행위와
> — 가령 죄의 고백과 — 다른 종류의 것이 아니다. 이것도 또한 "설명"될 수
> 있으면서 설명될 수 없다. (「소견들」 41쪽 필자 강조)

비트겐슈타인은 네미 숲 사제 왕의 종교적 행위가 오늘날 우리들이 행하는 종교적 행위와 다르지 않다고 한다. 종교적 행위는 설명될 수 있는 것이 아니다. 견해나 의견에 근거한 것이 아니기 때문이다(「소견들」 46쪽 참조). 물론 설명될 수도 있다. 하지만 반드시 설명되어야 하는 것은 아니다. 종교적 행위는 설명될 수 있으면서 설명될 수 없다. 이 점에서 미개인들의 종교적 행위와 문명인들의 종교적 행위가 다르지 않다. 종교적 행위에서 미개인들과 우리가 다르지 않는 것은 종교적 행위가 "본능-행위"이기 때문이다(「소견들」 52쪽 참조). 종교적 행위가 본능적이라는 것, 그리고 설명될 수 있으면서 설명될 수 없다는 것에 관해서는 뒤에서 다시 다룰 것이다.

셋째, 미개인들과 문명인들 사이에 자연에 대한 이해에서도 근본적

인 차이가 없다.

> 여기서 난센스는, 이 민족들은 현상들에 대해 단지 기이한 해석을 소유하고
> 있을 뿐인데, 프레이저는 이들이 마치 자연 과정에 대해 완전히 잘못된 (실
> 로 미친) 표상을 지니고 있는 것처럼 그렇게 묘사한다는 것이다. 즉 그들의
> 자연 지식은, 그들이 그것을 적어 놓는다면, 우리의 것과 **근본적으로** 구별되
> 지 않는다. 단지 그들의 **마술**만이 다르다. (「소견들」 54쪽 원문 강조)

비트겐슈타인은 미개인들과 우리들의 자연에 대한 지식에서는 근본적
인 차이가 없으며 차이가 있다면 현상들에 대한 해석과 마술에 있다고
한다. 현상에 대한 해석과 마술에서의 차이 역시 뒤에서 더 다룰 것이
다. 그런데 자연 지식에서 차이가 없다는 말은 납득하기가 쉽지 않다.
게다가 마술이 다르다는 말은 바로 앞에서 언급한 미개인들과 우리의
주술적 · 종교적 행위가 다르지 않다고 한 주장과 모순되는 것처럼 보인
다. 하지만 비트겐슈타인이 모순된 주장을 하고 있는 것은 아니다. 미
개인들과 우리들이 자연 지식에서 근본적으로 다르지 않다는 것은 둘
모두 자연 지식에 대한 태도에서 일치한다는 것이다. 자연에 대한 지식
에서는 기왕의 이해가 잘못된 것이라면 그것을 버리고 새로운 지식을
받아들인다는 점에서 미개인들과 우리 사이에 차이가 없다는 것이다.
과학은 발전방향을 가지며 그래서 진보한다는 점에서 미개인들이나 우
리 사이에 차이가 없다(「소견들」 54쪽 참조). 그리고 종교적 행위에서
다르지 않은데 마술에서 다르다는 것은 종교적 행위가 의견이나 견해,
자연에 대한 이해에 근거한 것이 아니라 본능적 반응을 원천으로 한다
는 점에서는 미개인들과 우리의 종교적 행위가 다르지 않지만 그것이
표현되는 형태에서는 다르다는 말이다.

2.4.2 본능 행위로서의 제의

비트겐슈타인은 제의적 행위를 본능 행위로 본다. 그 근거로는 첫째, 주술이나 종교에 대한 프레이저식 해석을 비판하기 위해서 제시하는 예들 중 다수가 우리의 본능적 행동이라는 점을 들 수 있다. "사랑하는 사람의 그림에 입 맞추"는 것(「소견들」 41쪽), 사랑 때문에 불안해하고 가슴 아파하는 것, 격분해 "지팡이로 땅을 두들겨 패거나"(「소견들」 52쪽) 발을 구르는 것 등은 인간의 본능적 행동이다. 이런 본능 행위들을 비트겐슈타인은 제의적 행위와 함께 다루고 있다. 심지어 비트겐슈타인은 키스를 의식(ritual)이라고 한다(『문화』 39쪽 참조). 이는 비트겐슈타인이 원초적 행동, 본능적 반응을 종교적 행위의 원천으로 간주하고 있다는 것을 보여 준다. 제의적 행위가 본능-행위인 두 번째 근거는 비트겐슈타인 스스로 그렇게 말하고 있기 때문이다.

> 내가 어떤 것에 격분해 있을 때, 나는 때때로 내 지팡이로 땅을 두들겨 패거나 나무를 두들겨 팬다. 그러나 그렇다고 내가 땅이 책임이 있다거나 그렇게 두들겨 패는 것이 뭔가 도움이 될 수 있다고 믿는 것은 아니다. "나는 화를 터뜨리고 있는 것이다." 그리고 모든 제의들은 이런 종류이다. 이런 행위들을 우리는 본능-행위들이라고 부를 수 있다. (「소견들」 52쪽 필자 강조)

음식을 먹을 때 입이 '저절로' 벌어지고, 찌르는 듯한 고통에 '절로' 입이 벌어지고 얼굴을 찡그리고 비명을 지르게 되는 것, 너무 화가 나서 주변에 있는 물건들을 집어던지고 부수는 것, 너무 좋을 때 옆 사람을 껴안게 되는 것, 이런 것은 '저절로' 일어나는 행위이다. 저절로 된다는 것은 상황에 대한 본능적 반응이다. 우리의 본능 행위는 그런 것이다. 이런 본능 행위들에는 어떤 의견이나 의도도 개입될 여지가 없다. 본능 행위들은 의견이나 의견에서 추론되는 것이 아닐 뿐만 아니라 설명도 불가능하다. 때문에 이런 본능적 행위에 가설을 제시하는 것은 전혀 도움이 되지 않는다(「소견들」 40쪽 참조). 본능 행위에 '왜?'라는 질문을 할 수 없다. 달리기 시합에 나간 아이를 응원하는 어머니가 팔을 돌리는 현상을 보라. 그는 마치 자신의 팔을 돌려 그 아이의 다리를 더 빨리 가속시킬 수 있는 듯이 팔을 돌리지만, 그에게 그런 영향을 생각하고 팔을 돌렸냐고 물어본다면 아마 '그냥', 혹은 '그러고 싶어서', 아니면 '절로, 아무 생각 없이!'라고 대답할 것이다. 만일 누군가가 본능적 반응에 설명이 요청된다고 한다면 그는 철학적 질병에 사로잡힌 자이다. 비트겐슈타인은 철학의 "가장 큰 장애물들 중 하나는 새로운, 깊은 그리고 전대미문의 해명들을 기대하는 것"(「철학」 79쪽)이라고 한다.

> 그러니까 사람이 생각하는 것은 생각하는 것의 진가가 입증되었기 때문인가? ― 생각하는 것이 유익하다고 생각하기 때문에 생각하는가?
> (사람이 자기의 아이들을 양육하는 것은 그 아이들의 진가가 입증되었기 때문인가?) (『탐구』 §467)

생각하는 것의 진가가 입증되었기 때문에 생각하는 것이 아니며, 아이들의 진가가 입증되었기 때문에 아이들을 양육하는 것이 아니다. 이와 같은 본능적이고 원초적 행동에 어떤 '의견'이나 '견해'가 전제되지 않는다면 주술적·종교적 행위에서도 마찬가지이다. 대다수의 종교에서 기도할 때 두 손을 모은다. 새로 입문하는 사람들에게 기도할 때는 두 손을 모아야 한다고 가르치기까지 한다. 언제 우리는 가슴에 손을 모으고, 두 손을 힘주어 맞잡는가? 언제 우리가 무릎을 꿇는가? 비트겐슈타인은 말한다. 우리의 삶, 우리의 행동을 살펴보라! 우리는 뭔가를 간절히 소망하거나 기원할 때 '절로' 두 손을 모으며 심지어 무릎을 꿇기도 한다.

우리의 많은 행위들, 특히 종교적 행위들은 특정한 결과를 바라고 하지 않는다. 실상 종교적 삶을 사는 이들의 경우를 보면 그렇다. 왜 수확의 첫 번째 것 혹은 수입의 일부를 신과 같이 자신이 경외하는 대상에 바치는가? 그렇게 하면 차후에 지속적으로 더 많은 수확 혹은 더 많은 수입이 보장될 것을 기대해서? 그럴 수도 있다. 그러나 진정한 종교적 삶을 사는 이들에게는 이런 목적이 보이지 않는다. 그들은 '그냥, 그러고 싶어서', 혹은 '내가 이런 수확, 이런 수입을 얻을 수 있었다는 것에 감사해서!' 라고 말한다. 혹은 어떤 이들은 자신이 얻은 것에 너무 감사하여 아무 조건 없이 이웃 사람들과 나누어 쓰기도 한다. 원초적 행동, 본능적 반응으로서의 주술적·종교적 행위에 이론이나 근거를 제시할 수 없다. 따라서 왜 주술적·종교적 행위를 하는가라는 질문은 멈춰져야 한다. 도대체 설명을 요구하지 않으며, 도대체 의견에 근거하지 않기 때문이다. 물론 제의적 행위에 설명이나 의견이 제시될 수 있다. 의견이나 믿음이 제의에 포함될 수 있으며 심지어 그 자체로 제의일 수 있지만(「소견들」 46쪽 참조), 제의적 행위는 견해나 의견에 기반한 것이 아니다.

종교는 무한한 도움을 필요로 하는 자들을 위한 것이며 종교는 이러한 자들의 도피처이다(『문화』 105쪽 참조). 비트겐슈타인에 따르면, 종교인들은 자신들을 병든 자로 여기며 자신이 가련한 처지에 있다고 믿는다(『문화』 103-4쪽 참조). 병든 자들이 소망하는 단 하나는 병으로부터의 구원이다. 그런데 병든 자나 그 가족들이 치료법을 찾을 때 반드시 합리적인가? 병이 치명적일수록 오히려 비합리적인 방법에 의존하는 경우가 많다. 이들에게 가장 절실한 것은 병의 원인, 설명, 이해와 같은 것이 아니고 병으로부터의 해방이다. 종교에 매달리는 이들은 이와 같다. 무한한 고난 속에 놓인 인간, 죽음 앞에 놓인 인간은 두려움과 공포, 불안에 사로잡힌 존재들이다. 이런 두려움과 공포에 사로잡힌 자들은 지푸라기라도 움켜잡고 싶은 심정이다. 그래서 신앙을 "움켜잡는다"(『문화』 83쪽). 이들은 치료수단을 머리가 아니라 가슴으로 받아들인다(『문화』 105쪽 참조). 이러한 상황에서 왜 그것을 받아들였는가에 대한 설명은 중요하지 않다. 그저 그러한 현상이 있을 뿐이다. 설명이 있고 없음은 본질적이지 않다. 자신의 믿음을 분석하고 근거 대어 신의 존재를 증명하려는 이들조차 그와 같은 증명들을 통해 믿음을 얻게 된 것이 아니다(『문화』 175쪽 참조).

어떤 현상을 종교적 행위로 성립시키는 것은 설명이 아니며 설혹 설명이 있다 하더라도 그것 역시 본능의 추가적 확장에 불과하다. 롤러 돌리는 밧줄을 당기는 두 사람은 항상 형제이거나 아니면 적어도 같은 세례명을 가지고 있어야 한다는 규칙(「소견들」 62쪽 주 25 참조)에 대해 생각해 보자.

> 이것은 매우 잘 생각될 수 있다 — 그리고 그 이유로서는 가령, 그렇지 않으면 수호성인들이 서로 마주하여 당기게 될 것이라는 것, 오직 한 사람만이 문제의 일을 지도할 수 있다는 것이 진술될 것이다. 그러나 이것도 역시 본능의 추가적 확장일 뿐이다. (「소견들」 62쪽 필자 강조)

밧줄을 당기는 두 사람이 형제이거나 같은 세례명을 가져야 한다는 규칙에 대해, 만일 그렇지 않으면 수호성인들이 서로 마주하여 당기게 된다거나, 혹은 오직 한 사람만 문제를 지도할 수 있다는 식의 설명이 가능하다. 그런데 비트겐슈타인은 왜 이것을 본능의 확장이라고 하는가?

설명이 제시된다고 해도 그것은 합리적인 설명일 수 없으며 더 이상의 정당화가 불가능하기 때문이다. 왜 형제나 같은 세례명을 가진 자들이 밧줄을 당기지 않으면 수호성인이 마주 당기게 되는지, 왜 오직 한 사람만 문제를 지도할 수 있는지에 대해 더 이상 설명할 수 없다. 굳이 그 이상의 설명이 제공된다면 수호성인이 마주 당겨서는 안 될 것 같으니, 혹은 한 사람만 문제를 지도해야 될 것 같아서, 그렇지 않으면 안 될 것 같은 불안이 왠지 모르게 드니까 등이 아니겠는가? 결국 종교적 행위나 제의에 제시될 수 있는 설명이란 우리의 본능과 결합된 것일 게다.

비트겐슈타인에 따르면 제의적 행위는 우리 자신 안에 있는 어떤 경향과 관련된 자연스러운 반응이다. 비트겐슈타인이 종교적·주술적 행위를 '관례'라고 부르는 것은 이러한 이유에서이다. 그러그러한 직관과 이러이러한 관례가 연결되는 것은 견해와 무관하다. 그래서 직관과 관례는 다양하게 연결될 수 있다. 사제 왕의 종교적 삶과 종교적 행위는 '죽음의 위엄'을 표현한 하나의 방식이다(「소견들」 40-1쪽 참조). 죽음의 위엄, 두려움, 무서움 등은 다양한 방식으로 표현될 수 있다. 기독교에서 말하는 부활 역시 죽음의 위엄을 표현하는 것이며, 모짜르트의 레퀴엠 또한 죽음의 위엄에 대한 하나의 표현 방식이다. 그 외에도 여러 가지가 있을 수 있다. 다만 네미 숲의 사람들은 사제 왕을 살해하는 것으로 표현했을 뿐이다. 견해나 합리적인 근거에 의한 것이 아니기에 그 연결이 우스울 수도 있다. 비트겐슈타인은 말한다. 우습다면 웃을 수밖에! "이러이러한 일이 벌어졌다. 웃을 수 있다면, 웃어라"(「소견들」 41쪽). 비트겐슈타인은 상이한 관례들이 보여 주는 '중요한 점'은 제의들을 고안하고 발명하는 공통정신, 즉 제의적 본성이라고 한다(「소견들」 62쪽 참조).

그런데 제의적 행위가 본능-행위인 것은 분명하지만 종교가 그 자체

로 본능 행위라고 보기는 어렵다. 이는 마치 언어놀이가 지식이나 견해
가 아니라(『확실성』 §477 참조) 행위나 실천(『확실성』 §501 참조)과
같은 원초적 반응에 기초하지만 이로부터 언어라는 세련되고 복잡한
형식이 자라나는 것과 같다(『문화』 80쪽 참조). 종교 역시 그러하다. 제
의적 행위는 원초적이며 본능적인 행위이다. 이 원초적이고 본능적인
반응의 세련된 형태가 종교이고, 종교적 믿음은 "하나의 좌표 체계를
위한 열정적 자기 결단"이며 "비록 믿음이기는 하지만 삶의 한 방식, 또
는 삶을 판단하는 하나의 방식"이다(『문화』 138쪽 원문 강조). 좌표 체
계는 개별적 행위나 개별 명제로 성립하는 것이 아니다. 우리가 어떤
것을 믿기 시작했다면 그것은 개별 명제가 아니라 명제들의 전체 체계
에 대한 믿음이다(『확실성』 §§141, 225 참조). 종교적 명제는 전체로서
의 준거 체계이다(『확실성』 §83 참조). 그런데 비록 종교가 날 것인 상
태 그 자체로서의 본능은 아니라 하더라도 본능적 특성을 상실하지 않
아야 진정한 종교적 행위라는 것이 비트겐슈타인의 견해이다.

모든 위대한 예술에는 **야생적** 동물이 있다: 길들여져서.
　예컨대 멘델스존의 경우는 그렇지 않다. 모든 위대한 예술은 인간의 원초
적 충동들을 기본 저음으로서 가지고 있다. 그것들은 (아마도 바그너에서와
같은) 멜로디가 아니다; 그것들은 멜로디에 깊이와 힘을 주는 것이다.
이러한 뜻에서 우리들은 멘델스존을 '재생산적' 예술가라고 부를 수 있
다. ―
　같은 뜻에서: 그레틀을 위해 내가 지은 집은 결정적인 귀 밝음의 결과, 좋
은 매너의 소산, (어떤 하나의 문화 등등에 대한) 위대한 이해의 표현이다.
그러나 스스로를 맹렬히 분출하고 싶어 하는 근원적인 삶, 야생적 삶은 결여
되어 있다. 그러니까, 그것에는 건강함이 결여되어 있다고도 말할 수 있을

것이다(키르케고르). (온실에서 재배된 식물). (『문화』91쪽 원문 강조)

비트겐슈타인은 자신이 누이 그레틀을 위해 지은 집은 '문화'에 대한 이해의 표현이긴 하지만 근원적이고 야생적 삶이 결여된 것이라고 한다. 비트겐슈타인에 따르면 근원적인 삶, 야생적인 삶이 결여된 예술은 건강하지 못한 예술이다. 종교와 마찬가지로 예술은 우리를 올바른 관점으로 인도하는 것이기 때문에 위대한 예술이라면 동물적 야성, 원초적 충동을 저음처럼 깔고 있어야 한다. 그래야 건강한 예술이 되고 건강한 예술이어야 올바른 관점을 제시할 수 있기 때문이다. 원초적 충동을 가지고 있어야 위대한 예술이 되는 것처럼, 위대한 종교, 진정한 종교는 원초적이고 본능적 특성을 저음처럼 가지고 있어야 한다. 이것이 종교적 행위가 가공되지 않은 날 것 그대로의 본능 행위는 아니지만, 본능적 특성을 잃지 말아야 할 이유이다.

　(마치 대제사장 같은) 모든 의식은 엄격히 삼가져야만 한다. 왜냐하면 그것은 곧 부패하기 때문이다. 키스는 물론 하나의 의식이면서도 부패하지 않는다. 그러나 의식은 키스처럼 진솔한 꼭 그만큼만 허용된다. (『문화』39쪽)

대제사장의 의식[28]은 세련된 문화적 종교 의식이다. 키스는 본능적 행

28　성경에 따르면 대표적인 대제사장의 의식은 성전(지성소)에서 일 년에 한 번 이스라엘 전 백성을 위해 속죄제를 드리는 것이다. 이러한 속죄제를 드리지 않으면 이스라엘 백성들은 부정(不淨)하게 되어 신 앞에 나아갈 수 없으며, 궁극적으로 신민(神民)이 되지 못한다. 대제사장의 의식이 제사와 관련된 것만 있는 것은 아니다. 그는 특별한 옷을 입어야 하고 특정한 삶의 방식을 취해야 한다. 그리고 제사 의식을 이행하기 위해서 대제사장이 지켜야 할 규율은 특별하고 엄격하다(출애굽기 30장, 레위기 16장 참조).

위이기도 하지만 의식(儀式)적 행위가 되기도 한다. 그런데 대제사장의
의식은 쉽게 부패하고 키스는 그렇지 않다. 차이는 진솔함에 있다. 서
구 문화권에서 키스는 흔한 행동 방식이다. 사람을 만났을 때, 결혼이
성사되었을 때 등등 자연스럽게 취하는 행동 방식이다. 키스는 하나의
의식이지만 본능적 특성을 가지고 있다. 대제사장의 의식 역시 본능적
이며 원초적 행위에서 출발한 것이다. 하지만 시간이 지나면서 원초적
특성을 상실하고, 세련되고 정교화된 형식만 남게 되었고 이후에는 행
위 그 자체를 본질적인 것으로 간주하는 부패된 상태가 되었다. 그 본
래 뿌리인 본능적 특성을 상실하여 진솔하지 않게 되면 부패한다. 의식
(儀式)이 부패하게 되면 종교적 기능을 수행할 수 없다. 부패한 의식으
로는 병든 자들을 치료하고 구원할 수 없기 때문이다. 그래서 비트겐슈
타인은 모든 의식은 엄격히 삼가져야 한다고 말한다. 지나치게 세련화
되고 정교화되어 본능적 특성을 상실한 의식은 종교에서 제거되어야
하며, 종교 본래의 기능을 위해 모든 의식은 본능적 성격을 회복해야
한다.

2.4.3 본능 행위와 주변 환경

제의적 행위가 본능 행위라면 서로 다른 제의적 행위가 행해지는 것
은 왜인가? 심지어 제의적 행위를 하지 않는 경우는 어떻게 설명될 수
있는가? 몇 가지 대답이 가능한데 우선, 비트겐슈타인은 제의적 행위를
본능 행위라고 하면서도 먹고 마시는 것과 같은 동물적 행위와는 다른
것으로 본다는 점을 들 수 있다. 둘째, 심지어 동물적 행위조차 동일한
상황에 서로 다른 반응이 가능하다는 것이다. 예를 들어 미소를 미소로
알아보지 못하는 사람들이 있을 수 있으며(『탐구』 §351 참조), 우리가
두려워하는 시각적 인상에 "두려워하는 인상으로 인식하지 않는"(『탐

구』Ⅱ부 371쪽) 반응도 가능하다.

가령 농담에 대해 같이 웃는 두 사람. 한 사람이 뭔가 희한한 어떤 말을 했
고, 이제 그 둘은 일종의 염소 울음과 같은 웃음을 터뜨린다. 그것은 다른 환
경에서 온 사람에게는 매우 이상하게 보일 수 있을 것이다. 반면에 우리는
그것을 전적으로 **이성적**이라고 본다.
　(나는 이러한 장면을 요사이 버스 속에서 목격하고, 그것에 익숙하지 않
은 사람의 입장에서 곰곰이 생각해 볼 수 있었다. 그러자 그것은 완전히 비
합리적으로 보였고, 우리에게 낯선 동물의 반응들처럼 보였다.) (『문화』
161-2쪽 원문 강조)

농담이라는 하나의 행위가 어떤 사람들에게는 완전히 이성적인 행위인
데 반해 또 다른 사람들에게는 비합리적 행위, 동물적 반응으로 보일
수도 있으며, 심지어 농담이나 유머가 존재하지 않는 시대도 있을 수
있다(『문화』163쪽 참조). 인디언들은 슬플 때 노래를 부르지만 어떤
사람들은 슬플 때와 노래 부르기가 전혀 연관되지 않고 오히려 기쁠 때
와 노래 부르기가 연관된다고 생각할 수도 있다. 뿐만 아니라 동일한
이유에서 서로 다른 행위가 충분히 가능하다. 같은 이유에서 가장 멋지
고 높은 나무를 고를 사람도 있고, 작은 나무, 평균에 미치지 못하는 나
무를 택하는 사람이 있을 수 있다(「소견들」51쪽 참조). 오늘날 동시대
를 살고, 심지어 같은 문화권 안에 있다 하더라도 의미심장하게 보는
것에 차이가 있을 수 있다. 서로 다른 반응은 물론이고 심지어 반응이
전혀 없는 경우도 있을 수 있다. 공포스러운 상황에서 비명을 지를 수
도, 울 수도, 도망갈 수도, 눈을 질끈 감을 수도, 온몸이 경직된 채 꼼짝
도 않고 그 자리에 그대로 있을 수도, 아니면 전혀 아무렇지 않은 것으

로도 반응할 수 있다. 동물적 본능 행위에도 서로 다른 반응이 가능한데 주술적 · 종교적 행위는 말할 필요가 없다. 우리에게는 오락성과 결합된 축제라는 개념이 다른 시대에는 공포나 전율과 결합된 제의적 행위가 될 수도 있다(『문화』163쪽 참조). 슈베르트에 대한 경외심이라는 동일한 원인으로부터 서로 전혀 다른 반응이 가능하다(「소견들」43-4쪽 참조).

그런데 서로 다른 반응을 보이는데도 '본능' 혹은 '본능적'이라고 할 수 있는가? 이를 위해 우리가 '본능'이라는 낱말을 어떻게 사용하고 있는지 비트겐슈타인의 후기 사상에 따라 자연사적 고찰을 해 보자. 우리는 흔히 '생존본능'이라는 말을 쓴다. 살려고 하는 것은 본능적인 것이다. 이는 모든 생명체의 공통된 현상이며 그들에게 공통적으로 사용하는 어휘이다. 생존에의 욕구와 더불어 성욕, 수면욕, 식욕 등도 본능에 해당한다. 그런데 우리가 '본능' 혹은 '본능적'이라는 낱말을 사용하는 것은 여기에 국한되지 않는다. 우리나라 사람들은 대부분 인사할 때 고개를 숙인다. 그때 우리가 "당신 왜 고개 숙여 인사했나요? 혹시 깊은 존경의 의미인가요? 아님 충성 서약을 한 것인가요?"라고 묻는다면 대체로 "아니, 그냥 저절로 그렇게 된 것인데"라거나 "그런 생각 없이 저절로 고개 숙였을 뿐이야" 혹은 "별 생각 없이 본능적으로 그런 자세가 나온 거지"라고 대답할 것이다. 그렇다면 고개 숙여 인사하기는 인간이라면 모든 사람들이 동일하게 취하는 인사 방식인가? 예를 들어 일본의 경우 고개 숙여 인사하는 행위는 오래전부터 이어져 내려와 일본인의 민족적 특성이 되었다. 그들은 지나치다 싶을 정도로 자주 고개 숙여 인사한다. 그런데 그들이 고개 숙이는 모든 경우가 인사 혹은 감사의 표시로 보이지는 않는다. 고개 숙임은 그들에게 아주 익숙한 행동으로 어떠한 숙고나 고민 없이 저절로 이루어지는 행위이다. 물론 숙고하고 고민한 이후에 행동할 때도 있을 것이다. 그러나 모든 경우가 그렇지는 않다. 그런데 이런 고개 숙여 인사하기는 서양 문화권에서는 익숙한 인사법이 아니다. 그들에게는 오른손을 내밀거나 아니면 포옹, 혹은 가벼운 볼키스를 동반한 포옹이 흔하다. 이외에도 세계에는 다양한 인사법이 있다. 이 중 본능적으로 인사하기는 어떤 것일까? 어떤 것도 본능적 인사하기가 아니지만 모든 것이 본능적 인사하기이다. 왜냐하면 각각의 인사법에 익숙해지면 그런 인사 방식은 몸에 배어 자연스럽게 '저절로' 나오기 때문이다. 숙고한 후에 나오는 몸짓도 아니고 추론에 의거해 나오는 것도 아니다. 새로운 인사법을 익히는 과정에서는 숙고나 이성적 고민이 있을 수 있겠지만 익숙해지고 나면 저절로 나오는 것이다. 특정 문화나 관습에서 익혀진 인사법은 이후에 본능적으로 저절로 나오는 몸짓이 되며, '저절로 그렇게 인사한다', '본능적으로 그렇게 인사하게 된다' 고 말하게 된다. 이것은 본능이 문화, 배경, 관습 등과 무관하지 않다는 것을 보여 준다. 문화, 관습이 익숙해져 이후에는 본능적 반응을 하게 하는 것은 인사법에만 국한되지는 않는다.

자신이 자란 환경과 자신을 둘러싸고 있는 문화적 상황 속에서 특정한 상황에 특정한 반응을 보이며(「소견들」 59쪽 참조) 그것에는 관습과 교육이 관련되어 있다. 어떤 종족들이 참나무를 숭배하는 것은 그들의 삶의 공동체에 참나무가 결합되어 있기 때문이다(「소견들」 53쪽 참조). 삶의 공동체에서 함께 발생했다는 것이 그러한 연관을 짓게 한다. 비트겐슈타인 말대로 만일 벼룩이 제의적 행동을 하게 된다면 개와 관련될 것이다. 벼룩의 삶에 개가 관련되어 있기 때문이다. 인도 힌두교에서는 소를 종교적으로 귀하게 여기는 반면 북아메리카 인디언들은 곰이나 연어를 종교적으로 귀하게 여긴다. 이 역시 각 삶의 공동체 내에서 서로 다른 것의 결합에 따른 종교적 형식의 차이이다. 서로 다른 반응을 보이는 것, 심지어 반응을 보임과 보이지 않음의 차이는 주변 환경에 있다(WLFM 93쪽 참조). 그래서 비트겐슈타인은 주술적·제의적 현상에 대한 보고가 있어야 한다면 그것이 행해지는 환경, 그리고 그와 같은 현상에 관한 "보고에는 포함되어 있지 않은 모든 환경"(「소견들」 57쪽)이 그것이라고 한다.

> 우리는 **천성적으로**, 그리고 어떤 특정한 훈련과 교육을 통하여, 특정한 상황들 속에서는 **저절로** 소망을 표명하도록 그렇게 조절되어져 있다.(『탐구』 441 필자 강조)

우리는 성향적으로 그리고 특정한 환경에서 특정한 교육을 통해 소망과 기대를 표현하는 언어를 배웠다. 미개인들과 우리가 현상에 대한 해석과 마술에서 차이가 나는 것은 바로 이런 이유에서이다. 우리의 본능적 반응은 달리 될 수도 있다. 원초적 명제를 선택하는 경우 원초적 명제 그 자체의 자명성에 의해서가 아니라 선택에 따르듯(WLFM 238쪽 참조) 우리의 본능 행위도 그 자체에 당위성이 있는 것은 아니다. 그런 측면에서 필연성은 없지만 우리의 삶의 공동체가 어떤 행동을 규칙으로 정하게 되면 우리는 기꺼이 따른다(WLFM 222쪽 참조). 규칙을 떠난 필연성도, 체계를 떠난 필연성도 없지만 "체계 내에서의 필연성"(WLFM 241쪽)이 있으며, 때문에 주어진 필연성인 공동체의 규칙을 따르지 않으면 그 공동체의 일원으로 간주되지 못하고 이방인이 되는 것이다. 따라서 본능적 행동이란 특정한 문화적 배경과 관습 속에서 삶을 영위하게 되면 그 문화권에 속하는 다른 사람처럼 자연스럽게 그렇게 하게 될 행동, 특정한 문화와 관습 속에서 사람이라면 누구나 그렇게 할 행동이다.

2.4.4 깨어나는 인간 정신

프레이저에 대한 비판에서 비트겐슈타인은 제의적 행위가 인간의 원초적 행위이며 인간에게는 제의적 본성이 있다는 것을 보여 주고 있다.

왜냐하면 어떠한 현상도 그 자체로 특히 비밀스럽지는 않지만, 모든 현상이 각각 우리에게 그러할 수는 있으며, 사람에게 어떤 한 현상이 의미 있게 된다는 것이 바로 깨어나는 인간 정신에게 특징적인 것이기 때문이다. 인간은 제의적 **동물**이라고 거의 말할 수 있을 것이다. 그것은 물론 부분적으로는 거짓이고 부분적으로는 무의미하지만, 그러나 거기에는 옳은 어떤 것이 있기도 하다.

즉, 인류학에 관한 책은 다음과 같이 시작될 수 있을 것이다: 세상의 인간들의 삶과 행동거지를 고찰한다면, 우리들은 그들이 음식물 섭취 등등과 같이 동물적이라고 불리는 행위들 외에 **제의적 행위들**이라고 불릴 수 있는 독특한 성격을 지닌 행위들도 수행하는 것을 본다.(「소견들」 45쪽 필자 강조)

방식과 형태는 다양하지만 대부분의 인간들에게서 제의적 성격을 볼 수 있다. 새해 첫날 해맞이 행사를 하는 것, 새 해를 보며 기원을 하는 것, 대보름이나 추석 때 달을 보고 기원하는 것도 예가 된다. 태양이나 달이 우리의 말을 들을 수 있다고 생각하지 않고, 어떤 작용을 통해 우리의 소원을 이루어 준다고 믿지 않으면서도, 그리고 제의적 행위라는 생각조차 없이 이런 행위들을 행한다.[29] 이렇듯 인간들은 본능적으로 제의적 행위를 한다. 그런데 제의가 본능 행위이긴 하지만 모든 본능

29　징크스도 인간의 제의적 본성에서 나온 것이라고 할 수 있다. 합리적이며 납득할 만한 근거는 없지만 특정 행동은 안 좋은 결과를 초래한다고 믿거나, 역으로 어떤 특정한 행동은 행운을 가져다 줄 것으로 믿는 것이 제의적 행위가 행해지는 것과 유사하다.

행위가 제의인 것은 아니다. 화가 났을 때 지팡이로 땅을 치는 것도 제
의가 아니다. 그렇다면 어떤 본능 행위들이 제의가 될까?

　슈베르트가 죽은 다음 그의 동생이 슈베르트의 악보들을 작은 토막들로 나
　누고 그가 총애하던 학생들에게 그러한 토막들로 된 몇몇 소절들을 준 것을
　생각해 보라. 경애심의 표시로서 이 행위는 악보들을 건드리지 않고 아무에
　게도 접근하지 않게 보존하는 다른 행위와 꼭 마찬가지로 우리에게는 이해
　가능하다. 그리고 슈베르트의 동생이 그 악보들을 불태웠다면, 그것도 역시
　경애심의 표시로서 이해될 수 있을 것이다.
　　우연적인 것(미온적인 것)과 대조적으로 제의(祭儀)적인 것(뜨겁거나 찬
　것)이 경애심을 특징짓는다. (「소견들」 43-4쪽)

위대한 음악가의 사후에 그의 악보를 어떻게 처리해야 하는가는 비록
관례로 정해지지 않았지만, 경애하는 사람의 유품을 처리하는 방식이
하나의 관례가 될 수 있다. 그리고 가능한 방식들에는 토막으로 나눠
여러 사람에게 나눠 주는 방법, 아무나 접근해 훼손하지 못하도록 숨기
는 방법, 아예 태워 없애 버리는 방법 등 여러 가지가 있을 수 있다. 만
일 이 중 하나가 관례가 되면 나중에 그것은 제의가 될 수도 있다.[30]

30　슈베르트의 악보를 나눠 그의 제자들에게 준 것과 유사한 형식을 가진 제의적 관
례가 있다. 석가의 사후 그의 사리를 8개 나라에 나눠 준 것, 예수가 최후의 만찬에서
자신의 피와 살이라고 하면서 포도주와 빵을 나눠 준 것 등은 슈베르트의 악보를 그의
제자들에게 나눠 준 것과 유사한 것이면서 종교적 의식이 된 것이다. 최후의 만찬에서
나눈 포도주와 빵의 기원은 구약시대 제사 후 제물(祭物)을 나눠 먹는 것에 있다(출애
굽기 34장 25절 참조). 속죄제의 경우, 희생된 고기는 제사 지낸 이가 먹어서는 안 되
고 불사르거나 제사장이 먹어야 하는데(레위기 6장 30절, 7장 7절 참조) 이것은 슈베르
트의 악보를 불태우는 것과 유사하며, 어떤 종교에서는 창시자의 죽음을 비밀에 부치거
나 혹은 사체를 숨기는 경우가 있는데 이 역시 슈베르트의 악보를 숨기는 것과 유사한

관례들이 제의가 되느냐 아니냐는 그것이 뜨거운지(혹은 차가운지) 미지근한지에 달려 있다. 뜨겁거나 차가운 것은 제의적인 것이 되고 미지근한 것은 우연한 것으로 그친다. 뜨겁거나 차가운 행위는 깊은 인상을 주는데 반해, 미지근한 것은 깊은 인상을 주지 못하기 때문이다.

제비뽑기가 케이크로 행해진다고 하는 사실은 또한 (키스에 의한 배신과 거의 같은) 뭔가 특히 끔찍한 것을 지니고 있다. 그리고 그것이 우리에게 특히 끔찍한 느낌을 불러일으킨다고 하는 것은 그러한 관례들의 연구를 위해 다시 본질적인 의미를 갖고 있다.

　내가 그러한 관례를 보고 그것에 관해서 들을 때, 나는 마치 변변찮은 일로 다른 사람과 엄격하게 말하는 어떤 사람의 목소리 톤과 얼굴로부터, 이 사람은 기회가 주어지면 무시무시할 수 있음을 알아차리는 것과 같다. 내가 여기서 얻는 인상은 매우 깊고 특별히 심각할 수 있다. (「소견들」 59쪽 필자 강조)

애정을 표현하는 키스가 배신의 전조였다는 것[31]은 끔찍하다. 달콤한 케이크가 제물(祭物)을 정하기 위한 제비뽑기로 사용된다는 것이나 사소한 일을 지나치게 엄격하게 다루는 것 등도 끔찍한 인상을 준다. 축제의 장에서 즐겁게 축복하고 마셨던 축배의 잔이 목숨을 담보한 책임의 전조라는 것도 깊은 인상을 준다.[32] 이렇게 깊은 인상을 주는 것들이

행위이면서 하나의 종교적 의식이 된 것이다.

31　가룟 유다는 자신의 스승인 예수를 대제사장과 장로들에게 넘기기 전에 예수에게 입맞춤한다(마태복음 26장 47장 참조).

32　예수는 만인을 위해 져야 할 십자가의 죽음을 '잔을 마시는 것'이라고 하는데, 이

제의가 된다. 물론 어떤 현상이 강한 인상을 주는가는 정해져 있지 않다. 어떤 현상은 누군가에게 강한 인상을 주지만 다른 사람에게는 전혀 어떤 인상도 주지 못할 수 있다. 어떤 현상도 그 자체로 비밀스럽거나 특별한 인상을 주지 않지만 모든 현상이 비밀스럽거나 특별한 인상을 줄 수 있다. 어떤 한 현상이 깊은 인상을 주는 것에는 어떠한 필연성도 없다.

> 불이 모든 사람에게 어떤 인상을 주어야 한다는 것이 아니다. 불이 다른 모든 현상 각각보다 더 많은 인상을 주는 것은 아니고, 하나의 현상은 이 사람에게, 다른 하나의 현상은 저 사람에게 인상을 준다. 왜냐하면 어떠한 현상도 그 자체로 특히 비밀스럽지는 않지만, 모든 현상이 각각 우리에게 그러할 수는 있으며, 사람에게 어떤 한 현상이 의미 있게 된다는 것이 바로 깨어나는 인간 정신에게 특징적인 것이기 때문이다. (「소견들」 45쪽 필자 강조)

만일 어떤 현상이 특별한 인상을 주며 그 때문에 의미 있게 된다면, 즉 현상과 현상들 간의, 현상과 직관 사이의 유사성에 대한 인상을 얻게 되면 인간 정신은 깨어난다(「소견들」 53쪽 참조). 깊은 인상을 주는 현상을 의미 있는 것으로 받아들이는 것이 바로 "깨어나는 인간 정신"(「소견들」 45쪽)이며 "깨어나는 정신의 형태가 숭배이다"(「소견들」 53쪽). 어떤 현상에 인상을 받고 그래서 그 현상을 의미 있게 여기는 것, 이것으로부터 인간의 독특한 행위 즉 제의적 행위가 생겨난다(「소

는 구약에서 신이 이스라엘에게 내린 '분노의 잔'을 마시는 것과 관련된다(이사야 51장 17절-23절; 예레미야 25장 15-28절; 마태복음 20장 22-23절; 26장 39,42절 참조). '잔을 마신다'는 것은 이미 구약에서부터 '분노의 잔을 마신다'는 것으로 끔직한 인상을 주고 있다.

견들」45, 62쪽 참조).

불이 정화를 위해 사용되었다는 것은 분명하다. 그러나 사유하는 인간들이 정화 의식들을 그것들이 원래는 단지 정화 의식으로 생각되었을 터인 곳에서도 나중에 태양과 연관시켰다고 하는 것보다 더 그럴듯할 수 있는 것은 아무것도 없다. 한 인간에게 한 생각(불-정화)이 부지중에 떠오르고 한 인간에게 다른 한 생각(불-태양)이 떠오른다면, 한 인간에게 그 두 생각이 떠오르게 될 것이라는 것보다 더 그럴듯할 수 있는 것이 무엇인가. 언제나 하나의 이론을 가졌으면 하는 학자들!!!

때려 부숨, 찢어발김 등과 달리 불은 완전히 파괴한다는 점이 사람들 눈에 띄었음에 틀림없다.

비록 우리들이 정화와 태양이란 생각의 이러한 결합에 관해 아무것도 알지 못한다고 하더라도, 우리들은 그러한 생각이 어디에선가 등장하게 되었을 것이라고 가정할 수 있을 것이다. (「소견들」 63-4쪽 원문 강조)

강한 소독 기능을 가진 불은 정화와 관련된 강한 인상을 준다. 그리고 태양은 가장 강한 불이다. 불이 정화라는 인상과 연결되고, 태양이 강력한 불이라는 인상을 주기 때문에, 불과 정화, 불과 태양을 함께 두면 정화와 태양이 연결될 수 있다. 반드시 이러한 연결이 있어야 하는 것은 아니지만 이런 연결은 자연스럽다. 유사하게, 병이 주는 인상은 불결함과 연결되고 이 때문에 병에서 '깨끗하게' 나았다고 말하게 된다 (「소견들」 63쪽 참조). 죄 역시 더럽고 불결하다는 인상을 주고 이 때문에 죄를 '씻는다'는 말이 나온다. 실제로 기독교에서는 죄 씻음을 나타내기 위해 세례를 행한다. 왜 그렇게 연결되는가? 과학적인 이유나 근거를 댈 수 없다. 말할 수 있는 것은 '그런 인상을 받았을 뿐'일 게다.

합리적이고 과학적인 인과관계는 없지만 인상을 주지 않고서는 제의가
될 수 없다.

> … 그러나 완전히 털이 깎인 몸이 어떤 뜻에서 우리의 자존심을 상실하게 유
> 인하는 일이 아주 잘 있을 수 있다(카라마조프가의 형제들). 우리 눈에 우리
> 를 품위 없고 우습게 보이게 만드는 사지절단이 우리를 지킬 모든 의지를 우
> 리에게서 빼앗아 갈 수 있다는 것은 전혀 의심의 여지가 없다. 때때로 우리
> 가 — 또는 어쨌든 많은 사람들(나를 포함하여)이 — 우리의 신체적 또는 미
> 학적 열등성 때문에 얼마나 당황하게 되는가? (「소견들」 64쪽)

우리는 대체로 털이 깎인 상태를 수치스럽게 여긴다. 왜 수치스럽게 생
각하는가?[33] 털이 깎이면 왜 우리는 자존심이 상했다고 생각하는가? 사
지절단으로 인해 우리는 왜 열등감을 느끼고 왜 당황하는가? 우리는 그
러한 경향을 가진 존재이다. 위험들로부터 자신을 지키려는 것도 우리
안에 있는 경향 중 하나이며, 이러한 경향이 제의로 연결된다. 우리를
위협하는 것들 — '무서운 것', '웅대한 것', '끔찍한 것', '비극적인
것' (「소견들」 40쪽 참조), 죽음에 대한 공포, 두려움, 생존을 위태롭게
하는 것들 — 과 이러한 것들로부터 우리를 지켜 줄 것 같은 것들 — 웅
대한 것, 숭고한 것, 강력한 힘들(「소견들」 43-4쪽 참조) — 이 제의적
대상이 된다.

우리 안에 있는 경향이 자신을 지키는 방어 조처들을 고안해 내는 원
칙, 즉 관례를 만드는 원칙은 다양하다. 사람처럼 보이는 사람의 그림

---

33 성경에 나오는 "정화의식"은 이런 우리의 경향과 관계된다. 부정(不淨)한 자를 정
화하는 의식에는 머리부터 발끝까지 모든 털을 미는 것이 포함되어 있다(레위기 14장
8-9절 참조).

자, 거울상, 비, 뇌우, 달의 변화, 해가 바뀌는 것, 동물들 간의 유사성, 동물과 사람 간의 유사성과 차이, 죽음, 탄생, 성생활 등등 주변에 있는 모든 것, 주변에서 지각하는 모든 것이 서로 다양한 방식으로 연결되어 관례들에서 어떤 역할을 한다. 눈에 쉽게 띄는 단순한 위험들로 환원시키는 것이 고안 원칙이다(「소견들」 44쪽 참조).

우리 주위에서 지각되는 모든 것이 관례들에서 어떤 역할을 한다. 이렇게 연관시키는 것, 즉 우리 자신 안에 있는 어떤 경향과 주위에 있는 것과의 연관 짓기는 깨어나는 인간 정신의 특징이다. 물론 이러한 연관 짓기는 둘 사이의 유사성을 보아야 가능하다. 하지만 현상으로부터 인상을 얻는 것은 숙고에 의한 것이 아니다. 한 현상을 다른 한 현상과 연관 지어 보는 것도 숙고나 이성적 추리를 통해 얻어지는 것이 아니다. 연관 짓기는 의견도 견해도 아니며 자연스럽게 일어나는 본능적인 것이다. 한 현상과 다른 현상 사이에서 유사성을 발견하고 그 유사성으로 두 현상을 연관 짓는 행위에는 어떠한 이유가 있을 수 없다.

인간 정신의 깨어남은 사물을 보는 방식과 관련된다. 사물들과 현상들을 "역사적 설명, 즉 하나의 발전 가설로서의 설명"(「소견들」 47쪽) 방식으로 볼 수도 있고, 동일한 것을 "시간적 발전에 관한 하나의 가설의 형태에 담지 않고도 똑같이" "하나의 일반적인 그림 속에 총괄"(「소견들」 47쪽)할 수도 있다. 하나의 일반적인 그림에 총괄한다는 것은 현상을 일목요연하게 묘사하는 것인데, 일목요연하게 묘사하는 방식은 다양할 수 있다. 동일한 것이 "식물의 도식과 유사하게" 묘사될 수도 있고, "종교 의식의 도식에 의해서도 묘사"될 수 있으며(「소견들」 48쪽) 또 다른 방식도 가능하다. 이 중 어떤 것도 참이 아니며 어떤 것도 거짓이 아니지만 일목요연한 묘사는 하나의 '전망(Aussicht)'을 얻게 한다.

일목요연한 묘사란 개념은 우리에게 근본적인 의미가 있다. 그것은 우리의 묘사 형식을, 우리가 사물들을 보는 방식을 지칭한다. (「소견들」 48쪽)

비트겐슈타인에 따르면 "모든 전망에서 매력을 찾을 수 있다"라고 말하는 것은 잘못이다(「소견들」 50쪽 참조). 왜냐하면 전망은 그것을 의미심장하게 보는 사람에게 의미심장하기 때문이며, 그런 의미에서 "모든 전망은 똑같이 의미심장하다"(「소견들」 50쪽). 따라서 미개인들의 세계에 대한 전망, 그에 따른 (제의, 주술을 포함한) 삶 역시 의미심장하다. 하나의 전망을 의미심장하게 본다는 것이 현상을 다르게 본다는 뜻이 아니다. 우리와 다른 전망을 가진 이들은 단지 현상들에 대해 다른 해석을 하고 있을 뿐이다(「소견들」 54쪽 참조). 그들은 그들의 의미심장한 전망에서 세계를 해석하고 이해하는 것이다.

서로 다른 전망 속에 있다 하더라도 제의적 행위를 한다는 점에서는 다르지 않다. 클랙은 "우리의 이성이 활동하기 전에, 우리는 그것들에 대해 일종의 주술이 되는 사유 방식으로 이끌린다"[34]고 하면서 어떤 꽃을 따면 공주는 바다 너머 성 안에서 죽는다는 체스터톤(G. K. Chesterton)의 동화를 예로 든다. 꽃을 따는 것이 공주의 죽음의 원인이라고 생각하는 것은 명백히 거짓이며 심지어 제정신이 아닌 것이지만 "그럼에도 잠시 동안, 그런 불가능함이 '피할 수 없는 것처럼 보'"이듯이, "상(effigy)을 태우는 것은 결코 실제 사람을 해할 수 없지만 그럼에도 우리는 본능적으로 그리고 전(前)합리적으로 그런 행위의 효능을 받아들이게(그리고 두려워하게) 된다." 그것은 "인간 성향의 일부이며, 체스터톤이 '우리 본성 속에 아주 깊은 것들'이라고 했던 것으로부터 나

---

34 Clack(1999a), 65쪽

온다. 그런 이상하고 당황스러운 사유와 행동의 원인에 대해 질문이 발생할 때, 비트겐슈타인의 대답은 아주 간단히, '인간 삶이란 그런 거다'이다."[35]

"숨겨진, 기괴한 어떤 것. 참고: 켈러(Keller)의 두 아이들이 살아 있는 파리를 인형의 머리 속에 집어넣고, 그 인형을 묻고서는 도망치기. (왜 우리는 이런 종류의 일을 하는가? 이것이 우리가 하는 일의 일종이다.)" (「강의」 25쪽)

우리는 "과학이 설명하지 못하고, 감정으로 표현할 수 없는 것, 그것을 의식(儀式)으로 평안하게 하고 불안을 잠재"[36]우는 그런 제의적 존재들이다. "우리는 의식(儀式)적 방식으로 세계에 반응하는 그런 종류의 피조물"이며, 세상이 우리를 엄습할 때 그리고 그것이 우리의 제의적 본성으로부터 믿음과 실천을 이끌 때 "주술과 종교가 출현한다."[37] 인간은 의식(儀式)에 친밀하며, 자연스럽게 의식을 형성하고 자연스럽게 의식을 받아들이는 의식(儀式)적인 종(species)이며 제의적 행위는 인간의 본능적 행위이다. 이 때문에 클랙은 비트겐슈타인이 철학적–신학적 논쟁에 기여하려고 한 것이 아니라 "인간에 대한 어떤 것 — 제의적 삶은 세계와 그 속의 사건들에 대한 (잘못된) 이론의 산물이 아니라 종(species)으로서의 우리를 정의하며, 우리 특성의 자연스러운 표명이라는 견해를 통해 매개된 어떤 것 — 을 말하려 했다"[38]고 본다.

---

35 Clack(1999a), 65쪽
36 Clack(2001), 26쪽
37 Clack(2001), 25쪽
38 Clack(2001), 26쪽

3. 문법으로서의 신학

전기 비트겐슈타인은 언어의 논리에 대한 오해에 기인한 철학적 문제
들을 해결하기 위해서는 "형식적 인공 언어에서 발견되는 언어의 심층
논리학에 의존해야 한다"[39]고 생각했다. 왜냐하면 언어의 논리는 일상
언어 차원에서 드러나지 않기 때문이다. 후기 비트겐슈타인은 일상 언
어가 오도적이며 철학적 곤경의 원천이라는 데 동의한다. 하지만 후기
에 일상 언어가 오도적이라고 하는 것은 일상 언어가 그 형식 때문에
언어의 질서를 일목요연하게 보여 주지 않는다는 점에서 오도적이지
(『탐구』 §§122, 132 참조), 전기에서처럼 일상 언어의 논리적 구조가
명확하게 드러나지 않기 때문이 아니며, 그래서 논리 구조를 명료화하
는 작업이 요청된다는 점에서 오도적이라는 것은 아니다. 그리고 일상
언어가 갖고 있는 모호성이나 애매성도 불완전한 것이 아니다(『탐구』
§98 참조). 후기 비트겐슈타인은 언어의 다양성과 복잡성에 주목한다.
그는 "구체적인 것들을 무시해 버리고 본질적인 것만을 가려 주는 통일
적인 원리를 찾는 대신에", 실제적인 "언어 '용법'들의 개개의 경우들
에 대해 우리의 주의를 돌리게" 한다.[40] 후기 비트겐슈타인에 따르면,
절대적인 정확성과 엄밀성에의 추구는 환상으로 간주되며, 모호성은
일상적인 목적으로 사용되는 한 문제없는 것으로 여겨진다.[41] 남아 있
는 일은 일상 언어에서 발생하는 오해를 제거하는 일이다. 일상 언어에
대한 오해는 문법적 고찰을 통해 해결될 수 있는데, 문법적 고찰은 오
해를 제거하고 우리가 가진 문제가 무엇인지 보게 한다. 종교 언어 역

---

39 Suter, 15-6쪽
40 Fann, 115쪽
41 Fann, 115쪽 참조.

시 제대로 이해되기 위해서는 문법적 고찰이 필요하다.

3.1 문법

비트겐슈타인에 따르면 낱말의 의미는 그 사용에서 결정되며, 낱말의 사용을 결정하는 것은 문법이다. 따라서 문법에 맞는 언어적 표현은 뜻을 가진다(WLC I 85쪽 참조). 그런데 후기에서의 '문법'은 전기의 '논리'와 달리 어떠한 언어이든 그것을 정초 짓는 필연적인 규칙이 아니며 언어 독립적이지도 않다. 문법은 "낱말의 선택이나 결합 규칙만을" 말하는 것이 아니라, "문장을 사용하는 상황까지 관련된 광범위한 언어 사용 규칙을 포괄"[42]한다는 측면에서는 규범적이지만 언어가 "어떻게 구성되어 있어야 하는지를 말하지 않는다"(『탐구』 §496)는 점에서 필연적이지 않다. 언어 속에 이미 문법이 내재되어 있기 때문에 언어 밖에서 언어의 구성을 말할 수 없다. 설명하려는 언어는 이미 문법을 포함하고 있기에 문법을 떠난 독립적인 설명은 가능하지 않다. 명제의 뜻은 그 명제가 포함하고 있는 문법 속에 있기 때문에 특정한 놀이 밖에서 질문하는 것은 의미 없다. 어떤 하나의 특정한 놀이 밖에서 어떤 대상을 지적하면서 "이 대상은 복합적인가?"라고 묻는 것은 질문이 성립되지 않는 곳에서 질문하는 것이다. 그러므로 그 질문에 대한 답은 없다. 만약 대답이 있다면 "그건 '복합적'이란 말로 당신이 무엇을 이해하고 있느냐에 달려 있다"(『탐구』 §47)가 될 것이다. 물론 이것은 비트겐슈타인의 말처럼 대답이 아니라 실제로는 "물음에 대한 거부"(『탐구』 §47)이다. 제대로 된 대답을 얻으려면 제대로 질문해야 하는데, 제대로 질문하기 위해서는 놀이 안으로 들어가야 한다. 문법이 특정한 언어놀

---

42 하상필, 78쪽

이를 벗어나서 제시될 수 없다면 문법은 자율적이다.[43]

> 문법은 자의적(arbitrary)인가? 그렇다, 방금 언급한 의미에서, 그것은 정당
> 화될 수 없다. 그러나 내가 어떤 문법 규칙도 사용할 수 있는 그런 자의성은
> 아니다. 그 자체 기술된 문법은 자의적이다; 그것이 자의적이지 않은 것은
> 그것의 사용이다. 낱말은 한 문법체계에서 하나의 의미에서 사용될 수 있고,
> 다른 문법 체계에서 다른 의미로 사용될 수 있다. (WLC I 49쪽)

> 문법 규칙은 놀이 규칙이 자의적인 의미에서 자의적이다. 우리는 그것들을
> 다르게 만들 수 있다. 그러나 그때 그것은 다른 놀이이다. (WLC I 57쪽)

문법이 자의적이긴 하지만 그렇다고 어떤 규칙이나 문법도 사용할 수
있는 그런 자의성은 아니다. 의미는 명제의 참 거짓을 결정하기에 앞서
고정되고, 문법 규칙들이 의미를 결정한다. 그렇다면 '의미' '무의미'는
경우에 따라 달라질 수 있다. 어떤 문법에서는 의미 있는 낱말 혹은 문
장이 다른 문법을 가진 곳에서는 무의미한 것이 될 수 있다. 음악에서
사용되는 표현이 미술에서 그대로 사용될 수 없다. 예를 들어 '높다'는
말을 보자. 음악에서 "이 음은 저 음보다 반음 높다"는 의미 있는 말이
지만 이것을 고스란히 미술에 적용하여 "이 색은 저 색보다 반색 높다"
라고 한다면 이는 무의미한 말이 된다. 음향의 문법과 색의 문법이 다

---

43 아래 인용된 글에 따르면, 문법은 자의적이나 어떤 것도 허용된다는 의미의 자의
성은 아니라고 해야 할 것이나, 혼란을 막기 위해 '자의적'과 '자율적'으로 구분하기로
한다. 이것은 이미 전기의 '논리'와 후기의 '문법'의 유사점을 언급할 때 구분해 사용
한 것과 일치한다. 다른 것에 의존하지 않는다는 것을 '자율적'이라고, 그렇다고 임의
로 정할 수 없다는 것을 '자의적이지 않은'이라고 한다.

르기 때문이다. 기하학 명제는 공간 개념의 문법을 제공하며 산술적 명제는 수에 대한 규칙을 제공한다. 다양한 문법이 있기 때문에 "우리가 일상적으로 사용하는 언어의 표현들은" "어떠한 상황에서 어떠한 사실과 현상을 재현하는 데 쓰이는가에 따라 상이한 문법의 규제를 받게 된다."[44] 따라서 같은 단어라도 의미가 다를 수 있기에 혼란에 빠지지 않기 위해서 각 단어를 지배하는 문법이 무엇인지 살펴봐야 한다. 철학적 헛소리의 가장 흔한 형태는 낱말이 모든 언어놀이 밖에서 사용될 때가 아니라, 적절한 언어놀이가 아닌 다른 언어놀이에서 사용될 때 발생한다.[45]

3.1.1 표층 문법과 심층 문법

비트겐슈타인은 "표층 문법(surface-grammar)"과 "심층 문법(depth-grammar)"을 구분하고 있다. "표층 문법"은 낱말의 사용에서 우리에게 직접 각인되는 것으로 "문장 구성에서의 그 낱말의 사용 방식, 그 낱말의 사용 중 — 말하자면 — 귀로 파악될 수 있는 부분이다"(『탐구』§664 원문 강조). 이와 달리 "심층 문법"은 "훤히 알기가 어렵다"(『탐구』§664). 심층 문법은 통상적인 문법학자들이 관심을 갖고 있지 않은, 심지어 그러한 것이 있다고 알지도 못하는 그런 문법이다.[46] 표층 문법은 낱말의 표면적 형식이고, 심층 문법은 낱말들의 사용이다. 표층 문법은 눈에 드러나는 것이지만 심층 문법은 사용을 봐야 알 수 있다. "나는 모자를 가지고 있다"는 명제와 "나는 극심한 치통을 가지고 있다"라는 명제는 표층 문법에서는 유사하지만, 그것들의 용법은 다르다(『청갈색

---

44 박병철, 182쪽
45 Kenny, 213쪽 참조.
46 Suter, 16쪽

책』96-97쪽 참조). 그 차이는 각각의 명제를 의문형으로 만들어 보면 드러난다. 이를 테면 두 명제를 "이것이 나의 모자인가?"와 "이것이 나의 치통인가?"로 바꾸어 보자. 첫 번째 질문은 가능하나 두 번째 질문은 가능하지 않다. 이로부터 처음에 제시된 두 명제는 형식적으로 유사하며 그래서 '가지다'라는 동사가 동일하게 적용되는 듯 보이지만, 실상 달리 사용되고 있음을 알 수 있다. 두 명제는 심층 문법에서 차이가 나는, 즉 서로 다른 문법을 가진 명제들이다. 표층적으로 유사한 형식을 가진 문장들도 심층적으로 용도나 기능에서 차이가 날 수 있다. 또 서술문은 언제나 어떤 것을 진술하는 데 쓰이고, 의문문은 언제나 질문하는 데 쓰이며, 명령문은 언제나 명령을 내리는 데 쓰이는 것이 아니다. 왜냐하면 동일한 문법의 문장이 다른 언어 행위를 수행하기 위해 사용될 수 있기 때문이다. 예를 들어 "이것 좀 해 주시겠어요?"는 물음의 형식을 가지고 있지만 실제로는 요청이나 명령으로 사용될 수 있다 (『탐구』§21 참조). 따라서 어떤 문장의 문법을 알려면 그 사용을 봐야한다.

3.1.2 경험적 명제와 문법적 명제

심층 문법에서 명제는 경험적 명제와 문법적 명제로 나뉜다. "형이상학적 발언의 형식은 경험적 명제처럼 보이긴 하지만, 실제로는 '문법적인 명제'"[47]이다. 경험적 명제와 문법적 명제를 나누는 기준은 반대 상황을 상상할 수 있느냐에 달려 있다(『탐구』§251 참조). 반대 상황을 상상할 수 있다면 그것은 사실과 관계되며 따라서 그것은 경험 명제이고, 반대 상황을 상상할 수 없다면 그것은 개념의 용법을 보여 주는 문

---

47 Fann, 126-7쪽

법적 명제이다.[48] 예를 들어 "모든 장미는 가시를 가지고 있다"와 "모든 자는 길이를 가지고 있다"는 명제를 보자. 이 두 명제는 표면상 유사한 형식을 취한다. 하지만 가시 없는 장미는 상상할 수 있지만 길이 없는 자는 상상할 수 없다. 이로부터 두 명제는 서로 다른 종류의 명제임을 알 수 있다. 반대 상황이 상상될 수 있는 명제인 첫 번째 명제는 경험적 명제이다. 이것은 장미에 대한 정보를 제공한다. 이에 반해 반대 상황을 상상할 수 없는 두 번째 명제는 경험적 명제가 아니라 논리적이며 문법적 명제이다.[49] 두 번째 명제는 우리에게 '자'에 대한 정보를 주는 것이 아니라, '자'라는 낱말의 용법을 규제하고 있는 규칙을 말하고 있다.[50] 또 다른 예를 살펴보자.

(1) 단 한 사람만이 6인치 넓이의 벤치에 앉을 수 있다.

(2) 단 한 사람만이 나의 고통을 느낄 수 있다.

(1)과 (2)는 형식적으로 유사하다. 즉 표층 문법에서 큰 차이가 없다. 이 때문에 (1)이 실험을 통해 그 진위를 가릴 수 있고 참 거짓을 판단할 수 있는 것처럼, (2) 역시 그러해야 한다는 생각에 오랫동안 사로잡혀 있었으며, 그래서 어떻게 (2)의 진위를 확정지을 것인가를 논의해 왔다. 그러나 둘은 심층적 측면에서는 다르다. (1)은 물리적 불가능성을

---

48 비트겐슈타인은 전기와 전기에서 후기로 넘어오는 단계에서는 반대 상황이 가능하지 않으면 세계에 대한 사실적 진술이 아니며 따라서 의미 없는 명제라고 하고 있다(「논리학」 참조). 이것이 후기에는 진위를 가릴 수 없는 문법적 명제로 전환된다.

49 Fann, 124쪽 참조. 판은 비트겐슈타인이 '문법적', '개념적', '논리적' 심지어 '동어반복적'을 같은 뜻으로 사용하고, '경험적', '실험적', '사실적'을 같은 뜻으로 사용하고 있는 듯하다고 말하고 있다(Fann, 127쪽 주 15 참조).

50 Fann, 124쪽 참조.

말할 수 있는 경험 명제이고, (2)는 경험적 형식을 가지고 있지만 경험 명제가 아니다. 그 반대의 상황을 상상할 수 없기 때문이다. 나 외의 다른 사람이 나의 고통을 느낀다는 것을 상상할 수 있는가? 만약 상상할 수 있다면 일상적인 상황을 벗어난 경우일 것이다. '다른 사람이 나의 고통을 느낄 수 없다'고 할 때 그러한 불가능성에 대해 언뜻 떠오르는 일차적 이유는 신체적 장벽 등의 이유로 발생하는 불가능성, 즉 물리적 불가능성이다. 이것은 이 명제를 경험 명제로 취급하게 한다. 하지만 이 경우의 불가능성은 물리적 불가능성이 아니라 논리적 불가능성이다. 이 명제는 '고통'이라는 낱말의 용법을 규제하는 문법적 규칙을 말하고 있는 것이다. 비트겐슈타인은 '감각들은 사적이다'란 명제를 '카드 점치기는 혼자서 한다'라는 명제와 비교한다(『탐구』§248 참조). 후자가 문법적 표현이듯이 전자도 문법적 표현이며, 후자의 부정, 즉 '카드 점치기는 혼자서 하지 않는다'가 논리적으로 불가능하듯 '감각이 사적이 아니다'라고 하는 것도 논리적으로 불가능한 명제이다. 따라서 '나는 나의 고통을 느낄 수 있다'라는 명제는 부정이 논리적으로 불가능한 문법적 명제이다.

3.2 종교 언어놀이

『강의』(53쪽)에서 비트겐슈타인은 두 가지 예를 서로 비교하면서 종교 언어에 대해 논하고 있다. 그것을 정리하면 다음과 같다.

(a) 어떤 신자가 "난 최후 심판을 믿어"라고 말하고 비트겐슈타인은 "글쎄, 난 그렇게 확실하진 않은데"라고 말한다면 두 사람 사이에는 심연이 있다.

(b) 또 그 신자가 "비행기가 머리 위에 있어"라고 말하고 비트겐슈타

인이 그에 대해 "난, 확실하지 않은데"라고 말한다면 두 사람은 아주 가깝다.

동일한 두 사람이 유사한 대화 — 두 경우 모두, 신자가 한 말에 대해 비트겐슈타인이 미심쩍어 하는 대화 구조 — 를 하는데, 한 경우에는 두 사람 사이에 깊은 심연이 있다고 말하고 다른 경우에는 가깝다고 말하고 있다. 둘 사이의 차이는 그들이 참여하는 언어놀이의 차이이다. (a)는 서로 다른 종류의 언어놀이를 하는 사람들 사이의 의견 차이이고, (b)는 동일한 언어놀이를 하는 사람들 사이의 의견 차이이다. 그렇다면 서로 다른 언어놀이를 한다는 것을 어떻게 알 수 있는가? 서로 다른 언어놀이를 하는 사람 사이에는 불일치가 발생하는데, 한 사람이 어떤 낱말을 기대하지 않은 방식으로 사용하거나 추론될 것이라고 기대하지 않는 결론을 끄집어내는 경우가 불일치한 경우이다(『강의』 71쪽 참조). 어떻게 반응하는가도 일치와 불일치의 기준이 된다. 유사한 표현임에도 불구하고 반응이 다르다면 서로 다른 연관에 의해 서로 다른 것을 의미한다고 말할 수 있다(『강의』 58쪽 참조).

(a)는 종교 언어놀이를 하는 사람과 종교 언어놀이 밖에 있는 사람 사이의 대화로, 둘은 서로 다른 언어놀이를 하기 때문에 서로 다른 문법, 서로 다른 규칙을 가지고 있다. "~을 믿는다"는 표현을 동일하게 사용하는데도 어떤 것은 종교 언어놀이에 속하며 다른 것은 종교 언어놀이 밖에 속한다는 것을 결정하는 것은 문법이다. 문법적 명제는 낱말 사용을 규제하는 규칙으로 일종의 "정의(定義)와 같다"(WLFM 249쪽). 문법적 명제는 참도 거짓도 아니지만 따르지 않으면 안 되는 것, 따르지 않으면 그 문법을 사용하는 언어놀이는 할 수 없는 것이다. "난 최후 심판을 믿어"는 종교 언어놀이를 하는 사람들에게는 문법적 명제

와 같다. 그것은 신자가 최후 심판을 믿는 것은 경험이나 이성적 근거들을 토대로 한 것이 아니기 때문이며, 또한 '최후 심판을 믿는다'는 말은 그가 신자임을 나타내는 명제이기 때문이다. 그가 종교인이라면 반대되는 경우, 즉 "난 최후 심판을 믿지 않아"라고 말할 수 없다. 따라서 신자들에게는 "왜 최후 심판을 믿는가?"라거나 "무슨 근거로 최후 심판을 믿는가?"라는 질문은 성립하지 않는 헛소리에 해당한다. 이에 반해 "왜 머리 위에 비행기가 있다고 믿는가?"라는 질문이나 "무슨 근거로 그렇게 믿는가?"라는 질문은 정당하게 성립되며 그에 대한 근거 제시 또한 가능하기에 "내 머리 위에 비행기가 있다고 믿는다"는 말은 헛소리가 아니다.

만일 두 명제가 서로 다른 문법을 따른다면 두 명제에 '일치' 혹은 '반대'라는 용어를 적용할 수 없으며, '서로 반대되는 것을 믿는다'고 말하는 것이 오히려 모순이다(『강의』 53쪽 참조). 만일 그 둘이 "서로 반대되는 것을 믿는다"고 말할 수 있다면 이는 "정상적으로 반대되는 믿음"이라고 부를 수 있는 경우가 아니다(『강의』 55쪽). 신자와 비트겐슈타인은 서로 다른 언어놀이에 속하기 때문에 둘 사이에는 '반대' 조차 성립하지 않는 심연이 있다. 이에 반해 (b)에 나오는 두 명제는 모두 경험적 명제이다. 이 때문에 신자가 "비행기가 머리 위에 있어"라는 말에 신자가 아닌 비트겐슈타인이 "난, 확실하지 않는데"라고 말해 반대 의견을 표한다 하더라도 오히려 둘 사이는 가깝다. 두 사람은 동일한 문법 혹은 동일한 규칙이 적용되는 놀이 속에 있기 때문이다.

오랫동안 종교사를 이어 왔던 논쟁 중 하나는 신앙과 이성의 관계이다. 주지하다시피 중세에는 이성보다 신앙을 우위에 두었다. 인간 이성을 타락한 것으로 보고 이성에 대한 어떠한 신뢰도 거부했던 아우구스티누스에 비해 이성을 통해 신과 종교적 진리를 알 수 있다고 한 아퀴

나스조차 이성과 신앙이 충돌하는 부분에서는 언제나 신앙의 편에 섰다. 이에 반해 근대 철학자들은 신앙보다는 이성을 우위에 두었다.[51] 그런데 비트겐슈타인에게 이성이냐 신앙이냐 라는 논쟁은 성립하지 않는다. 이러한 논쟁을 하는 사람들은 종교를 과학처럼 이해한 것이다. 종교를 과학과 같은 것으로 이해하게 되면 종교적 명제를 과학적 명제처럼 세계에 대한 사실을 설명하는 것으로 간주하게 된다. 이렇게 되면 종교적 명제와 과학적 명제 사이의 불일치를 보게 되고 이러한 불일치에 직면해서 종교인으로서 무엇을 우위에 둘 것인지 고민하게 된다. 비트겐슈타인에 따르면, 이성과 신앙 사이의 관계를 고민하는 것은 문법을 오해한 것이며 뿐만 아니라 종교와 과학이 서로 다른 영역에 속하는 서로 다른 언어놀이임을 알지 못한 것에 기인한다. 표면적으로 종교 언어가 과학 언어처럼 보이지만 종교 언어는 과학 명제가 아니기 때문에 "최후 심판에 대한 믿음"을 "의견"이라고 하지 않고 "도그마"나 "신앙"이라고 표현한다(『강의』 57쪽). 과학적 명제를 받아들이지 않는 사람들은 틀린 견해를 가지고 있다고 하지 나쁜 견해를 가지고 있다고 말하지 않는데 반해, 종교적 대상이 되는 어떤 존재를 믿지 않는 것은 틀린 것이 아니라 나쁜 것이라고 한다. 이것은 종교적 명제가 과학적 명제가 아니라는 것을 잘 보여 준다. 따라서 만일 종교적 명제에 대한 문법적 오해를 제거한다면 길었던 신앙과 이성 사이의 논쟁은 사라지게 될 것이다.

종교적 신자와 비신자가 서로 다른 문법을 가지고 있고 그들 사이의

---

51 정확히 말하면 계시보다 이성을 우위에 두었다. 대표적으로 신 관념을 합리적 체계 위에 세우려고 한 라이프니츠는 이신론을 전개했다. 이신론은 세 가지 특성을 띠고 있는데, 첫째가 인간 이성에 대한 신뢰이고, 둘째는 종교적 계시에 대한 불신이며, 마지막은 신을 질서정연한 우주의 합리적 건축자로서 이해하는 것이다.

차이를 드러낼 수 있는 또 다른 문법이 없다면 종교적 신자가 종교적 믿음을 가지고 있는지를 어떻게 알 수 있는가?

흔히 제시되는 첫 번째 가능한 경우는, 체험에 따른 증거 제시이다. 우리가 "어떻게 당신은 최후의 심판을 믿는가? 무슨 근거로 최후 심판이 일어날 거라고 생각하는가?"라고 묻는다면 아마 많은 종교인들은 확실한 증거가 있다고 말할 것이다. 그러면서 제시하는 것은 실상 과학에서 증거로 사용할 수 있는 것이거나 일상적인 차원에서 요구되는 근거나 추론이 아니라, 견고한 믿음이나 그런 믿음에 근거한 추론일 가능성이 높다[52](『강의』 53-4쪽 참조). 물론 '증거'니 '경험'이니 하는 낱말을 사용하기 때문에 과학적 명제로 착각하게 되는 것도 사실이다(『강의』 57쪽 참조). 하지만 이것 역시 표층 문법과 심층 문법을 구분하지 못한 것이다. 심지어 비트겐슈타인은 종교를 과학적으로 다루는 것은 종교에 대한 믿음이 아니라 미신이며(『문화』 152쪽 참조), 만일 과학적 "증거가 있다고 한다면 이것이 종교와 관련된 전체 일을 망가뜨리는 것"(『강의』 56쪽)이라고 하고 있다[53]. 종교인들은 종교 언어의 문법을

---

52 비트겐슈타인은 꿈을 꾸고서 최후 심판을 믿게 되었다고 말하는 사람의 경우, 그가 ' … 믿는다'라고 할 때 증거가 불충분하다고 하기 어려우며, 만일 그렇게 말할 수 있다면 그것은 일상적 의미에서의 '증거'처럼 다룰 수 없다고 한다(『강의』 63쪽 참조).
53 과학적 증거가 종교와 관련된 전체 일을 망가뜨리는 이유는 세계를 과학의 눈으로 보는 것과 종교의 눈으로 보는 것은 근본적으로 다르기 때문이다. 세계를 종교의 눈으로 보는 것은 세계를 기적으로 보는 방식이다. 기적에 대해 과학적으로 접근하는 것은 이미 세계에 대한 기적적 관점을 포기한 것으로, 과학적 접근 결과와 상관없이 이미 다른 세계, 즉 과학적 세계에 있는 것이다. 이런 측면을 고려한다면 종교에 대해 과학적 증거를 제시한다는 것은 근본적으로 세계에 대해 종교적 관점이 아닌 과학적 관점을 취하는 것이며, 종교적 세계가 아니라 과학적 세계로 이동한 것이다. 이러한 이동은 종교 전체를 포기한 것과 같다. 이러한 이유 때문에 비트겐슈타인은 만일 종교에 대해 과학적 증거가 있다고 한다면 그것은 종교 전체의 일을 망가뜨리는 것이라고 말한다. 세계에 대한 과학적 관점과 기적적 관점에 대해서는 II장 1.2절 '사물을 보는 두 방식' 참조

사용하고 종교적 믿음을 가지지 않은 사람은 그런 문법을 가지지 않는다면, 그리고 종교인들이 제시하는 증거를 일상적 증거로 사용할 수 없다면 우리는 종교적 신자들이 종교적 믿음을 가지고 있다는 것을 어떻게 아는가?

비트겐슈타인은 "그의 믿음이 그의 삶 전체를 규제하는 것"(『강의』 54쪽)을 통해 알 수 있다고 한다. 믿음이 삶을 통제한다. 예를 들어 최후의 심판을 믿는 사람은 사후의 응징 때문에 쾌락적인 것을 삼가기도 한다. 종교적 믿음을 가지고 있는지의 여부가 그의 삶에서 드러나는 것이라면, '나는 …을 믿는다'라는 식의 종교적 발언은 그리 중요하지 않다.[54] 말로서의 표현은 사소한 것에 불과하다(『강의』 55쪽 참조). 일례로 "나는 최후 심판을 믿어"라고 말하는 두 사람이 있는데, 그 중 한 사람은 그런 믿음 때문에 쾌락을 삼가고 자신의 모든 행위를 이후의 응징과 연관해 결정하는데 반해, 다른 한 사람은 믿음을 가지기 전과 별반 다르지 않은 삶을 살거나 종교적 신자가 아닌 사람들의 삶과 다르지 않는 삶을 산다면, 우리는 후자가 실제로 종교적 믿음을 가지고 있는지 의심스러워할 것이다. 어떤 문법을 사용하고 있는지, 어떤 문법 규칙을 따르고 있는지가 실천에서 드러나는 것과 마찬가지로 종교적 언어놀이에 참여하고 있는지 아닌지도 삶에서 드러나야 한다. 예를 들어 점술가가 미래에 일어날 일들, 심판의 날과 같은 것을 예견한다고 하더라도 "이런 것이 일어날 것이라는 믿음은 전혀 종교적 믿음이 아니다."(『강의』 56쪽) 미래를 예측하는 사람은 그 예측 때문에 자신의 삶의 형태를 바꾸지 않을 것이기 때문이다. 점술가가 예측한 것과 종교인들이 말하

하라.

54 심지어 비트겐슈타인은 '말하기'는 종교에서 본질적이지 않다고 한다. 그는 교리적 명제도 없고 말하기도 없는 종교를 충분히 상상할 수 있다고 한다(WVC 117쪽 참조).

는 것이 비슷하다고 하더라도 둘은 전혀 다르게 작동하며, 다른 반응이 수반된다. 과학도 삶을 변화시키지 않는다. 비록 최상의 '과학적 증거'라 하더라도 행동을 변화시키지 않으며 그런 의미에서 "아무것도 아닌 것"(『강의』 56쪽)이 된다. 종교인들은 최후의 심판 날에 불 속에 떨어지지 않기 위해 결사적으로 투쟁할 것이지만, 그것은 과학적 증거에 근거한 것이 아니라 두려움에 근거한 것이다(『강의』 56쪽; 『문화』 152쪽 참조). 두려움은 믿음의 일부이다. 최후 심판을 믿는 사람의 경우 일종의 두려움을 가지는데 반해, 믿지 않는 사람은 두려워하지 않는다.[55]

하나의 명제가 과학적 명제로 취급되어야 하는지 아닌지를 결정하는 것은 그 명제에 대한 반응이다. 예를 들어 "난 매일 신을 대면해요"라고 말하는 종교인들의 경우, 이 명제는 경험 명제가 아니다. 왜냐하면 그것을 증명하기 위해 일상적인 증거 제시와 같은 행동을 하지 않을 것이기 때문이다. 그는 증거를 요구하는 이에게, 예를 들면 미소만 짓고 있다거나, 자신이 변했다면서 변한 예들을 제시한다거나, 신에 의해 자신의 매일의 삶이 규제됨을 보이는 등의 일을 할 뿐이다.

종교적 신자가 믿음을 가지고 있다는 것을 보여 줄 수 있는 두 번째 가능한 경우는, 역사적 사실들을 제시하는 것으로써 자신의 믿음과 그 믿음의 근거를 제시하는 것이다(『강의』 57쪽 참조). 예를 들어, 기독교인들에게 "당신이 예수를 구세주로 믿는 근거가 무엇인가?"라고 물을 때, 대부분의 기독교인들은 "예수는 역사적 실존인물로서, 2000여 년

---

55 비트겐슈타인은 이러한 '두려움'이나 '놀람', '공포' 등을 미개한 상태로 보지 않는다. 경험은 원시 종족들이 자연 현상을 무서워하는 것을 가르쳐 주며, 그러한 두려움과 무서움을 우리 역시 가지고 있다(『문화』 34-5쪽 참조). 인간에게서 두려움, 공포, 무서움, 희망 등은 지극히 자연스러운 것이지 미몽에 기인한 것이 아니다. 종교는 이러한 것들에 대한 인간의 자연스러운 태도를 보여 주는 것이다. 이에 대해서는 III장 2절 '제의적 인간'을 참조하라.

전 이스라엘에서 33년 동안 살다가 십자가에 처형당했다. 그리고 그 후 그는 부활했다. 사람 중에 죽었다가 살아난 사람은 아무도 없으며 그 때문에 그가 구세주인 것을 나는 확실히 믿는다"라고 말할 것이다. 이에 대해 "그가 역사적 인물이라는 것과 십자가에 처형당했다는 것, 그리고 그가 다시 살아났다는 것이 사실이라는 것을 어떻게 아는가?"라고 다시 묻는다면, "이스라엘, 그리고 당시 이스라엘을 통치했던 로마의 역사에 기록되어 있다, 그의 무덤은 실제로 비었다, 그의 수의가 발견되었고, 그의 수의를 통해 그가 죽음에서 부활했음에 틀림없는 증거들을 알 수 있다" 등등의 말을 할 것이다. 이것은 역사적 사실인가? 역사적 사실이다. 하지만 일반적인 의미에서 말하는 역사적 사실이 아니다.

기독교인들은 역사적 토대 위에 기독교가 형성되어 왔다고 주장하며, 그러한 역사적 토대의 확실함을 강력히 주장한다. 그러나 종교인들이 말하는 역사적 토대 역시 일반적인 의미에서의 역사적 토대가 아니다. 예를 들어 나폴레옹이 실존인물이 아니라는 역사적 증거가 나온다면, 일반적으로 사람들은 그에 대한 모든 것을 누군가가 꾸며 낸 것이라는 것을 받아들이며 그와 관련된 믿음 체계를 변경 혹은 버릴 의향을 가지고 있다. 하지만 예수의 경우, 예수가 실존인물이 아니라는 증거가 나온다 하더라도 대다수의 기독교인들은 예수 및 그와 관련된 이야기에 대한 신념을 버리지 않는다. 오히려 그들의 신념을 부정하는 역사적 증거를 허구라고 생각하거나, 더 많은 자료가 발견되면 번복될 것이 틀림없는 것이라고 여기거나, 심지어 그런 역사적 증거를 밝힌 사람의 의도를 의심스러워한다. 이러한 종교인들의 반응은 종교에서 말하는 역사적 사실이 일상적 의미에서의 역사적 사실과 다름을 보여 준다.

종교인들은 일상적 의미에서 역사적 사실에 적용하는 의심을 종교적 역사적 사실에는 전혀 작동시키지 않는다. 종교적 신자들이 역사적 사실이라고 주장하는 내용들이 고고학적으로나 문헌적으로 사실이 아니라고 드러나더라도 종교적 신자들은 그들의 믿음을 포기하지 않는다. 만일 이를 일상적인 의미에서의 역사적 사실을 의미하는 것으로 사용했다면 그들은 예수에 대한 그들의 믿음을 바꿨을 것이다. 하지만 그들은 어떻게 해서든 그들의 믿음을 고수하려고 하며, 밝혀진 증거에 의해 믿음을 포기하거나 변경할 마음이 전혀 없다. 여기서 작동하는 것은 역사적 진리가 아니라 확신이다.

> 기독교는 역사적 진리에 기초하지 않는다. 그것은 오히려 우리에게 (역사적) 소식을 주고는 말한다: 이제 믿으라! 그러나 역사적 소식에 합당한 믿음으로써 이 소식을 믿으라는 것이 아니라, ― 오히려: 만사를 제치고 믿으라. 그리고 그대는 오직 삶의 결과로서만 그렇게 할 수 있느니라. 여기 그대에게 소식이 있나니, ― 그대는 그것을 대함에 있어 다른 역사적 소식을 대하듯 하지 말라! 그것이 그대의 삶에서 전혀 다른 지위를 가지도록 하라. ― 여기에 역설적인 것이라곤 아무것도 없다! (『문화』 82쪽 원문 강조)

> 매우 이상하게 들리겠지만, 복음서의 역사적 보고는 역사적인 뜻에서는 거짓임이 증명될 수 있을지 모르나, 이로써 신앙이 상실하는 것은 아무것도 없다. …… 신자가 이 소식들에 대해서 지니는 관계는 역사적 진리(개연성)에 대한 관계도 아니고, '이성의 진리들'로 이루어진 이론에 대한 관계도 아니다. 그런 게 있다. (우리들은 허구라고 불리는 것의 다양한 종류에 대해서조차도 실로 매우 다양한 입장들을 가진다!) (『문화』 83쪽 원문 강조)

기독교는 역사적 진리에 기초하지 않으며 설혹 역사적 진리에 기초한다고 하더라도 일반적인 의미에서의 '역사적 사실'이 아니다. 동일한 표현을 쓰지만 서로 다른 문법을 가진 서로 다른 언어놀이에 속한다. 일상의 역사적 사실에 대한 믿음은 그것이 아무리 의심할 수 없이 확고하다 하더라도 우리의 삶을 바꾸지 못하지만(『강의』 57쪽 참조), 종교적·역사적 사실은 세상을 보는 눈을 바꾸며 삶을 바꾼다는 점에서도 종교에서의 역사적 사실과 일상적으로 사용하는 역사적 사실이 다르다는 것을 알 수 있다.

　그런데 종교인들과 비종교인들이 의사소통하지 않는가라는 반론이 가능하다. 물론이다. 서로 공통된 문법을 가진 언어놀이를 할 때 그 공통된 문법에 의거해 의사소통할 수 있다. 예를 들어, 물건 사기, 밥 먹기 등과 같은 것은 종교인이나 비종교인 모두가 공유하는 것이며, 때문에 그것들과 관련된 말을 할 때는 같은 문법으로 의사소통한다. 하지만 종교와 관련해서는 신자와 신자가 아닌 사람은 서로 다른 문법을 사용하고 있다. 우주에 대해 말할 때 수학자와 시인이 비슷한 언어, 비슷한 개념을 가지고 표현하더라도 서로 다른 문법을 따르기에 서로 다른 의미를 가지는 것과 마찬가지이다.

　또 다른 반론은 '최후 심판을 믿는가?' 라는 질문에 '아니' 라고 답할 수 있다는 것 자체는 이 문장을 이해했기에 가능한 것이고 그렇다면 '그래' 라고 답할 종교적 신자들이나 '아니' 라고 대답할 불신자들이 공통된 언어적 문법을 가지고 있다고 할 수 있지 않은가 하는 것이다. 비트겐슈타인도 어떤 의미에서는 "종교적 신자들이 말한 것을 이해한다"(『강의』 55쪽)고 한다. 비트겐슈타인도 예를 들어 '신', '심판' 등과 같은 낱말을 이해한다. 그러나 그러면서도 비트겐슈타인은 누군가가 최후 심판을 믿는다고 말할 때 자신이 그를 이해한다고 말해야 할지 그렇지 않다고 말해야 할지 모르겠다고 한다(『강의』 58쪽 참조).

만일 당신이 내게 종교적인 사람들이 믿는 그런 의미에서, 내가 심판의 날을 믿는지 믿지 않는지 묻는다면, 나는 "아니. 난 그런 일이 일어날 것이라고 믿지 않네"라고 말하지 않을 것이다. 이렇게 말하는 것은 완전히 미친 것처럼 보인다.

그리고 그때 난 설명을 준다: "나는 …을 믿지 않는다", 그러나 그때 종교적인 사람은 내가 기술하는 것을 결코 믿지 않는다.

나는 말할 수 없다. 나는 그 사람과 반대될 수 없다.

한 의미에서, 나는 그가 말한 모든 것을 이해한다 — 영어 단어들 "신", "분리하다(separate)", 등을 이해한다. 나는 "나는 이것을 믿지 않는다"라고 말할 수 있으며, 내가 이런 사고들 혹은 그에 덧붙여(hang) 있는 어떤 것들을 가지고 있지 않다는 의미에서, 이것은 참일 것이다. 그러나 내가 그것에 반대될 수 있다는 것은 참이 아니다. (『강의』 55쪽)

종교적 명제 속에 들어 있는 낱말이나 그 구조와 관련해서는 '이해한다'는 말이 성립될 수 있지만, 그 명제에 대한 반응이 종교인들의 반응과 일치하지 않는다는 점에서는 '이해하지 못한다'고 해야 할 것이다. 따라서 표층적 측면에서 이해한 것을 사용에서까지 일치하는 심층적 측면에서의 이해로 곧바로 연결할 수는 없다. 종교적 진술은 종교적 믿음 안에서 전혀 다른 연관을 맺고 있다.

3.3 신

논리, 언어, 세계가 동연적 구조였던 전기 사상에서는 사실들의 총체로서의 세계가 신이었으며, 그러한 신에 대한 명제는 가능하지 않았다. 이러한 견해 역시 후기에 와서 변한다. 전기나 후기 모두 '신'은 의미 있는 명제를 가능하게 하는 전제이며 조건이라는 점에서는 일치한다.

그리고 신의 존재를 과학적으로 증명할 수 있다거나 설명하려고 하는 것은 잘못된 것이라는 주장도 변함없다. 하지만 전기에는 자연 과학적 명제만이 유일하게 의미 있는 명제였으며 그것을 가능하게 하는 전제 조건이 세계 즉 '신'이었음에 반해, 후기에는 여러 의미 있는 언어놀이 중에 종교 언어놀이가 있고, 그러한 종교 언어놀이를 가능하게 하는 전제요 조건 중 하나가 '신'이다.[56] 이제 '신'은 의미 있는 명제 — 과학적 명제 — 를 가능하게 하는 전제가 아니라 종교 언어를 가능하게 하는 전제가 된다. 이것은 '신은 존재한다'라는 명제를 문법적으로 고찰해 보면 알 수 있다.

오랫동안 철학자들 특히 종교 철학자들과 신학자들은 신의 존재를 증명하려고 애써 왔으며, 그 성공 여부는 그 종교[57]의 성립 여부와 관련된다고까지 여겨졌다. 많은 사람들이 신 존재 증명 여부에 따라 신앙을 가지거나 가지지 않는다. 혹자는 "신이 존재한다는 것을 보여라. 그러면 내가 믿겠다!"라고 말하기도 하며, 또 종교인들은 "신은 존재하십니다. 비록 눈에 보이지 않으나 너무나 분명합니다. 그러니 신을 믿고 구원받으십시오!"라고 호소하기도 한다. 이러한 일련의 말들은 신의 존재에 대한 긍정적인 답변이나 부정적인 답변이 가능하다는 것을 함축하고 있다.

---

56 '신'이 전제이며 조건이라는 것에서는 일치하지만, 전기와 후기에서 그 층위가 다르다. 전기에서 '신'은 존재론적 층위를 가지지만 후기에서 '신'은 의미론적 층위를 가지며, 그것도 종교 언어놀이의 장에 한정된다. 전기에서는 세계가 존재한다는 점에서 신이 존재한다고 할 수 있지만, 후기에서 '신이 존재한다'는 종교 언어놀이의 문법적 명제이다.

57 여기서의 종교는 유신론을 주장하는 종교이다. 예를 들어 불교 같은 종교는 신과 관련된 논의에서 제외된다. 물론 불교도 '신'에 대해 말한다. 그러나 불교에서 말하는 신은 '귀신'의 개념이지 '부처'가 아니다. 따라서 불교에서 신 존재에 대한 논의는 불교 자체의 성립 여부를 결정짓는 핵심적인 논의가 아니다.

신의 존재에 대한 문제는 '신이 실재하는가 실재하지 않는가?'로 해석될 수 있기 때문에 신자와 불신자 사이의 논쟁은 '사실 문제'에 대한 것으로 간주되어 왔다. 하지만 종교적 신자들이 신을 본다고 말하는 경우는 비어 있는 방에서 의자를 본다고 말하는 사람의 경우와 다르다. 비트겐슈타인에 따르면, "하느님은 살아계십니다. 그 분은 이전에도 존재하셨고 지금도 존재하시며 앞으로도 영원토록 존재하십니다"라고 하는 종교적 신자들의 말은 사실에 대한 기술이 아니다. 따라서 이 명제를 세계에 존재하는 대상에 대한 기술로 파악해서는 안 된다. 그런 이해는 종교 언어의 문법을 오해한 것인데, 이것은 신에 대한 이야기와 사실에 대한 이야기를 비교해 보면 명확하게 드러난다.

우리가 "…은 사실이다" 혹은 "…은 사실인가?"라고 말할 경우는 보통 '…'이 확실하지 않을 때이다. "이스라엘이 레바논에서 자행한 만행에 대해 사과했다고 하는데 그게 사실이야?"라고 말한다면 이것은 주어진 정보에 대한 불확실함에 기인한 것이다. 그러나 종교인들은 "신이 존재한다는 것이 사실인가?" 혹은 "신의 존재를 확신하지 못한다"고 말할 수 없다. 왜냐하면 종교인들에게 신의 존재는 실존적 속성이 아니라 언어놀이를 가능하게 하는 의미 준거틀에 해당되기 때문이다.[58] 이는 수, 의무, 물리적 대상 개념들이 각각 수학과 도덕, 자연 과학의 의미 준거틀을 구성하는 것과 마찬가지다. "유신론적 믿음은 신 개념으로 구성된 독특한 언어놀이이다."[59] 종교인들은 종교 언어놀이를 종교적 언어놀이의 장 안에서 이행하는 자이다. 따라서 누군가 자신이 종교인이라고 하면서 종교 언어놀이에서 핵심적인 낱말인 '신'을 부정한다면,

---

58 McCutcheon, 135쪽 참조.
59 Hudson, W. D., 62쪽

일반적으로는 그가 종교인인지 의심한다. "신은 존재한다"라고 하는 것
은 종교적 언어 밖 사실의 문제가 아니며, "신이 존재하지 않을 수 있
다"고 말하는 것은 종교적 언어놀이와 무관한, 즉 놀이의 장을 벗어나
그 놀이 규칙의 적용을 받지 않는 말이다. 마치 '모든 자는 길이를 가지
고 있다'라는 명제가 '자'의 용법과 규칙을 보여 주듯이, 종교적 언어
놀이 내에서 '신은 존재한다'라는 명제는 '신'이라는 낱말의 용법을 말
하고 있다.

> 신의 본질이 그 존재를 보증한다 — 즉 엄밀히 말하면, 여기서 존재는 문제
> 가 되지 않는다는 것이다. (『문화』170쪽)

'신은 존재한다'라는 명제는 문법적 명제이기에 신의 존재를 사실적인
것으로 이해하여 신의 실재성을 증명하려고 애쓰는 것은 헛수고이다.
종교를 가지고 있지 않다가 가지게 된 경우 혹은 그 역의 경우, 둘 다
변경된 상황이 사실적 대상의 유무에 의한 것이 아니다. 그렇다면 우리
는 이제 질문을 바꾸든지 없애야 한다. 질문을 없앤다는 것은 종교적
언어놀이 외부에서 질문하거나, 그 놀이를 하지 않는 사람들도 만족할
만한 답을 제시할 수 있는 것으로 보지 않는다는 것이며, 질문을 바꾼
다는 것은 그 질문과 질문 속 낱말이 어떻게 사용되는가를 보는 것이
다. "신"이라는 낱말을 어떻게 사용하고 있는지는 "누구를 생각하고 있
느냐가 아니라" "무엇을 생각하고 있느냐"와 관련된다(『문화』113-4쪽
원문 강조).

그런데 신과 관련된 종교적 언어들이 '신'이라는 낱말의 용법을 제
시한다면 그로부터 '신'이라는 낱말의 공통된 용법을 뽑아내 제시할 수
있지는 않을까? 이것이 종교 철학자들이나 신학자 혹은 그들의 영향을

받은 종교인들의 갈증을 풀어 줄 수 있지는 않을까? 이에 대해 비트겐
슈타인은 사례 모음 등과 같은 방식이 기술(記述)에 기여할 수는 있지
만(『문화』 170-1쪽 참조), 공통된 용법을 뽑아 하나로 제시할 수 있는
것은 없다고 한다. 낱말의 다양한 사용이 있을 뿐이다. 제임스 역시 유
사한 주장을 하고 있다.

> 하나의 특별한 그리고 본질적인 종류의 종교적 대상이란 없는 것으로 판명
> 되며, 하나의 특별한 그리고 본질적인 종류의 종교적 행위도 없는 것으로 보
> 인다.[60]

'신이 존재한다' 라는 명제는 종교 언어놀이가 가능하게 되는 토대로서
작용한다. 종교 언어놀이의 토대가 되는 명제를 의심하는 사람은 종교
언어놀이를 하는 사람으로 볼 수 없다. 언어놀이를 가능하게 하는 원초
적 명제를 의심한다면 그러한 언어놀이를 할 수 없기 때문이다. 뿐만
아니라 종교 언어놀이의 장 밖으로부터 종교 언어놀이의 정당성을 확
보하려는 것 역시 종교 언어놀이를 제대로 하는 것이 아니다. 비트겐슈
타인은 종교적 믿음을 과학의 문제로 보고 합리적인 것으로 만들려고
하는 사람은 종교가 아니라 미신을 믿고 있다고 말한다(『강의』 57-9쪽
참조)[61]. 진정한 종교인이라면 신의 존재를 이성적 논증을 통해 증명하
려고 하지 않는다. 그들에게 신의 존재는 너무나 명백한 것이기 때문이

---

60 James, 87쪽
61 비트겐슈타인은 오하라(O' Hara) 신부가 이러한 일을 하는 사람이라고 하면서, 그는 비합리적이며 바보 같아 보인다고 말한다. 오하라 신부가 어떤 활동을 했는지는 정확히 알 수 없지만, 『강의』에는 그가 *Science and Religion*에 관한 논문집에 기고한 것으로 나와 있다(『강의』 57쪽 참조).

다. 너무나 분명한 신의 존재 앞에서 살기만 하면 된다.

3.4 그림과 신학

종교에서 사용되는 낱말이나 명제가 경험적으로 이해될 수 없고 세계
에 대한 기술(記述)로 간주될 수 없다고 한다면 종교와 신학의 역할은
무엇인가? 비트겐슈타인은 종교를 일종의 "그림" 혹은 "지침서"라고
한다(『강의』 53-4쪽). 종교적 믿음을 가진 사람들은 항상 종교적 그림
에 호소한다. 종교적 그림은 그의 마음 앞에 있어 그의 모든 행동을 규
제하고 그의 삶 전체를 규제한다(『강의』 54쪽 참조). 종교가 그림을 사
용하는 것이라고 한다면 "신학은 그림을 사용하는 '기술(技術)'"[62]과 관
련된다. 문법이 말해진 것이 의미를 가지는지 가지지 않는지를 보여 줘
야 하듯이, "신학은 종교 속에서 말해진 것이 의미를 가지는지 가지지
않는지를 보여 줘야 한다."[63] 신학은 어떤 것이 신에 대해 말하는 것을
의미 있게 하는지를 결정한다. 따라서 기독교 신학자는 여러 삶의 문제
들을 신에 대한 기독교적 그림과 일관되게 하기 위해 애써야 하며 종교
적 그림을 사용하는 기술을 알려 줘야 한다.[64] 예를 들어 "신의 눈이 모
든 것을 본다"는 명제는 눈을 가진 신이라는 그림으로 사용된다. 이로
부터 "신의 눈썹은 짙은가?"라는 식의 질문을 하는 것은 앞의 명제를
종교적 그림으로 사용하는 방법이 아니며[65], 반면 "신의 눈은 모든 사람

---

62 Hudson, W. D., 58쪽
63 Hudson, W. D., 58쪽
64 허드슨은 신학자는 종교적 그림을 제시하는 것과 그 그림을 사용하는 기술에 관심
을 가지며, 철학자는 신학자가 제공하는 그림의 사용 지침서가 적절한지 예를 들면, 일
관성이 있는지 등을 조사하고, 이 기술의 '심층 문법'을 드러내야 한다고 말한다 (Hud-
son, W. D., 59-60쪽 참조).
65 이런 점에서 보면, 중세 신학자들 사이에 있었던 "바늘 끝에 천사가 몇이나 앉을

의 머리카락을 셀 수 있을 만큼 예리한가?"라고 묻는다면 이는 종교적 그림을 사용하는 방법이며, 종교적 신자들은 "예"라고 대답하는 것은 적절하다고 말하는 것,[66] 이것이 종교적 그림을 사용하는 방법을 알려주는 한 방법이다. 물론 종교적 그림을 사용할 수 있는 기술을 배워야 종교인이 되는 것은 아니다. 마치 "아이가 언어의 문법을 배우기 전에 모국어를 말하는 법을 배우는 것과 같이 종교에서도 대부분의 사람들은 신학자들이 제공하는 기술(技術)에 대한 정확한 정의를 요청하기 전에 먼저 그림을 사용하는 법을 배운다."[67] 종교적 그림에 대한 기술(技術)을 요청하기 전에 그림 사용법을 익히는 것은 종교적 언어놀이에 참여함으로써 가능하다. 종교적 언어놀이에 참여한다는 것은 만일 그 종교가 기독교라면 유신론적 삶의 형태를 특징짓는 것들, 예를 들어 유일신에 대한 담론 및 그와 관련된 경험, 행동, 삶의 형식 등을 공유하는 것이 포함될 것이다.

　이제까지 후기 비트겐슈타인의 종교관을 살펴보았다. 비트겐슈타인에 따르면, 제의적 행위는 세계에 대한 이해에 근거한 행위가 아니라 본능 행위이며, 종교적 행위는 제의적 본성에 따른 본능 행위에 뿌리를 둔 것이다. 이 때문에 제의적 행위나 종교적 행위는 설명의 대상이 아니라 그저 받아들여야 할 것이다. 종교적 언어 역시 종교적 행위와 마찬가지로 세계에 대한 보고나 이론이 아니다. 그래서 과학적 명제에 대한 잣대를 종교적 명제에 적용할 수 없다. 종교 언어는 종교 언어놀이

수 있는가?"라는 논쟁은 당시 신학자들이나 종교 철학자들이 종교가 무엇이며, 종교의 역할이 무엇인지, 그리고 자신들의 역할이 무엇인지에 대한 고민에서 얼마나 멀리 떨어져 있었는지를 단적으로 보여 준다.

66　Hudson, W. D., 52쪽 참조.

67　Hudson, W. D., 58-9쪽

내에서 의미 있으며, 종교 언어놀이 밖의 기준으로 종교 언어를 평가하는 것은 오류이기 때문이다. 종교는 삶의 지침서이고 그림인데, 이러한 그림을 어떻게 사용되어야 하는지를 보여 주는 것이 신학의 역할이다.

비트겐슈타인에게서의 기독교와 불교

이제까지 살펴본 비트겐슈타인의 전·후기 종교관은 특정 종교에만 해당되는 것이 아니다. 비트겐슈타인이 종교 언어나 종교 행위에 대해 피력한 주장들은 모든 종교에 해당된다. 그럼에도 그는 어떤 곳에서는 '종교'라는 개념을 '기독교'로 대체 가능하게 사용하기도 한다. 이 장에서는 비트겐슈타인이 종교에 대해 언급한 것 중 기독교에 해당되는 것을 살펴보려고 한다. 이러한 고찰은 기독교에 대한 그의 생각이 무엇인지 알게 할뿐만 아니라 그의 종교관을 이해하는 데도 도움이 될 것이며, 나아가 종교와 그의 사상 사이의 깊은 관계를 밝히는 데도 도움이 될 것이다.

  기독교에 대한 고찰이 비트겐슈타인이 기독교에 대해 피력한 것을 중심으로 살펴보는 것이라면 불교에 대한 고찰은 그의 후기 사상과의 유사점들을 살펴보는 것이다. 이렇게 논의의 성격이 달라지는 이유는 첫째, 비트겐슈타인이 불교에 대해서 직접적으로 언급한 것이 거의 없기 때문이며[1] 둘째, 실제로 그의 후기 사상이 여러 면에서 불교와 유사

---

1 거의 없다고 한 것은 「소견들」에서 프레이저의 견해를 비판하는 과정에서 언급한

한 특성을 띠고 있기 때문이다. 비록 직접 언급하지는 않았지만, 그의 후기 사상의 특징을 불교와 연관시켜 살펴보면 그의 사상이 불교와 얼마나 가까운지 알게 될 것이다.

1. 삶으로서의 종교, 기독교

비트겐슈타인의 글에서 '종교'라는 개념은 주로 기독교를 염두에 둔 것이다. 하지만 필자는 비트겐슈타인의 종교에 대한 견해를 굳이 기독교에 한정할 이유가 없다고 본다. 그가 서양에서 태어나 서양에서 자랐기 때문에 서양의 대표적인 종교인 기독교를 언급했지만 그가 만일 다른 문화권에서 살았다면 그 문화권의 주요 종교에 대해서 같은 기조의 발언을 했을 것이라고 보기 때문이다. 이는 그의 종교관을 살펴보면 알수 있다. 종교가 삶이 되어야 하고 삶과 괴리되어서는 안 된다는 이 장의 핵심 주장 역시 모든 종교에 해당되는 것이 분명하다. 하지만 그런 주장이 담긴 비트겐슈타인의 언급들은 대부분 기독교와 관련된다. 그러므로 여기서 이루어지는 종교에 대한 논의는 모든 종교에 대한 것이긴 하지만, 특히 기독교에 대한 논의가 될 것이다.

비트겐슈타인이 기독교를 어떻게 생각했었는지, 단적으로 말해 옹호했는지 비판했는지 명확히 단정하기 어렵다. 왜냐하면 그가 기독교에 대해 언급한 것들과 기독교에 대한 그의 태도들은 언뜻 보기에 일관성 없어 보이며 심지어 상반되어 보이기까지 하기 때문이다. 비트겐슈타인은 사제나 목사들을 못마땅히 여겼으며, 그의 지인들이 사제나 목사

적이 한 번은 있기 때문이다(「소견들」 38쪽 참조).

가 되려고 하는 것에 불만을 표시한다. 하지만 그는 한때 수도사가 되려고 했었다.[2] 또 그가 의례에 대해 비판적이긴 했지만, 모든 종교 의례를 거부한 것은 아니다. 기도, 부활절 예식, 미사, 영성체 등의 의례는 좋아했으며, 교회에서의 종교적 봉사를 중요하게 생각했다. 그리고 예수를 '주님'으로는 부를 수 없지만 '신'이나 '모범'으로는 부를 수 있다고 한다(『문화』 83-4쪽 참조). 심판과 기적은 믿지 않았으나 부활은 믿었다(『문화』 104, 84쪽 참조). 기독교가 역사적 진리에 기초하지 않는다고 하면서 기독교는 실제 일어난 사건에 대한 기술이라고 한다. 복음서는 선호하지만 바울의 서신서에 대한 시각은 곱지 않다.

그가 선호한 것과 비판한 것을 분석해 보면, 종교 및 종교적 행위가 정형화되었는지 아닌지 삶과 관계되어 있는지 아닌지가 핵심임을 알 수 있다. 사제나 목사가 되는 것은 반대하지만 스스로는 수도사가 되려고 한 것에서 그 차이가 명확히 드러난다. 수도사는 종교적인 삶을 위해 자신을 종교에 내어맡기는 자인데 반해 사제나 목사가 되는 것은 직업적인 종교인이 되는 것으로, 이는 생동감 넘쳐야 하는 종교적 삶이 화석처럼 정형화되는 전형적인 사례이다. 그는 지인들이 사제나 목사가 되려고 했을 때, '매주' 성경을 신학적이고 철학적으로 설교해야 하는 '끔찍함'을 지적하면서 반대하였다. 정형적으로 '매주' 그것도 신학적·철학적 '해석'을 덧붙인 '설교'를 해야 하는 것, 이런 식의 규격화된 행위는 삶의 현장 속에서 신의 숨결을 느끼는 종교적 삶과 거리가 있다. 그가 종교적인 삶을 살면서도 종교인이 되지 않는 것은 바로 이런 이유인 듯하다. 그는 정형화된 조직의 일원이 되기를 거부했다. 정형화된 종교는 인간의 실질적인 문제와는 떨어져 있다. 인간의 실질적

---

2 Monk, 322-3쪽 참조.

인 고통이나 삶과 괴리된 종교는 비트겐슈타인이 결코 받아들일 수 없는 것이었다. 그가 기독교에 호의적이었던 것은 기독교가 인간이 자신의 실질적인 삶의 문제, 고통의 문제를 해결하는 데 도움이 된다는 측면에서만 그러하다. 그런 의미에서 비트겐슈타인은 조력자로서 그리고 모범으로서의 예수를 존경하였고, 인간적인 면모가 드러나는 복음서를 좋아했으며, 자신의 삶을 잘 유지하는 데 도움이 될 종교적 의례를 열심히 이행했다. 종교 본연의 기능을 하는 종교는 절망에 사로잡힌 자, 고통 속에 있는 자에게 새로운 삶을 제공하며 삶의 방향을 제시한다. 이 때문에 비트겐슈타인은 기독교가 '삶으로서의 종교'이기를 촉구한다.

1.1 도움을 필요로 하는 자들의 종교, 기독교

비트겐슈타인의 종교관은 철저하게 삶과 연결되어 있다. 이것은 기독교에 대해서도 마찬가지이다. 몽크에 따르면 비트겐슈타인은 행복에 이르는 유일하고 확실한 길은 기독교라고 생각했는데, 그것은 그리스도가 삶에서 발생하는 고통을 감당할 수 있게 하는 태도를 보여 주기 때문이다.[3] 이는 비트겐슈타인이, 예수를 '모범' 혹은 '신'이라고도 부를 수 있고 언제 그렇게 불리는지도 알지만 '주님'이라고는 부를 수 없다고 한 것에서도 드러난다. 예수를 '신'이나 '모범'이라고 하는 것과 '주님'이라고 하는 것에는 어떤 차이가 있는가? '신'은 삶을 어떻게 살아야 하는지 명령하고 '모범'은 어떤 삶이 바람직한 삶인지 보여 준다. 하지만 '주님'은 군이 치열하게 노력하지 않고도 구원받을 수 있게 하는 존재, 인간의 삶을 수동적으로 만드는 존재이다. 비트겐슈타인의 기

---

3 Monk, 174쪽 참조.

질상 자신의 삶을 수동적으로 만드는 것은 어떤 것이라도 거부했을 것
이다. 왜냐하면 비트겐슈타인은 항상 자신에게 주어진 문제를 회피하
지 않고 당당히 맞서 감당하려고 했기 때문이다.[4]

> 기독교적 믿음은 — 내 생각에는 — 이러한 최고의 고난 속으로의 도피이다.
> 이 고난 속에서 자기의 가슴을 오므리지 않고 여는 사람은 그 치료 수단을
> 가슴속에 받아들인다. (『문화』 105쪽 원문 강조)

고난 속에서 가슴을 웅크리지 않고 여는 사람은 고난을 당당히 맞서는
사람이며 고난에 꺾이지 않고 끝까지 최선을 다하는 사람이다. 비트겐
슈타인은 이러한 사람들에게 치료 수단이 주어진다고 생각했다. 이런
점을 고려한다면 '어떠어떠하게 살라!'는 신적 명령은 받아들일 만하
고, 어떤 태도로 삶을 살아야 하는지를 보여 주는 모범은 적극적으로
수용할 만한데 반해, 자신의 삶을 수동적으로 만드는 '주님'이라는 개
념은 받아들일 수 없었을 것이다. 비트겐슈타인이 주기도문을 좋아한
것도 동일한 이유일 것이다.[5] 주기도문에는 주의 이름을 거룩히 하는
것, 주의 나라가 이루어지는 것 다음으로 일용할 양식의 문제, 죄의 문
제, 시험(유혹)에 빠지는 문제 등이 담겨 있는데, 이러한 주기도문의 내
용은 우리의 실질적인 삶, 우리 삶의 근원적인 부분에 관한 것이기 때

---

4 비트겐슈타인은 자신의 무릎이 뻣뻣하기 때문에 기도하기 위해 무릎을 꿇을 수 없
다고 한다. 그러고서는 파멸되는 것이 두려워 약해질 수 없다고 한다(『문화』 123쪽 참
조). 이런 문구는 비트겐슈타인이 삶을 소극적이거나 수동적이 아니라 치열하게 살았
을 것이라는 인상을 준다. 실제로 그의 삶은 그가 문제를 회피하거나 문제에 대해 수동
적인 태도를 취한 적이 없음을 보여 준다.
5 비트겐슈타인은 주기도문이 글로 쓰여진 기도문 중 가장 훌륭한 기도문이라고 한다
(RW 94쪽 참조).

문이다.

삶의 문제를 대하는 태도는 이론으로 제시될 수 있는 것이 아니다. 이 때문에 비트겐슈타인은 기독교에 관해 이러저러한 이론을 제시하려는 것은 종교적인 태도가 아니고 미신이라고 한다.[6] 예정설도 동일한 맥락 속에서 이해될 수 있다(『문화』 78쪽 참조). 비트겐슈타인에 따르면 예정설은 무서운 고뇌하에서 나오는 것이다. 삶의 고뇌하에 있는 이들에게는 고뇌의 끝이 예정되어 있다는 말, 궁극적으로 고뇌에서 해방될 것이라는 말이 구원이 된다. 그래서 예정설은 이론이 아니라 고통 속에 말하는 것인 한에서의 진리이며, 한숨이며, 절규이다(『문화』 78쪽 참조). 이러한 비트겐슈타인의 견해에 따르면, 예정설의 진위 여부를 따지려는 비신앙인들뿐만 아니라 예정설을 이론화하려는 기독교도들이나 신학자들 역시 예정설을 알지 못하는 자들이다. 그래서 비트겐슈타인은 바울의 예정설[7]에 대한 가르침을 무신앙심이며 불쾌한 헛소리라고 한다(『문화』 82쪽 참조).

어떤 사람이 이렇게 배웠다고 생각해 보라: 당신이 이러이러한 일을 하고

---

6 비트겐슈타인은 드루리의 종교적 이념은 성경적이라기보다는 그리스적인데 반해, 자신은 100% 히브리적이라고 하는데(RW 161쪽 참조), 몽크에 따르면, 비트겐슈타인이 말하는 히브리적 종교관의 핵심은 철학과 종교의 엄격한 분리이다(Monk, 765쪽 참조).

7 바울의 예정설은 에베소서(1장 4-5절; 8-11절; 3장 11-12절)에 나와 있는데, 이것은 모두, 태초에 하느님이 우리를 그의 아들이 되게 예정하셨기에 우리의 의지나 우리의 노력과 무관하게 하느님의 아들이 되었다고 말하고 있다. 이런 바울의 예정설은 신의 백성이 되는 것은 개인의 삶과 행위들에 의한 것이 아니라 전적으로 신의 은총에 의존한다는 것을 보여 준다. 그런데 이것은 종교적 삶이 윤리적이어야 하며, 윤리적인 삶을 살아야 신을 믿는 것이라고 생각했던 비트겐슈타인에게는 받아들이기 어려운 주장이었을 것이다.

이러이러하게 살면 당신이 죽은 후에 당신을 영원한 고통의 장소로 데려갈 존재가 존재한다; 대부분의 사람들은 그곳으로 가며, 소수의 사람들은 영원한 기쁨의 장소로 간다. — 저 존재는 좋은 장소로 가야 될 사람들을 미리부터 정선하였다; 그리고 특정한 종류의 삶을 영위한 사람들만이 고통의 장소로 가기 때문에, 이런 종류의 삶을 살도록 규정된 다른 사람들도 또한 미리부터 정선하였다. (『문화』 167-8쪽)

이러한 가르침에 따르면 좋은 장소로 가야 될 사람들도, 고통의 장소로 가야 할 사람이 특정한 삶을 사는 것도 미리 정해져 있다. 비트겐슈타인이 보기에 이것은 종교적 "형벌이 아니라 오히려 일종의 자연 법칙성"(『문화』 168쪽)이다. 이것은 예정설을 이론으로 이해한 것으로 이런 식의 묘사는 믿음이 아니라 절망이나 불신만 야기한다(『문화』 168쪽 참조). 인간이 유혹의 강렬함과 본성의 나약함 사이에서 유혹을 이겨 내거나 유혹에 빠지게 창조되었다고 한다면 신은 누구도 심판할 수 없다(『문화』 177쪽 참조). 인간은 이미 그렇게 행동하도록 창조되었기 때문이다. 인간이 두 힘 — 유혹의 힘과 본성의 힘 — 의 결과로 승리하거나 몰락하도록 예정되어 있다는 것은 종교적 사고가 아니라 과학적 가설이다. 종교적 삶은 과학 이론을 따르듯 정해진 틀 안에서 정해진 궤도를 밟는 것이 아니다.

만일 당신이 종교적인 것에 머물러 있고자 한다면, 당신은 **투쟁**해야 한다. (『문화』 177쪽 원문 강조)

종교적인 삶은 매 순간 끊임없이 고군분투하는 삶, 치열한 투쟁의 삶이다. 한순간도 안이하게 안주할 수 없으며 매 순간 두렵고 떨리는 마음으로 신 앞에서 사는, 각고의 노력이 요구되는 삶, 정해진 길을 따르는 수동적인 삶이 아니라 매 순간 적극적으로 '살아 내어야 할 삶'이다.

'종교적이라면 이론적으로 정형화되는 것과 거리가 있어야 한다'는 것은 비트겐슈타인의 신관(神觀)을 통해서도 알 수 있다. 사실 자신의 신관에 대해 언급한 바가 없기 때문에 그의 신관이 무엇인지는 정확하지 않다. 하지만 적어도 기존 종교에서 말하는 신관이 아니라는 것은 분명하다. 그 근거는 모간[8] 목사와의 대화에 있다. 모간이 비트겐슈타인에게 신을 믿는지 물었을 때, 비트겐슈타인은 신을 믿는다고 말하면서 "하지만 당신이 믿는 것과 내가 믿는 것 사이의 차이는 무한할 정도로 다를지도 모"른다고 말한다.[9] 이 대화에 따르면, 비트겐슈타인이 믿는 신은 기존의 종교 — 예를 들어 감리교 — 에서 말하는 신과는 다른 신이다. 가톨릭에서 말하는 신도 아니었을 것이다. 왜냐하면 비트겐슈타인은 가톨릭교도로 개종한 자신의 친구들에게 그들이 믿는 것을 자신도 믿게 만드는 것은 없다고 하고 있기 때문이다.[10] 그렇다면 다른 종교의 신은 어떤가? 예를 들어 이슬람교나 힌두교에서 말하는 신? 아마도 아니었을 것이다. 비트겐슈타인은 존재자의 존재를 보여 주고 신에 대한 믿음에 이르게 하는 것은 다양한 종류의 경험들, 다양한 종류의 고통들이며, 삶을 통해 신의 존재를 확신할 수 있다고 한다(『문화』 175-6쪽 참조). 다시 말해 신의 존재는 다양한 경험과 고통을 통해 확신할 수 있는 것이지 이론적 증명이나 규정으로 알 수 있는 것이 아니다. 이는 어떤 종류의 정형화된 신 개념도 비트겐슈타인의 신관이 될

---

8 감리교 목사. 비트겐슈타인이 이차 세계 대전 중 케임브리지로 돌아가지 않고 연구하기 위해 스완시에 머물 때 묵었던 집 주인.
9 Monk, 662쪽
10 Monk, 662쪽 참조.

수 없다는 것을 보여 준다.

기독교를 삶의 문제, 고통의 문제와 관련된 것으로 이해한다면 기독교를 필요로 하는 사람은 무한한 도움을 필요로 하는 자이다. 그래서 기독교는 무한한 도움을 필요로 하는 자들의 종교, 무한한 고난을 느끼는 자를 위한 종교이다(『문화』 105쪽 참조). 비트겐슈타인은 예수가 심판하러 온다는 것은 믿지 않았지만 부활은 믿으려 했다. 비트겐슈타인은 만일 예수가 부활하지 않았다면 사람들을 "더 이상 도와줄 수 없다"(『문화』 84쪽)고 생각했는데, 그것은 그가 예수를 돕는 자로 여겼기 때문이다. 예수가 부활하지 않았다고 한다면 사람들은 고아와 과부와 같이 버려지게 된다. 자신이 버림받았다고 느끼는 것, 이것은 최고의 고난이다(『문화』 106쪽 참조). 예수가 부활하여 사람들을 버려진 상태로 두지 않았다는 믿음은 고난 속으로의 도피이며, 그래서 기독교는 도피처이다(『문화』 105쪽 참조).

비트겐슈타인은 부활은 믿었지만 심판과 기적은 믿을 수 없었다(『문화』 84, 104쪽 참조). 비트겐슈타인에게서 심판은 부활보다 중요한 것이 아니다. 심판하러 오는 예수는 더 이상 조력자로서의 예수가 아니기 때문이다. 또, 심판은 내가 어떻게 살았는지에 대한 평가인데, 그런 점에서 비트겐슈타인에게 심판은 의미 없다. 그는 항상 신 앞에서 살려고 했기 때문이다.[11] 그는 말년에 드루리에게 다음과 같이 말한다.

내가 오래 살지 못한다는 것을 알면서도 '미래의 삶'에 대해 전혀 생각하지

---

11 "롱펠로: 이전의 예술 시대에,/ 건축가들은 대단히 조심스럽게 일하였다네/ 매 순간과 보이지 않는 부분을./ 왜냐하면 신들은 어디에나 있기 때문이라네. (이는 나에게 하나의 모토로 쓰일 수 있으리라.)"(『문화』 86쪽). 이 글은 비트겐슈타인이 신 앞에서 살려고 했다는 것 혹은 적어도 신 앞에서 살고 싶어 했다는 것을 보여 준다.

않고 있다는 것이 호기심을 끌지 않는가? 나의 모든 관심은 이 생애와 아직까지 내가 할 수 있는 글쓰기야. (RW 169쪽 필자 강조)

비트겐슈타인에게 종교는 '지금, 여기서'의 삶에 영향을 미치는 것이어야 했다. 그에게 '사후'는, 그것이 있건 없건, 중요한 것이 아니며 따라서 심판이라는 개념은 비트겐슈타인에게는 "아무것도 말해 주는 바가 없"다(『문화』 84쪽). 만일 그에게 심판이 의미 있다면 사후의 심판이 아니라 현재 삶 속에서의 심판으로서일 것이다. 삶의 매 순간 신 앞에서 살려고 하는 사람에게는 그렇게 되지 못한 그 순간, 그렇게 되지 못한 행동 그 자체가 바로 심판과 같은 고통이기 때문이다. 만일 그가 "전혀 다른 삶"을 산다면, 예를 들어 신 앞에 살지 않는 삶, 종교적 그림에 호소하지 않는 삶을 산다면 심판은 "뭔가를 말해 줄 수 있을 것이다"(『문화』 84쪽 원문 강조). 그러므로 심판은 종교적인 삶을 사는 이들에게는 아무 소용없는 것이며 오히려 종교적인 삶을 살지 않는 이에게 두려운 것이다. 진정한 종교인이라면 심판을 두려워할 이유가 없으며, 굳이 심판이 있다고 믿을 이유도 없다. 매 순간 신 앞에서는 살려고 하는 자들은 실제로 사후에 심판이 있다 하더라도, 그리고 자신이 심판 기준에 미치지 못해 나쁜 결과를 맞게 되더라도 그저 그 결과를 조용히 받아들일 것이 분명하다. 그는 최선을 다했고 그 뿐이다. 그가 종교적인 삶을 사는 것은 지금 여기서의 삶을 위한 것이지 예를 들어 사후의 삶이나 보상을 위한 것이 아니기 때문이다.[12]

---

12 이러한 이유로 비트겐슈타인은 희생을 치르고서 우쭐해 한다면 그 희생과 더불어 저주받을 거라고 한다(『문화』 70쪽 참조). 희생을 치르고서 우쭐해 하는 것, '희생했다'고 생각하는 것 그 자체는 일종의 심리적 보상이다. 불교에서는 '했다는 마음조차 갖지 말라'고 한다.

기적도 같은 맥락에서 이해될 수 있다. 만일 기독교가 기적을 통해 사람들을 놀라움에 사로잡히게 한다면, 혹은 기적적 사건의 숭고함에 사로잡히게 한다면, 그래서 기독교를 믿게 한다면 이는 비트겐슈타인으로서는 받아들일 수 없는 것이다. 삶을 살아가는 데 조력자로서의 역할을 하는 것이 아니라 우리들을 수동적으로 만들고 무기력하게 만들수 있는 이런 기적 개념은 비트겐슈타인으로서는 당연히 믿을 수 없었다. 만일 누군가가 예수가 기적으로 사람을 돕는다고 말한다고 하더라도 이 역시 비트겐슈타인에게서는 받아들일 수 없는 것이다. 기적으로 다른 사람을 돕는다는 것은 비트겐슈타인이 기대하는 신적 도움이 아니다. 비트겐슈타인은 사람들이 스스로의 삶을 살아 나가는 것을 돕는 자로서의 예수를 이해한 것이지, 아무것도 하지 않고 그저 도움만 바라는 자를 돕는 자로 예수를 본 것이 아니다. 진정으로 자신이 병든 자이며 가련하다는 것을 알고(『문화』 103, 104쪽 참조) 도움을 요청하며, 받은 도움으로 자신의 삶을 힘껏 살아 내는 삶, 이것이 비트겐슈타인이 생각한 종교적인 삶이다.

1.2 삶으로 드러나는 믿음

기독교가 삶으로서의 종교라면 당연히 성경은 실제로 일어난 일을 기술한 것일 게다.

> 기독교는 …… 인간의 삶 속에서 일어나는 실제 사건에 대한 하나의 기술이다. (『문화』 73쪽)

죄의 고백도 실제 일어난 사건이며, 절망도 실제 일어난 사건이고 구원역시 실제 일어난 사건이다. 그것을 기술하는 사람은 다른 사람들이 뭐라 하던지 자신들에게 일어난 사건을 기술할 뿐이다. 기독교는 역사적 소식(Nachricht, narrative)을 주고서는 "이제 믿으라! 그러나 역사적 소식에 합당한 믿음으로써 이 소식을 믿으라는 것이 아니라, — 오히려: 만사를 제치고 믿으라"(『문화』 82쪽)고 말한다. 만사를 제치고 믿는다는 것은 믿음이 합리적인 근거와 무관하다는 것을 뜻한다. 왜냐하면 기독교는 역사적 진리(Wahrheit, truth)에 기초하지 않기 때문이다 (『문화』 82쪽 참조). 역사적 소식은 거짓으로 증명될 수도 있다(『문화』 83쪽 참조). 하지만 그렇다고 신앙이 상실하는 것은 없다. 신앙은 보편적 이성과 관계없기 때문이다. 사람들은 역사적 소식 — 복음 — 을 이성이 아니라 신앙으로 움켜잡는다. 비트겐슈타인이 보기에 "이것이 '진리-라고-여김'의 확신이다"(『문화』 83쪽). 신자가 복음에 대해 지니는 관계는 역사적 진리에 대한 관계도 아니고 이성의 진리들로 이루어진 이론에 대한 관계도 아니다. "그런 게 있다"(『문화』 83쪽). 그래서 종교적 믿음은 근거 없는 믿음이다. 더 정확하게 말하면 종교적 믿음은 근거를 제시할 수 없는 믿음이다. 근거를 제시할 수 없는 믿음이지만 그 믿음은 삶에서 결과로 드러난다(『문화』 82쪽 참조). 어떤 결과? 복을 많이 받은 것? 그렇다. 믿으면 복을 받는다. 다만, 그 복은 재산이 많아진다든지 사회적 지위가 높아진다든지 권력을 얻는 등과 같은 종류가 아니다. 예수의 말에 의하면 어쩌면 이런 것들은 복이 아니라 저주가 될 것이다. 예수는 약대가 바늘귀로 들어가는 것이 부자가 하느님의 나라에 들어가는 것보다 쉽다고 했다. 재산이 많아지는 것이 복이 아니라 화가 된다. 권력자들과 부자들에 대한 경고의 메시지는 신구약 성경 도처에서 찾을 수 있다.

그렇다면 믿음이 삶의 결과로 나타나는 것은 어떤 것인가? 새로운 삶이다(『문화』 48, 84, 118, 119쪽 참조). 새로운 삶은 방향이 바뀐 삶이며 정돈된 삶이다(『문화』118쪽 참조). 삶의 방향을 바꾸게 되는 것은 어딘가에 사로잡혔을 때이다. 사람들은 훌륭한 가르침을 따를 수는 있지만 그것에 사로잡히지는 않는다(『문화』118-9쪽 참조). 지혜로는 삶의 방향을 바꿀 수 없고 삶을 정돈할 수 없지만 믿음과 믿음에의 열정은 다르다(『문화』118-9쪽 참조). 종교는 "하나의 좌표 체계"(『문화』138쪽)로써, 믿음은 삶의 한 방식, 즉 하나의 좌표 체계를 선택하는 자기 결단이다. 그래서 종교적 믿음을 가르치는 것은 삶의 준거 체계의 묘사이고 기술이며, 가르침을 받는 사람이 스스로 준거 체계를 열정적으로 움켜잡게 해 주는 것이어야 한다. 자신의 절망적인 상황을 보게 하고 구원의 닻을 제시하는 것, 그 후 그것에 돌진하여 붙잡게 하는 것, 이것이 종교적 믿음을 가르치는 것이다(『문화』138쪽 참조).

구원을 받고 구원에 매달려 있으면(구원을 유지하면) 신앙에 매달려 있는 것이다(『문화』84-85쪽 참조). 이것은 지상에 의존하지 않고 천국에 매달려 있을 때 일어날 수 있다. 천국에 매달려 있을 때, 즉 신앙에 매달려 있을 때 모든 것이 달라진다. 매달려 있는 사람이 서 있는 사람처럼 보일 수도 있다. 하지만 그 사람 속에서 작용하는 힘은 전혀 다르다. 겉으로 보기에는 서 있는 사람과 차이가 없어 보이나 그의 속에는 전혀 다른 힘이 있으며 그래서 전혀 다른 것을 할 수 있다(『문화』85쪽 참조). 이러한 이유로 비트겐슈타인은 성실한 종교 사상가는 줄 타는 광대와 같다고 한다(『문화』154쪽 참조). 줄타기 광대는 겉으로는 공기 위에서 걸어가는 듯이 보이나 실제로는 줄 위를 걷는다. 이런 일들이 종교인들에게 가능하다. 종교인들은 겉으로는 위태해 보이나 아주 안정적으로 인생 길을 걸어가며, 위험한 상황 속에서도 내부에 있는 전혀 다른 힘으로 비종교인들과는 다른 일을 해낼 수 있다.

〈십자가의 원판〉이라는 연극을 보고서, 정확히 말하면 등장인물 중

한 사람이 이 세상에 무슨 일이 일어나든 자신에게는 나쁜 일이 일어날
수 없다고 한 대사, 즉 자신의 삶은 운명과 환경으로부터 독립적이라는
말에서 비트겐슈타인은 아주 놀랐고, 종교의 가능성을 보았다.[13] 그 후
비트겐슈타인은 '절대적으로 안전한 느낌'을 종교적 경험의 전형으로
간주한다. 절대적으로 안전한 느낌, 운명과 환경으로부터 독립된 삶을
살게 하는 것, 즉 고난과 고통 속에서도 절대적으로 안전한 느낌을 주
는 것, 이것이 비트겐슈타인이 생각한 종교이다. 그래서 종교는 고요함
이며 평정이다(『문화』 119쪽 참조).[14] 종교는 수면의 파도가 거칠어도
고요함을 유지하는 심해의 밑바닥이다. 종교는 무슨 일이 일어나도 불
안하지 않을 수 있는 용기를 주는 것, 근심과 불안을 제거하는 것이다.[15]
이 때문에 "진실로 종교적인 사람에게는 어떤 것도 비극이 아니다"(RW
107쪽).

　종교가 삶과 깊은 관련을 맺고 있다면 신과의 관계는 오직 자신만 알
수 있다. 드루리가 목사가 되어 자신이 가진 믿음을 다른 사람들과 나
누면 행복할 거라고 말하자, 비트겐슈타인은 "너의 믿음은 너와 신만의
문제라는 것을 확신해라!"(RW 102쪽)고 말한다. 믿음은 신과 나만의
관계이다. 이 때문에 비트겐슈타인은 신이 다른 사람들과 이야기하는
것을 들을 수 없고 자신에게 말을 걸어왔을 때만 신의 말을 들을 수 있
다고 한다(『쪽지』 §717 참조). 신이 다른 사람에게 말하는 것은 들을

13　Monk, 83쪽 참조.
14　종교가 고요함이며 평온함이긴 하지만 고요함과 평온함을 추구하는 것은 종교적
인 태도가 아니다. "종교적인 사람은 평온함이나 평화를 우리가 찾아야 할 어떤 것으로
가 아니라 하늘로부터 온 선물이라고 여긴다"(RW 96쪽)고 비트겐슈타인은 말하고 있
다. 평온, 고요 등은 추구함으로써가 아니라 종교를 가짐으로써 자연스럽게 얻게 되는
선물이다.
15　Monk, 104쪽 참조.

수 없고 오직 자신에게 하는 말만 들을 수 있다고 하는 것은 "하나의 문법적 소견이다"(『쪽지』§717). 이것은 예를 들어, '신이 모세에게 말했다'는 말이나 '오늘 아침 새들의 지저귐 속에서 신의 음성을 들었어!'라는 표현에 근거를 요구하거나 객관적 자료를 요구할 수 없다는 말이며, '신의 음성을 듣는다'는 신과 자신과의 관계로, 다른 사람은 내게 말하는 신의 음성을 들을 수 없다는 문법이라는 말이다. 그것은 그렇게 쓰인다. 신과의 관계는 자신만이 알 수 있다고 해서 그리고 신이 누군가에게 하는 말은 들을 수 없고 오직 자신에게 하는 말만 들을 수 있다고 해서 유아주의로 해석할 수는 없다. 왜냐하면 우리는 교육을 통해 신에 대해서 배우기 때문이다(『문화』176쪽 참조). 종교적 믿음은 가르쳐진다(『문화』138쪽 참조).

교육은 삶을 통해 이루어지며, 교육이 제대로 된 것인지도 삶을 통해 확인된다. 종교적 언어 역시 "하나의 낱말이 어떻게 되느냐는 단지 말만으로 말해지지 않"(『쪽지』§144)으며 실천에서 뜻이 나온다(『문화』175쪽 참조). 신의 존재는 신을 믿는 자들의 삶에서 드러난다(『문화』175-6쪽 참조). 신이라는 낱말의 사용, 신이라는 낱말의 의미는 누구를 생각하는가가 아니라 그 낱말로 무엇을 생각하고 있는가, 즉 세계가 어떠하며 그래서 어떤 삶을 살 것인가에 있다(『문화』113-4쪽 참조). 그래서 "신의 본질이 그 존재를 보증한다"(『문화』170쪽)는 말은 신 존재 증명을 하는 것이 아니라 오히려 존재가 전혀 문제가 되지 않는다는 것을 뜻한다(『문화』170쪽 참조).[16] 중요한 것은 말이 아니라 말이 삶의

---

16 비트겐슈타인은 만일 신의 존재를 이성으로 증명할 수 있는 것으로 여긴다면, 그래서 "신을 나와 같은, 나의 외부에 있고, 무한히 더 강력한 또 다른 존재라고 여긴다면"(RW 108쪽), 자신의 임무는 그를 무시하는 것이라고 할 정도이다(RW 108쪽 참조).

다양한 장소에서 만들어 내는 차이이다. 두 사람이 똑같이 신을 믿는다고 할 때 둘의 동일성은 삶에 대한 태도와 실천을 통해 알 수 있다.

삶으로서의 종교라는 견해는 종교가 교육에서 중요한 역할을 한다는 비트겐슈타인의 주장에 의해서도 뒷받침된다. 비트겐슈타인이 오테르탈[17] 학교에 있을 때, 그는 자신의 학생들과 매일 기도했다.[18] 그는 날마다 기도함으로써 자연스럽게 종교적 삶에 익숙하게 되고, 이런 종교적 삶은 궁극적으로 삶을 바꾸어 놓을 것으로 기대했다. 실제로 비트겐슈타인은 학생들에게 성경을 읽힘으로써 그들의 영혼을 개선시키고 싶어 했다.[19]

비트겐슈타인은 사제나 목사에 대해서는 대체로 반감을 가지고 있었지만 종교 의식에 참여하거나 종교적인 봉사(service)를 하는 것은 중요하게 생각했다. 한번은, 드루리에게 사제가 되려는 것은 막았지만 그렇다고 종교적 봉사조차 하지 말라는 말은 아니라고 말하면서 봉사를 권하기도 했다. 그는 부활절 달걀 선물하기, 성금요일에 금식하고 침묵하기, 영성체 참여하기, 미사 참여하기 등의 종교적 의식들을 좋아했다 (RW 129, 131쪽 참조). 이런 특이한 태도, 즉 사제나 목사가 되려는 것은 비난하고 경멸하면서도 종교적 의식과 종교적 봉사에는 긍정적이고

---

17 1924년 9월부터 교사 생활을 한 초등학교. 공식적으로 그가 부임한 네 번째 학교이다(Monk, 310쪽 참조).

18 교장인 푸트레는 기도는 립서비스라고 하면서 학교에서 기도하는 것을 막으려 했던 반면, 비트겐슈타인은 푸트레의 의견에 반대하며 학생들에게 매일 기도하게 하게 했다. 이 문제를 제외하고는 두 사람의 관계는 '절친한 사이'였다(Monk, 311쪽 참조).

19 Monk, 270쪽 참조. 비트겐슈타인은 교육은 학생들의 외부적 조건을 개선시키는 것, 즉 가난에서 벗어나 도시에서의 좀 더 나은 삶을 위한 수단이 아니라 내적으로 개선시키고 삶의 차원을 높이는 것이어야 한다고 생각했다. 그래서 학생들의 지능을 개발시키거나 고전을 통해 문화의식을 확장시키려고 했다(Monk, 270쪽 참조). 비엔나에서의 연극 관람을 계획한 것도 이런 그의 교육관에 따른 것이다(Monk, 290쪽 참조).

적극적인 것 역시 삶으로서의 종교라는 관점에서 이해될 수 있다. 종교적 행위와 봉사는 삶을 고양시키는 것이며 종교적인 삶을 살게 되면 자연스럽게 행해지는 것인데 반해, 직업적으로 종교인이 된다는 것은 구체적인 삶의 현장과는 다소 거리가 있는 정형화된 종교 활동을 해야 한다는 것을 뜻하며, 이렇게 정형화된 종교 활동은 종교에 대한 이론적 설명, 교리 등을 토대로 한다. 비트겐슈타인은 설교를 삶에서 경험한 신에 대한 간증이 아니라 성경을 철학적이고 신학적으로 해석하는 것으로 보았다. 성경에 대한 이런 식의 해석은 종교적이지 않으며 삶 속에서 만나는 신, 즉 절대적인 것의 경험과 무관하다.

종교를 삶으로서의 종교라고 한다면 서로 다른 문화권의 사람들이 서로 다른 종교적 형태를 띠는 것이 문제되지 않는다. 어떤 문화권의 사람들은 예수에 대해 전혀 들어 보지 못했을 수 있다. 그렇다고 그들이 구원을 받지 못한 것일까? 비트겐슈타인은 "종교적 광기는 무종교성에서 나오는 광기"(『문화』 47쪽)라고 말한다. 그는 무엇을 종교적 광기로 보았는가? 비트겐슈타인은 "만일 우리가 그리스도에 관하여 들어 본 적이 없다면, 우리는 어떤 느낌을 지닐까?"라고 묻고는 "우리는 암흑과 버림받음의 느낌을 지닐까?"라고 말한다. 통상적인 비트겐슈타인의 글 읽기 방식에 따르면, 아니라는 말이다. 다시 말해 그리스도에 관해 들어 본 적이 없다면 암흑의 느낌과 버림받음의 느낌을 가지지 않는다는 것이다. 비트겐슈타인은 이런 문구들을 앞세우고 마지막으로 "종교적 광기는 무종교성에서 나오는 광기"라고 언급한다. 다른 종교를 가진 자들, 여기서는 그리스도에 관해 들어 본 적이 없는 자들은 어둠 속에 있으며, 버림받았다는 느낌을 가질 것이라고 생각하는 것은 기독교도들이다. 기독교인들은 비기독교인들이 버림받았다는 고통과 암흑 속에 있을 것이라고 생각해 비기독교인들을 구원하기 위해 기독교를 전파하거나 그들을 동정한다. 순전히 자신들의 관점에 근거한 이런 식의 행동은 비트겐슈티인이 보기에 송교적 광기에 해당한다. 그리고 이런 종교적 광기는 무종교성이다. 동일한 맥락에서 코르시카 도적들에 대한 언급을 이해해 볼 수 있다.

> 코르시카 도적들의 사진들을 보고 나는 생각해 본다: 그 얼굴들은 너무나 딱딱하고 내 얼굴은 너무나 부드러워서, 거기에 관해 기독교는 글을 쓸 수가 없을 지경이다. 그 도적들의 얼굴은 보기에 무시무시하다. 그렇지만 그들이 좋은 삶으로부터 나보다 확실히 더 멀리 떨어져 있는 것은 아니다: 그들은 단지 동일한 삶에서 나오는 다른 쪽에 놓여 있을 뿐이다. (『문화』 48쪽)

코르시카 도적들의 얼굴이 무시무시하고 딱딱하다고 해서 그들이 자신보다 더 좋은 삶을 살지 않는다고 할 수 없다. 왜소한 시대가 "자기 고유의 추한 방식으로 다른 모든 시대를 오해"(『문화』 176쪽)하듯 종교적 광기에 사로잡힌 협소하고 왜곡된 종교 이해는 다른 종교를 자신의 방식대로 오해한다. 단지 그들은 다른 쪽에 놓여 다른 삶을 살고 있을 뿐이다.

1.3 삶의 규칙으로서의 성경

종교가 구체적인 삶과 관련된다면 그래서 바람직한 삶의 방향을 제시하는 것과 관련된다면 성경은 바람직한 삶에 대한 지침서가 되어야 한다. 신은 성경을 통해 바람직한 삶의 기준을 제시하고서 그의 백성에게 그와 같이 살기를 기대했다. 만일 그렇다면 신은 당연히 삶의 기준과 그 기준을 따르라는 명령을 누구나 알아들을 수 있도록 썼을 것이다. 그렇지 않고 평범한 사람들이 알 수 없는 난해한 수수께끼로 제시했다

면 사람들이 잘못 알아들었다거나 이해할 수 없었다는 식의 핑계를 댈
수 있기 때문이다. 따라서 성경은 보통 사람들이 이해할 수 없는 난해
한 수수께끼로 제시되었을 리가 없다(『문화』 80쪽 참조). 신의 명령은
수수께끼가 아니며, 성경은 수수께끼 풀이집이 아니다. 성경의 보고는
통상적인 역사적 개연성 이상[20]을 갖지 않는다. 이는 이 보고가 본질적
인 혹은 결정적인 것으로 간주되지 않게 하기 위해 필요한 방식이며,
문자를 정도 이상으로 믿지 않게 하기 위해 필요한 방식이다. 본질적인
것 혹은 결정적인 것으로 간주되지 않게 하는 가장 좋은 서술 방식은
평범하게 표현하는 것이다(『문화』 81쪽 참조). 마치 단순하고 평범한
장식이 관객의 주의를 빼앗는 세련되고 화려한 극장 장식보다 나은 것
과 마찬가지이다. 초점에서 비켜나게 하는 것은 오히려 해가 된다. 그
런데 오늘날 신학자들과 종교 철학자들은 성경 속의 표현들에 지나치
게 몰두한다. 아니 정확히는 잘못 본다. 역사적 개연성 정도로 이해해
야 하는데, 그 이상으로 의미를 부여하는 것은 복음서의 보고들에서 본
질적인 무엇이 있는 양, 그것이 결정적인 것인 양 파고드는 것이다. 그
래서 얻는 것은 본래 복음서 저자들이 전달하고자 하는 바가 아니다.
오히려 초점에서 비껴나서 관념적이고 추상적인 결론에 이른다. 일상
적인 삶을 살아가는 사람들에게는 오히려 그런 결론들이 어색하다. 복

---

20 앞서 언급된 '역사적 진리', '역사적 소식'이라는 표현과 더불어 '역사적 개연성'
이라는 표현은 다소 혼동을 야기할 수 있는 표현이다. 비트겐슈타인의 말을 살펴보면,
'역사적 진리'라는 것은 진위 여부를 가릴 수 있는 것이며(예를 들어, '나폴레옹이
1821년 세인트헬레나 섬에서 죽었다'는 것과 같은 것), '역사적 소식'은 사실이나 역
사학자들이 접근할 수 있는 그런 식의 사실이 아닌 것이며(예를 들면, 버니언에게 일어
났던 종교적 경험), '역사적 개연성'은 후자와 유사한 개념이라고 볼 수 있다. '개연성'
이라는 말을 쓴 이유는 심오하고 그래서 학식이 많은 사람들만이 이해할 수 있는 것이
아니라 일반적이라는 것, 그래서 누구나 이해할 수 있다는 점을 강조하기 위한 것으로
보인다.

음서의 보고를 역사적 개연성 이상으로 보면 안 된다는 것, 본질주의적으로 접근해서는 안 된다는 것이 성경의 신성함을 모독하는 것은 아니다. 오히려 "문자를 그것에 합당한 정도 이상으로 믿"는 것이(『문화』 81쪽) 성경을 훼손하는 것이다. 우리가 "마땅히 보아야 할 것은 가장 훌륭하고 가장 정확한 역사가에 의해서조차도 전달될 수 없"기에(『문화』 81쪽) 평범한 표현으로 충분하다. "아니, 더 낫다. 왜냐하면 당신에게 전달되어야 할 것이 그것에 의해서도 역시 전달될 수 있기 때문이다"(『문화』 81쪽).

성경은 실제로 일어난 일을 기술함으로써 어떻게 살아야 하는지, 무엇을 해야 하는지 말해 주는, 즉 삶의 규칙을 제시하는 것이다. 그런데 "삶의 규칙들이 비유의 옷으로 포장"(『문화』 77쪽)되어 있다. 실제로 일어난 일은 비유로 표현되기도 한다(예를 들어 존 버니언의 비유, 『문화』 74, 76쪽 참조). 하지만 비유를 지나치게 진행시키면 오히려 비유의 힘을 잃게 한다(『문화』 76쪽 참조). 비유를 지나치게 진행시키는 것 중 하나가 비유를 근거로 사용하는 것이다. 그것은 옳지 못한데, 어떤 것이 근거가 되려면 이어지는 다른 것에도 맞아야 하기 때문이다. 그런데 비유를 조금만 더 진행시키면 어색하거나 심지어 모순되기도 한다. 예를 들어 "꿀벌들에게 감사하라, 왜냐하면 그들이 착하기에!"라고 말했다면, 꿀벌들이 계속 착한 행동을 해야 이 말은 성립한다. 그런데 사람들은 특별한 이유 없이 벌들에게 쏘이기도 한다(『문화』 77 참조). 성경에는 신이 이스라엘 백성에게 복을 주시려고 시험하신다는 말이 있다. 복을 주시려고 시험하셨는데, 시험에 빠지게 되는 경우는 어떠한가? 복은커녕 고통이 더한다. 이것은 성경을 삶의 규칙들로 이해하는 것에서 벗어난 것이다. '복을 주시려고 시험한다'는 말은 시련이 닥쳤을 때 이 시련이 지나고 나면 축복이 있을 거라는 기대를 가지고 시련을 잘 넘기라는 것을 뜻할 수 있다. 시련이 닥쳤을 때 우리가 어떻게 해야 하는지를 말해 주는 것인데, 이것을 통해 시련과 복을 인과적으로 연결시켜 시련을 복의 근거로 해석해서는 안 된다. '받은 복을 세어 보아라'라는 찬송가 구절이 있다. 이 문구를 좀더 진행시키면 '받은 고통은 더 많다'가 될 수도 있다. 이렇게 되면 '받은 복을 세어 보아라'는 문구는 삶의 규칙으로서의 힘을 상실한다. 받은 복을 세어 보라는 것은 삶에서 이제까지 고통과 절망만 있었던 것이 아니다, 되돌아보면 셀 수 없이 많은 복을 받았다, 편히 누울 수 있는 것, 몸을 자유로이 움직일 수 있는 것, 먹을 수 있는 것, 먹을 것이 있는 것, 일할 수 있는 것,[21] 잘 곳이 있는 것, 이제까지 생명을 유지하고 있는 것 등등. 이 모든 복을 세려면 한이 없다. 이렇게 신은 너를 사랑하신다. 햇빛을 주고, 때로 비를 내리고, 계절이 바뀌고, 곡식이 영글고, 수확할 수 있고, 땀 흘린 만큼 땅은 보상을 하고. 이제까지 이렇게 너에게 은혜를 베풀고 너에게 복을 내리신 이가 앞으로 너의 삶을 책임지지 않겠는가! 그러니 그런 신을 믿고 감사하며 평안히 너의 삶을 유지하라는 것이 이 문구가 제시하는 삶의 규칙일 수 있다. 그런데 복 못지않게 고통도 많이 받았다는 식으로 비유를 더 진행시키면 이 문구는 삶의 규칙으로서 기능할 수 없게 된다.

심지어 비유적 명제들이 좀더 진행되어 교의로 확정되는 경우가 있다. 가톨릭의 경우가 대표적이다. 이렇게 비유적 명제들이 교의가 되면 절대적인 독재하에 있음에도 자유롭지 않다고 말하지 못하는 상황이 된다(『문화』 74쪽 참조). 왜냐하면 교의는 반박될 수 없는 것으로서 공

---

21 비트겐슈타인 자신도 일할 수 있다는 것이 큰 은혜라고 하고 있다(『문화』 83쪽 참조).

격을 허락하지 않기 때문이다(『문화』 75쪽 참조). 자유가 제한된다고 하소연하면 그래서 교의를 반박하고 공격하면 곧바로 열외, 즉 이단이 된다. 비유를 교의로 정형화시키면 비유의 고유한 의미가 축소되고 제한된다. 비트겐슈타인은 가톨릭 교회 교리문답 시간에 목사가 아이들에게 던지는 질문을 '넌센스!' 라고 했다.[22] 교리는 헛소리이다. 왜냐하면 종교는 말에 있지 않기 때문이다. 비트겐슈타인은 성경을 이해의 대상으로 보지 않았다. 그래서 이해할 수 없는 것, 합리적으로 납득할 수 없는 것들에 대해서 별로 문제 삼지 않는다. 비트겐슈타인이 엘리사의 일화[23]를 납득할 수 없다는 드루리의 말에 "그런 식으로 네가 원하는 것을 집어 고르면 안 된다"(RW 170쪽)고 말한 것은 성경이 납득의 문제와 무관하며 합리적 설명과 무관하다고 생각했음을 보여 주는 한 사례이다.

비트겐슈타인은 성경을 합리성이라는 잣대를 댈 수 없는 것으로 여기긴 했지만 호감에 따라 혹은 다른 이유로 구분하긴 했다. 비트겐슈타인은 구약은 머리 없는 몸체, 신약은 머리, 사도의 서신서는 머리 위 왕관이라고 한다(『문화』 87쪽 참조). 유태 성경 구약은 머리 없는 몸체이므로 문제들에 대한 해결이 없고 그래서 희망이 없다는 것이 비트겐슈타인의 견해이다. 머리가 있어야 완성이 된다. 그래서 구약은 신약, 특히 복음서로 완성된다고 보았다. 하지만 그 머리가 굳이 왕관을 쓴 머리일 필요는 없다(『문화』 87쪽 참조). 이로부터 비트겐슈타인은 복음서가 성경의 완성을 위해서 반드시 필요한 것[24]이라고 여겼음에 반해 서

---

22 Monk, 275쪽 참조.

23 엘리사를 대머리라고 놀린 아이들이 숲에서 곰에서 잡혀 먹힌 사건 (열왕기하 2장 23-4절 참조).

24 비트겐슈타인은 복음서 중에서도 마태복음을 가장 좋아했다(RW 164쪽 참조).

신서는 그 정도의 지위를 갖지 못한다고 여겼음을 알 수 있다.

비트겐슈타인은 복음서에서는 겸허함이 느껴지며, 조용하고 맑게 흐르는 샘물과 같은 것이 느껴지는데 반해, 바울의 서신서에서는 거품을 내며 흐르는 혼탁한 물처럼, 인간적 열정, 자랑, 분노가 느껴지며 자신의 인격을 강조하는 듯한 인상을 받는다고 한다(『문화』 78-9쪽 참조). 그는 "그리스도는 바울에게 정말 무엇을 말했을까?"(『문화』79쪽)라고 조심스럽게 묻는다. 이 질문은 사실상 바울이 그리스도로부터 메시지를 받기는 했는가?라는 질문의 다른 형태로 볼 수 있다. 왜냐하면 바울의 서신서에는 복음서에서 느낄 수 있는 느낌이 없고 복음서와 동떨어진 느낌을 받기 때문이다. 예수에 대한 직접적인 기록인 복음서와 다른 느낌이 든다는 것은, 서신서 혹은 서신서의 저자인 바울이 예수와 관련이 있었는지 의심할 충분한 이유가 된다. 비트겐슈타인은 바울의 서신서에서는 그리스도의 향기, 그리스도의 흔적이 보이지 않는다고 한다. 그는 인간적인 열정이나 자랑, 분노, 자신의 인격을 돋보이게 하는 것은 그리스도의 향기나 그리스도의 흔적과는 거리가 멀다고 생각했다. 복음서와 같이 겸허하고 조용하며 맑은 샘물과 같은 것, 요란스럽지 않고, 겸손하고, 단아한 것, 이런 것에 그리스도의 향기가 묻어난다. 복음서는 꾸밈없이 솔직하고, 겸허하고 단순하여 마치 오두막집과 같다. 복음서에는 인간이 평등한데, 심지어 신조차도 평등한 인간 중 하나이다. 그러나 바울 서신서에는 위계질서가 있다(『문화』 79쪽 참조). 바울의 서신서는 화려하고 인위적이며 거들먹거림이 있다. 그래서 마치 교회와 같다. 교회는 오두막에 비해 문명화된 것이며 화려하고 세련된 것이다. 비트겐슈타인은 문명은 인간을 그 근원으로부터 분리시키며, 고귀하고 영원한 것으로부터, 모든 위대한 것으로부터, 그리고 신으로부터 멀어지게 만든다고 본다(『문화』 113쪽 참조). 문명처럼 바울 서신서는 위대한 것, 근원적인 것으로부터 멀어지게 하기 때문에 비트겐슈타인은 바울식의 원리를 헛소리, 비종교적인 것이라고 한다.[25] 물론 비트겐슈타인은 바울 서신서가 비종교적인 것으로 보이고 헛소리로 보인다는 말 뒤에 '자신의 경건함의 수준에서는' 이라는 문구를 덧붙여 다소 조심스러운 자세를 취한다. 실제로 비트겐슈타인은 말년(1949년 무렵)에 바울에 대한 비판을 철회하면서 자신이 잘못했다고 한다.[26] 하지만 바울이나 바울의 서신서에 대한 견해가 달라진 것은 종교에 대한 견해가 바뀌었기 때문이 아니다. 바울에 대한 평가와 무관하게, 비트겐슈타인은 종교에 대한 이론적 접근이나 철학적 논증은 잘못이라는 견해나[27] 종교는 삶으로서의 종교여야 하며 구체적인 삶의 현장을 벗어나서는 안 된다는 견해를 항상 견지했다.

이상에서 살펴본 바와 같이, 종교는 이론이나 견해, 설명과 무관하며 믿음은 말이 아니라 실천에서 나타난다는 종교 일반에 대한 비트겐슈타인의 견해는 기독교에 고스란히 반영되어 있다. 진정한 종교인은 매 순간 신 앞에서 사는 자이며, 신은 그런 자들을 돕는다. 이들이 삶 속에서 얻는 신의 도움, 삶 속에서 만나는 신의 손길은 역사적 사실이다. 성경은 이러한 역사적 소식을 전해 준다. 삶의 현장 속에서의 신에 대한

25 Monk, 766쪽 참조.
26 드루리에게 이 사악한 세계의 허영과 사치를 포기하고 바울의 '나는 날마다 죽노라'(고린도전서 15장 31절)가 의미하는 바를 깊이 숙고하라고 한다. 허영과 사치가 그가 벗어나고자 하는 그의 평생의 짐이었다는 것을 고려해 보면(V장 '비트겐슈타인의 삶에서 종교와 철학' 참조) 바울의 이 문구는 그의 삶에서 중요한 지표로 작용했을 가능성이 높다. 어쩌면 이러한 이유로 바울에 대한 평가가 달라졌을지도 모른다. 날마다 죽는다는 말은 비트겐슈타인이 모토로 삼고 싶어 했던 롱펠로의 시 '신 앞에서의 삶'과 동일한 의미를 가진다고 할 수 있다. 날마다 죽는다는 말보다 종교적 삶에 대한 자세를 더 잘 보여 주는 말은 없다(RW 138쪽 참조).
27 Monk, 768쪽 참조.

기록인 성경은 어떤 삶을 살아야 하는지 알려 주는, 우리가 따라야 할 삶의 규칙으로 작동한다. 이 규칙을 따르는 삶이 구원받은 삶, 행복한 삶이다.

2. 후기 비트겐슈타인 사상과 불교

비트겐슈타인은 자주 자신의 사상이 동시대 동공간적 일치감을 갖지 못한다고 말한다. 그 중 하나가 『철학적 소견들(*Philosophical Remarks*)』의 서문을 위한 스케치에 나와 있다. 스케치에서 그는 유럽적이고 미국적인 거대 문명의 정신은 자신에게 낯설고 공감되지 않는 정신이며(『문화』 36쪽 참조), 때문에 자신의 글을 그들이 어떻게 이해하든지 상관없다고 한다. 그러고서는 자신의 사상은 세계의 구석들에 흩어져 있는 친구들을 위한 것이라고 한다(『문화』 37쪽 참조). 여기서는 비트겐슈타인의 후기 사상을 유럽과 미국적 정신이 아닌 세계 구석들에 흩어져 있는 것, 특히 불교와 비교해 살펴보고자 한다. 그것은 비트겐슈타인 자신의 언급도 언급이려니와, 실제로 그의 후기 사상 곳곳에서 불교와의 유사점을 발견할 수 있기 때문이다.

먼저, 비트겐슈타인의 사상은 치료와 해방이라는 측면에서 불교와 유사하다. 비트겐슈타인은 기존의 철학은 질병에 걸려 있는데(『탐구』 §593 참조) 그것은 마치 파리가 파리통 속에 들어가 빠져 나오지 못하는 것과 같은 상황이며(『탐구』 §309 참조), 자신이 할 일은 철학자들이 걸려 있는 질병을 치료하는 것, 즉 파리통 속에 빠져 출구를 찾지 못하는 파리에게 출구를 보여 주어 해방시키는 것이라고 한다. 철학자들은 잘못된 질문으로 우리를 오도하여 해결 없는 난국으로 몰아넣었는데,

잘못된 질문에는 답이 없기에 철학자들로 하여금 자신들의 질문이 잘
못된 질문이라는 것을 알아차리게 하는 것이 자기 철학의 역할이며 자
신의 임무라는 것이다. 이 때문에 하드위크는 비트겐슈타인의 철학적
방법론에는 강력한 치료적 요소가 있으며 이런 치료의 목표는 해방, 즉
전통적 방식이 지닌 고민과 혼란들로부터의 해방이라고 한다.[28] 빈데만
역시 비트겐슈타인의 가르침은 앎이 목적이 아니라 오히려 지적인 해
석으로부터의 해방이라고 한다.

> 침묵의 배경이 우리의 접근에 동기를 주고 있기 때문에, 우리는 철학과 가르
> 침에 대한 비트겐슈타인의 접근이 동양의 어떤 방식들, 특히 선불교와 어떻
> 게 연결되어 있는지를 보여 주려고 한다. …… 비트겐슈타인은 지성을 불신
> 하도록 가르친다; 그는 우리에게 보는 것을 가르친다. … 비트겐슈타인의 가
> 르침이 지향하는 목적은 앎이 아니라, 알지 않음, 지적인 해석에서부터의 자
> 기 해방이다.[29]

철학자들이 질문이 아닌 것을 질문으로 붙들고 있다는 비트겐슈타인의
견해는 불교와 유사한데, 불교 역시 우리가 잘못된 질문, 적절치 않은
물음을 붙들고 진리에 동떨어져 헤매고 있다고 한다. 붓다는 깨닫지 못
하고 있는 중생의 삶을 독화살을 맞은 사람에 비유한다. 붓다는 자신의
상황을 제대로 알지 못하고서 당장 해결해야 할 문제(생사 문제)를 해
결하려고 하지 않고 우주가 어떠한지, 어떻게 형성되었는지 등을 질문
하는 이들을 독화살을 맞은 상황에서 독화살이 어디에서 왔는지 왜 왔

---

28 Hardwick, 243, 248, 251쪽 참조.
29 Bindeman, 219쪽 원문 강조.

는지 등을 묻는 이들과 같다고 한다. 이런 난국적 상황은 우리 속에 깊이 배여 있는데 그것은 마치 약물에 중독된 상태와 같다. 그래서 불교는 약물 중독을 치유하는 약물과 같이 이런 형이상학에 대한 독단적 집착을 치료하려고 한다.[30] 불교가 모든 교리나 이론에 대한 집착으로부터 자유롭게 함으로써 우리의 고통을 치료한다는 점에서 철학적 당혹을 제거함으로써 우리를 철학적 질병에서 벗어나게 한다는 비트겐슈타인 사상과 유사하다.[31]

비트겐슈타인은 사람들이 철학적 문제에 사로잡히는 것은 훤히 드러난 것들을 보지 못하기 때문이라고 말한다. 그는 너무 익숙한 것은 우리의 주목을 끌지 못하며, 우리는 익숙한 것에 주목하지 않는다고 한다.

내 눈앞에 놓여 있는 것을 본다는 것이 나에게는 얼마나 어려운 일인가! (『문화』 93쪽, 원문 강조)

비트겐슈타인은 훤히 드러난 것을 보지 못해 철학적 혼돈에 빠져 있는 사람들을, 방을 나가고 싶어 하면서도 창문이나 굴뚝을 통해서 나갈 수 없다고 한탄하는 사람들로 비유한다. 열려진 문을 보지 못하고 자신들이 사로잡힌 틀, 창문이나 굴뚝이 아니면 나갈 수 없다는 생각에 사로잡혀 방을 나가지 못해 어쩔 줄 몰라 하는 사람들이 바로 철학적 혼돈에 빠진 자들이라는 것이다.[32] 비트겐슈타인에 따르면 방을 나갈 수 있는 출구는 "숨김없이" "눈앞에 있기에" 오히려 우리는 "그것을 알아차

---

30 Hudson, H., 238쪽 참조.
31 Hudson, H., 248쪽 참조.
32 Malcolm(1958), 51쪽 참조.

릴 수 없"다(「철학」 79쪽).

비트겐슈타인이 훤히 드러난 것을 보지 못해 철학적 문제가 발생한다고 말한 것은 불교에서 중생을 눈 뜬 장님이라고 하는 것과 유사하다. 불교는 중생을 눈이 있고 볼 수도 있지만 훤히 드러나 있는 것을 알아채지 못하고 있는 자들이라고 한다. 눈은 떴으나 장님과 마찬가지라는 것이다. 그래서 '눈 밝은 자'를 찾는다. 눈이 밝은 자는 훤히 드러난 그것을 보고 알아차리는 자이며, 그런 자가 깨달은 자이다. 훤히 드러난 것을 본다는 것은 없던 것을 보는 것이 아니라 이미 있는 것을 보는 것이다. 단지 전에는 그것을 볼 눈을 가지지 못했을 뿐이다. 결국 불교에서 말하는 깨달은 자, 즉 눈 밝은 자는 이전에 보던 것을 새롭게 보는 자이다.[33] 그런데 새로운 관점, 새로운 봄을 통해 문제가 문제가 아닌 것을 알아 문제 자체를 해소해 버린다는 것은 후기 비트겐슈타인의 견해이다. 따라서 새로운 봄이라는 측면에서도 비트겐슈타인과 불교는 유사하다고 할 수 있다.

---

[33] 물론 불교에서는 '새로운 봄(seeing)'을 모두 깨달은 것이라고 하지는 않는다. 이런 측면에서 비트겐슈타인과는 차이가 있다. 불교에서 말하는 깨달음이 어떤 것인지 말하기는 쉽지 않다. 우선, 깨달음은 말로 할 수 없다는 측면에서 그러하고(그래서 '교외별전(教外別傳)', '불립문자(不立文字)'라고 한다), 둘째, 어떤 이가 깨달은 자인지는 범인들은 알 수 없고 깨달은 자만이 알 수 있다는 점에서 그러하다. 그런데 깨달은 자들이 공통적으로 하는 말은 깨닫고 보니 '나와 너가 없더라(自他不二)'이다. 이런 점을 고려하면 새로운 봄이 나와 남을 구분하지 않고 내가 너고 네가 나임을 즉각적으로 알게 하는 것이어야 불교에서 말하는 깨달음과 유사하다고 할 수 있다. 또, 불교에서는 깨달음을 위해 '나는 누구인가?(이뭣고!)'라는 화두를 많이 드는데, 깨달은 이들이 공통적으로 하는 말은 '내가 누구인지 알 수 없다'는 것이다. 그래서 '다만 알 수 없다'는 것만 알 뿐이라고 한다. 이것은 새로운 봄을 통해 '알았다'고 말한다면 그것은 불교에서 말하는 깨달음이 아니라는 것을 보여 준다. 새로운 봄을 통해 안 것이 '단지 내가 알지 못한다는 것만 안다'는 것이 아니라면 말이다.

진실이나 깨달음, 혹은 깨어남에 관해 재미있는 한 가지 사실은, 그것이 전혀 감추어져 있지 않는데도 우리는 그것을 놓치곤 한다는 것입니다.[34]

비트겐슈타인과 선(禪) 모두에게 있어서 깨달음은, 자연스럽게 주어져 있는 것을 그 밖의 어떤 것으로 대체하여 우리의 주의를 다른 곳으로 돌리게 하는 것이라기보다는, 오히려 그렇게 주어져 있는 것에 대한 시각을 바꾸는 것으로서 생각되고 있다. 자연의 형식이나 삶의 형식이나 언어의 형식 등은 있는 그대로는 모두 타당하기 때문에, 우리가 지닌 어려움의 원인은 바로 우리들 자신에게 있다고 할 수 있다. 비트겐슈타인은 철학을 언어 자체의 치료가 아닌 언어 사용자의 치료에 비유한다.[35]

비트겐슈타인이 일상적으로 언어를 잘 사용하고 있고, 그것이 문제 있다고 여기지 않은 이들조차 치료할 대상으로 보는 것은 아니다. 비트겐슈타인은 우리가 일상적으로 사용하고 있는 언어의 의미는 어디 다른 곳으로부터 얻어질 수 있다고 생각하고 그 의미를 찾으려고 애쓰는 자들을 치료 대상으로 보는데, 대표적으로 철학자들이 그에 해당된다.[36]

---

34 Adyashanti, 45쪽
35 Hudson, H., 251쪽
36 치료 대상자, 해방되어야 할 자들이라는 측면에서도 비트겐슈타인과 불교는 차이가 있다. 비트겐슈타인에게는 철학적 질병에 사로잡힌 사람만이 치료 대상인데 반해, 불교에서는 깨달은 자를 제외한 모든 사람들이 치료받아야 할 대상, 굴레에서 해방되어야 할 존재로 보기 때문이다. 그런데 불교에서는 자신이 부처인 것을 깨닫지 못한 것이 중생이고 자신이 부처인 것을 깨달은 자가 부처라고 한다. 즉 깨달아야 할 특별한 어떤 것이 있는 양 생각하는 자들, 그것이 바로 중생이요 그렇지 않음을 아는 것이 부처이다. 그런데 깨달을 것이 특별히 있는 것이 아니라는 것을 알게 되는 것이 부처라고 한다면, 그리고 언어에서 특별히 해결해야 할 문제가 있다고 생각하지 않는 자는 치료의 대상이 아니라고 한다면 불교와 비트겐슈타인은 다시 만난다고 할 수 있다.

마지막으로, ‘실천’을 강조한다는 측면에서도 불교와 비트겐슈타인
은 유사하다. 실천을 강조하는 것이 비단 불교에만 해당되는 것은 아니
다. 하지만 여기서의 실천은 일종의 무애행(無礙行)으로서의 실천이다.
비트겐슈타인은 언어의 의미가 실천에 있다고 하는데, 이때의 실천은
개념이나 규칙 같은 것을 의식하지 않고 언어를 구사할 줄 아는 것, 대
상을 의식하지 않고 다만 ‘그저 할 뿐(just doing, 無礙行)’인 실천이다.
이것은 불교에서 단지 ‘그저 할 뿐’이라고 하는 선(禪)적 경지와 유사
하다.

> 비트겐슈타인과 선(禪) 모두에 있어서 언어와 이해는 사유를 필요로 하지
> 않는다. 오히려 비트겐슈타인에게 있어서 언어와 이해는 그 자신이 ‘관
> 행’(practice)이라고 부른 것에 근거하고 있다. 이와 같은 비트겐슈타인의
> 관행 개념은 어떤 것을 ‘그냥 하는 것’(just doing) — 즉 일체의 관념이나
> 개념에서 벗어난 마음으로 어떤 것을 하는 것 — 이라고 하는 선의 사상과
> 공통점을 지니고 있다.[37]

선불교에서는 깨달음을 얻기 위해서는 생각을 끊어야 한다고 한다. 일
체의 관념이나 개념을 벗어나야 깨달음에 이를 수 있다. 그래서 화두를
들기도 하고, 염불을 하기도 한다. 일체의 관념이나 개념을 벗어난 행
위는 ‘그저 할 뿐’인 행위이다. 비트겐슈타인은 “언어는 이성적 추리에
서 나오지 않”으며, 인간은 “본능은 지니지만 이성적 추리는 지닌다고
믿어지지 않는 원시적 존재”이며(『확실성』§475), 종교적 행위도 이성
이나 견해에 근거한 것이 아니라고 한다. 이러한 행위들은 이성이나 사

37　Canfield, 258쪽

유가 개입되지 않은, 저절로 일어나고 저절로 발생하는 그저 그렇게 할 뿐인 행위들이다. 캔필드는 사유를 비운 마음으로 행위한다는 점에서 비트겐슈타인의 후기 철학과 불교가 일치한다고 말한다.[38]

이외에도 빈데만은 또 다른 유사점을 제시하고 있다.

> 일반적으로, 비트겐슈타인의 사유는 다음의 것들을 선(禪)과 공통적으로 가진다: 선(禪)과 마찬가지로, 비트겐슈타인은 우리가 그것들을 숙고하여 해결하려고 애쓸 때 우리를 혼란시키고, 우리의 정신을 마비시키는 수수께끼들을 낸다. 선(禪)과 마찬가지로, 그는 우리에게 충격을 주어서 우리의 관점에 변화를 일으키려고 시도한다.[39]

빈데만에 의하면, 불교나 비트겐슈타인 둘 다 수수께끼 같은 문제를 통해 우리를 혼란스럽게 하고 우리에게 충격을 주어 우리의 관점을 변화시키려고 한다는 점에서도 유사하다. 비트겐슈타인이 후기 저서에서 던지는 숱한 물음들은 참으로 우리를 당혹케 한다는 것을 상기해 보면 빈데만의 주장은 일리가 있다.

비록 불교에 대한 직접적인 언급은 거의 없었지만, 이상에서 살펴본 바에 따르면 불교와의 유사점은 기독교나 종교 일반에 대한 견해에서 크게 벗어나지 않음을 보여 준다. 첫째, 구원하고 치료하는 것으로서의 불교는 그 자체 도움을 필요로 하는 자들의 종교임을 보여 주며 둘째, 새로운 봄, 새로운 관점을 얻게 한다는 점에서 종교 본연의 역할을 하고 있으며 셋째, 실천을 강조한다는 점에서 삶으로서의 종교임을 보여

---

38 Canfield, 257쪽 참조.

39 Bindeman, 219쪽

주고 있다. 특히 어떤 이론이나 교리도 성립하지 않으며 심지어 언어를 넘어선다는 점에서, 불교는 가장 비트겐슈타인적인 종교라고 해도 무리가 아닐 것이다.

비트겐슈타인의 삶에서 종교와 철학

비트겐슈타인에 따르면, 사람들은 대체로 자기가 무엇을 가지고 있는 지는 잘 보지만 자기가 무엇인지는 잘 보지 못하는데(『문화』112, 130 쪽 참조), 이렇게 자기 자신을 모르는 자, 자신을 기만하는 자는 위대할 수 없다. 왜냐하면 작품이 위대한지 아닌지는 그것을 만든 이에 달려 있기 때문이다(『문화』112쪽 참조). 한때 드루리가 『종교적 경험의 다 양성』을 읽고서 제임스를 아주 인간적인 사람이라고 하자, 비트겐슈타 인은 그것이 제임스를 좋은 철학자로 만든다고 말한다(RW 106쪽 참 조). 이 일화에 따르면 좋은 철학자가 되기 위해서는 먼저 인간적인 사 람, 괜찮은 사람이 되어야 한다. 이는 비단 철학자에게만 해당되는 것 은 아니다. 비트겐슈타인은 과학자는 재능은 있으나 자신에 대한 이해 가 부족하기 때문에 위대하지 않다고 한다.

> 사람은 그 재능이 제아무리 크다 해도, 자기 자신을 알고 이해하는 것이 적 으면 적을수록 위대하지 못하다. 그렇기 때문에 우리의 과학자들은 위대하 지 않다. (『문화』107쪽)

자신을 이해한다는 것은 무슨 말인가? 다음의 글을 살펴보면 자신을 이해한다는 것이 무엇인지 분명하다.

> 철학에서의 작업은 — 건축에서의 작업이 여러모로 그렇듯이 — 실은 오히려 자기 자신에 대한 작업//하나의 작업//이다. 자기 자신의 파악에 대한 작업. 사물들을 어떻게 보느냐에 대한 작업. (그리고 그것들로부터 요구되는 것에 대한 작업) (「철학」 66쪽)

이 인용문은 자신을 이해하지 못했다는 것은 자신이 사물을 어떻게 보는지 알지 못하는 것임을 보여 준다. 과학자들이 재능은 있으나 위대하지 못한 것은 자신들이 사물을 어떻게 보는지, 자신의 세계관이 어떤 것이지 파악하려 하지 않기 때문이다. 그런데 자신을 이해하지 못한다는 것, 즉 자신의 세계관이나 자신이 가진 사물에 대한 관점을 파악하지 못한다는 것이 왜 문제가 되는가? 비트겐슈타인은 철학자들의 임무, 그것도 가장 중요한 임무 중 하나를 관점 제시로 본다. 새로운 관점을 제시하려면 먼저 자신에 대한 이해가 선행되어야 한다. 자신이 어떻게 사물을 보고 있는지, 그리고 우리가 어떻게 사물을 보고 있는지 파악해야 한다. 자신이 가지고 있는 관점을 이해하지 않고서는 새로운 관점을 제시할 수 없기 때문이다. 그런데 자신을 파악하고 이해하는 것도 어렵지만 기존의 자신의 관점에서 새로운 관점을 제시하기는 더 어렵다. 그래서 비트겐슈타인은 끊임없이 철학자에게 자신을 극복하라고 요구하며, 자신을 극복하기 위한 용기가 필요하다고 한다. 자신을 알고 자신을 극복하려고 노력한 자만이 새로운 관점을 제시할 수 있기 때문이다.

아직 자기 자신을 극복하지 못하였다면, 우리들은 진리를 말할 수 없다: 우리들은 진리를 말할 수 없다; — 그러나 우리들이 아직 충분히 영리하지 못 하기 때문은 아니다. (『문화』 88쪽 원문 강조)

비트겐슈타인은 학자, 특히 철학자의 경우 자신의 문제를 극복하지 못 하고서는 결코 진리를 말할 수 없다고 생각했다. 이런 설명을 뒷받침해 주는 언급이 『철학적 소견들』 서문에도 있는데, 거기에는 저자와 저술 과의 긴밀성이 구체적으로 언급되어 있다. 저자의 의도가 선한지 아니 면 허영심에 사로잡혀 있거나 오만한지 저술에 반영된다(PR 서문 참 조). 저자가 선하지 않은 의도를 가지거나, 허영심이나 오만에 사로잡 힌 채 자신을 극복하지 못한 상태라면 그의 저술은 진리를 담아내지 못 한다는 것이 비트겐슈타인의 견해이다.

1. 비트겐슈타인의 철학적 의도

비트겐슈타인이 말한 것처럼 저자 자신의 의도가 저술에 반영되어 있 다면 비트겐슈타인 자신의 의도는 무엇인가? 『논고』가 윤리적인 것을 드러내고자 하는 의도에서 저술되었다는 것은 앞에서 언급했다. 드루 리는 비트겐슈타인이 『논고』 출판자에게 보낸 편지 중 "나의 책은 말하 자면, 윤리적인 것의 영역을 내부로부터 한계 지으며, 이것이 그러한 한계 짓기의 유일한 엄격한 방식이라고 확신한다. 간단히, 오늘날 다른 많은 사람들이 떠들어 대는 것을 나는 그에 대해 침묵함으로써 모든 것 을 확고히 자리잡게 나의 책을 만들었다"를 언급한 후 다음과 같이 말 한다.

지금 나는, 이(『논고』) 후의 모든 글들은 이런 근본적인 생각을 유지한다고 감히 서술하려고 한다. (RW 81쪽)

드루리는 윤리적인 것의 영역을 내부로부터 한계 짓는 『논고』의 이러한 방식은 비트겐슈타인의 "이후 이어지는 모든 글"에 해당된다고 한다. 그에 따르면, 비트겐슈타인은 "윤리적인 것이 확고히 자리 잡게 하기 위해 언어의 한계를 엄격히 그"었으며, 이후 비트겐슈타인의 모든 글은 "윤리적 차원을 지시한다"고 봐야 한다(RW 81쪽). 드루리는 "비트겐슈타인의 저술을 완전히 이해하려면" 비트겐슈타인의 여러 관심들, 예를 들어 철학, 수학의 기초, 심리 언어뿐만 아니라 "윤리적 요구도 발견해야"하며 나아가, "비트겐슈타인의 저술에 깊이를 주는 것은 절대적인 것에 대한 관심"이라는 것을 알아야 한다고 주장한다(RW 84쪽 필자 강조).

　윤리적인 것, 절대적인 것에 대한 관심을 배제하고서는 비트겐슈타인의 사상을 이해할 수 없다는 드루리의 주장은 비트겐슈타인의 후기 사상에도 해당되는가? 실제로 후기의 철학적 탐구도 윤리적인 것에 대한 관심에 의해 한 것이며, 윤리적인 것을 드러내고 밝히기 위한 동기에서 한 것인가? 이런 식의 줄긋기는 신중을 기해야 하겠지만 비트겐슈타인 자신의 고백이 드루리의 주장을 부인할 수 없게 한다는 것은 분명하다. 비트겐슈타인은 후기 저작 『탐구』를 쓰고 있을 때 드루리를 만나, 자신은 "종교적인 사람은 아니지만 모든 문제를 종교적인 관점에서 보지 않을 수 없다"(RW 79쪽)고 한다. 그런데 이 말 바로 앞에는 자기 시대 사람은 자신의 책을 이해할 수 없고, 그 책은 그들이 원하는 것도 아니라는 언급이 있다. 이로부터 비트겐슈타인은 당시 학자들(철학자들을 포함한)은 자신과 같지 않다고, 즉 자신과 같이 종교적 관점에서 보고 있지 않다고 생각했음을 알 수 있다.

전기의 윤리적인 동기, 즉 윤리적인 것을 드러내기 위한 의도에서 한 작업은 종교적인 관점 및 종교적인 것과 연결되며, 드루리의 말대로 '절대적인 것'과 연결된다. 그렇다면 비트겐슈타인의 후기 철학적 작업은 어떻게 종교적인 것과 연결된다고 할 수 있는가? 우선, 그가 말하는 철학의 목적을 살펴보자.

> 우리가 하고 있는 것의 대다수는 사유 스타일을 변화시키는 문제이다. (『강
> 의』 28쪽)

사유 스타일을 변화시키는 것, 이것이 비트겐슈타인 철학의 목적이다. 비트겐슈타인은 자신의 스타일과 동시대 유럽·미국인들의 스타일을 구분하면서, 유럽인과 미국인들의 사유는 "세계의 중심에서, 세계의 본질 속에서 세계를 파악하는 방식"으로, "복잡한 구조를 형성하면서 전진, 진보하는 운동 속에서 스스로를 드러"내는 것이지만, 자신의 스타일은 "세계의 주변에 의해", 즉 "세계의 다양성 속에서 세계를 파악하려는 것"으로, 그 "구조와 관계없이 명료성과 명확함을 추구하는 것"이라고 한다(PR 서문).

비트겐슈타인은 후기에, 끊임없이 새로운 봄(seeing)에 대해 강조하며, 자신의 독자들이 새로운 사유 스타일을 발견하기를 기대한다. 새로운 사유 스타일의 한 예가 주변에서 그리고 세계의 다양성 속에서 세계를 파악하는 사유 스타일, 바로 자신의 사유 스타일이다. 그런데 사유 스타일의 변화는 관점의 변화를 통해서만 가능하다. 왜 새로운 사유 스타일이 필요하며 왜 관점의 변화가 필요한가? 비트겐슈타인에게서 철학의 문제는 우리의 언어와 관련된다.

일목요연한 묘사란 개념은 우리에게 근본적으로 의미가 있다. 그것은 우리의 묘사 형식을, 우리가 사물들을 보는 방식을 지칭한다. (외견상 우리 시대에 대해 전형적인, 일종의 '세계관'. 슈펭글러.)

이 일목요연한 묘사가 이해를//상호이해를// 성사시키며, 이해란 다름 아니라 우리가 "연관들을 본다"는 데에 존립한다. 그런 까닭에 중간 고리들의// 중간 고리들의 발견의// 중요성.

우리의 문법에는 무엇보다도 일목요연성이 결여되어 있다. (「철학」 76쪽 원문 강조)

비트겐슈타인은 우리의 언어에 일목요연함이 결여되어 있기 때문에 문제가 발생한다고 본다. 그에 따르면, 우리의 언어에 일목요연성이 부여된다면 우리가 오랫동안 씨름하고 있던 문제들은 문제가 아닌 것으로 드러나게 될 것이다. 그래서 그가 할 일은 일목요연함의 부여, 즉 명료화작업이다. 이영철 교수는 비트겐슈타인이 일목요연하게 눈에 들어오지 않는 일상 언어의 질서, 일상 언어의 문법을 새로운 배열을 통해 그것들을 일목요연하게 조망하게 하려고 했다고 한다.[1]

(철학적 문제는 우리의 개념들 속의 무질서에 대한 하나의 의식이며, 그것들을 정돈함으로써 제거될 수 있다.) (「철학」 80쪽)

위험은 우리의 모형들의 불완전성과 조야함에 있는 게 아니라 그것들의 불

---

1 이영철(2004), 37쪽 참조.

명료성(뚜렷하지 않음)에 있다. (「철학」 93-4쪽)

희미하고 불명료한 것에 명료성을 부여하는 것은 사물과 세계에 대한 관점이 바뀌어야 가능하다. 그런데 관점을 바꾸는 것은 쉬운 일이 아니다. "비트겐슈타인에 의하면, 진정한 해방 또는 치료는 사물을 보는 우리의 방식만이 아니라 우리의 삶의 방식도 바뀌어야만 이루어질 수 있"기 때문이다.[2] 삶의 변화가 없다면 관점의 변화 역시 있을 수 없다. 이러한 이유로 철학의 난점은 지적인 것이 아니라 태도 변경을 요구하는 곤욕스러운 난점이다(「철학」 65쪽 참조). 태도 변경은 쉽지 않다. 그래서 비트겐슈타인은 바꾸지 않으려는 태도, 저항하는 의지를 극복해야 한다고 말한다(「철학」 65쪽 참조). 만일 저항을 극복하고 전망을 제시할 수 있다면 그 전망은 구원을 가져올 수 있다. 이 때문에 불명료한 것을 명료하게 하는 철학자의 작업[3]은 구원하는 작업이며, "철학자는 구원하는 말을 발견하려고 노력한다"(「철학」 68쪽). "철학자는 문제된 일을" "무해하게 만들 수 있는 말"(「철학」 68쪽), 문제된 일을 문제가 아니게 만드는 말을 제공해야 한다.

  철학적 문제는 언제나 다음과 같은 형식을 하고 있다: "나는 단적으로 길을 모르겠다." (「철학」 81쪽)

길을 모르는 이에게 길을 제시하는 것이 철학자의 임무이다. 명료하지

---

2 이영철(2004), 43쪽
3 비트겐슈타인의 이런 생각은 철학적 작업이 명확히 성문화된 규칙들이 없는 사회 그러나 그런 것에 대한 욕구는 있는 사회에서의 욕구충족과 같다고 말한 것에서도 알 수 있다(「철학」 74, 86쪽 참조).

않으면 길이 보이지 않는다. 이때는 명료하게 하면 된다. 철학자들이 길을 제시해야 하는 이유 중 하나는 우리의 언어는 "덫"과 "미로들"(「철학」 83쪽)을 준비해 놓고 있기 때문이다. 우리의 언어가 가지고 있는 이런 특성 때문에 철학은 오랜 세월 동안 같은 문제에 몰두해 있으면서도 여전히 해결을 보지 못하고 있다. 문제에서 벗어나려면 미로들에서 위험한 지점들, 분기하는 장소마다 표지판을 세워 도와줘야 한다. 이것이 철학자의 임무이다. 심지어 비트겐슈타인은 언어 전체가 재편성되어야 하며(「철학」 83쪽 참조) "전체 언어를 갈아 일구어야 한다"(「철학」 91쪽)고 말한다. 왜냐하면 피상적으로 문제를 파악하면 문제는 여전히 남아 있기 때문이다(『문화』 110쪽 참조). 문제가 여전히 남아 있는 상태를 피하려면 뿌리째 뽑아야 하는데 그것은 완전히 새로운 사고방식으로만 가능하다. 그렇게 되어야 옛 문제들은 사라진다. 그러면 어떻게 전체 언어를 갈아 일굴 수 있는가? 그것은 삶의 문제를 건드려야만 가능하다. 엄정식은 비트겐슈타인의 모든 문제는 삶과 관련되며, 그의 "언어 문제는 삶 자체의 문제로 전환"[4]된다고 하고 있다.

삶의 방식의 변화 ― 이는 이 모든 물음들을 쓸데없는 것으로 만든다 ―
(『문화』 133쪽)

삶의 변화는 모든 물음들을 사라지게 만든다. 결국 언어의 문제는 삶의 문제이다.

---

4 엄정식, 96쪽

2. 불안

사유 스타일을 바꾸고 관점을 바꾸면 그래서 삶의 방식이 바뀌면 문제
가 사라지게 되고 사고 속에 평화가 깃들게 된다.

> 사고 속에 평화가 깃드는 것. 이것이 철학하는 자가 열망하는 목표이다.
> (『문화』 102쪽)

사고 속에서 평화롭지 못하는 이유는 무엇인가? 불안 때문이다. 왜 불
안한가? 사고 속에서 평화롭지 못하고 불안한 이유는 도치된 파악, 사
물과 세계에 대한 도치된 관점 때문이다(「철학」 90쪽 참조). 이렇게 도
치된 파악, 도치된 관점은 새로운 관점을 통한 일목요연한 명료화로 바
로잡을 수 있다. 명료화 작업, 즉 규칙을 확정하고 질서를 부여하는 작
업은 불안해진 상태를 진정시킨다(「철학」 74-5쪽 참조). 문제를 붙들
고 씨름하는 사람들이 해결을 보지 못하면 불안해하는 것은 자연스럽
다. 하지만 문제가 아닌 것을 문제로 삼고 해결을 보려고 하는 이들은
결코 불안에서 벗어날 수 없다. 답이 없는 문제의 답을 찾고 있기 때문
이다. 문제가 아닌 것을 문제 삼고 있는 이들의 문제는 새로운 봄을 가
지면 절로 해결된다. 그런데 새로운 봄을 통해 사고에 평화가 깃들게
하고 불안을 해소하는 것, 그래서 구원에 이르게 하는 것은 종교의 기
능이다. 이런 점들을 고려하면 후기 비트겐슈타인의 철학적 탐구는 그
과정 자체가 종교적이라고 할 수 있다. 우리를 진정시키는 것은 우리를
항상 불안하게 만들어 왔고 그것으로는 어떤 것도 할 수 없었음에도 불
구하고 존경해야 한다고 믿어 왔던 것, 즉 우상을 파괴하는 체계가 가
능하다는 것을 보는 것이다.

철학적 불안과 그것의 해결에서 이상한 것은, 그것이 무거운 공을 떠받치고 신음하고 있는, 그리고 어떤 사람이 그에게 "그걸 내려놓게나" 하고 말함으로써 구제해 주는, 고행자의 <u>고뇌</u>와 같이 있다는 점이라고 <u>보일지도 모른다</u>. (「철학」 75쪽)

철학적 불안과 그 해결은 고행자의 고뇌와 같다. 여기서 비유로 든 고행자는 비트겐슈타인이 자신의 삶에서 끊임없이 추구했던 선한 삶 혹은 괜찮은 사람이 되기 위해 필요한 그런 고행을 하는 자가 아니다. 여기서의 고행자는 무거운 공을 떠받치고 그로 인해 신음하며 고통스러워하면서도 그걸 내려놓을 줄 모르는 사람, 내려놓으면 문제가 해결된다는 것을 생각하지 못하고 오히려 그 문제에 자신을 적응시켜야 한다고 믿는 사람이다. 이런 사람들은 잘못된 체계를 가지고 있는데 새로운 사고방식이 "확립되면, 옛 문제들은 사라진다"(『문화』 110쪽).

　　『논고』는 따라서 분명하게도 세계를 어떻게 보아야 하는가라는 물음에 의해서 불안하게 된 사람들을 위해 쓰여진 것이다.[5]

『논고』는 불안하게 된 사람들을 위해 쓰여진 것일 뿐만 아니라, 불안을 겪었던 사람이 쓴 것이다. 비트겐슈타인 자신 『논고』의 머리말에서 "이 책은 아마 이 책 속에 표현된 사고들을 ― 또는 어쨌든 비슷한 사고들을 ― 스스로 이미 언젠가 해 본 사람만이 이해하게 될 것이다"라고 하고 있다. 『논고』는 불안을 겪었던 사람이 불안에서 해방될 수 있는 길을 제시한 것이다. 그렇기 때문에 『논고』를 제대로 읽고 이해한다면 불안

5　Ricken, 66쪽 원문 강조.

으로부터 해방된, 그래서 즐거운 상태가 된다. 비트겐슈타인은 『논고』
의 목적은 그 책을 이해한 이에게 즐거움을 주는 것이라고 하고 있다
(『논고』 머리말 참조).

비트겐슈타인은 불안을 겪었는가? 비트겐슈타인은 어릴 적에 병적
일 정도의 두려움으로 고통 받았으며[6] 이후에도 계속 두려운 감정에 사
로잡혔는데, 이 감정은 불안(Sorge)으로 연결된다. 그가 러셀에게 보낸
1912년 6월 편지에는, 제임스의 『종교적 경험의 다양성』을 읽는 것이
자신에게 무척 도움이 된다는 것과 그것으로 인해 자신이 원하는 방식
으로 자신이 개선될 것을 확신한다는 것, 그리고 자신이 원하는 방식대
로의 자신의 개선이란 자신으로부터 불안을 제거하는 것이라는 내용이
들어 있다.[7] 불안에서 벗어나는 것을 자신의 개선으로 여길 만큼 비트
겐슈타인은 심각하게 불안에 사로잡혀 있었다. 비트겐슈타인의 사상도
비트겐슈타인 자신이 느끼는 삶에서의 불안 — 뭔가 해결하지 않으면
안 된다는 초조함으로 자신을 몰아붙이는 — 과 관련되어 있다. 러셀의
문하생이 된 초창기, 철학 문제로 수시로 러셀을 찾아가 스승의 상황과
기분은 아랑곳하지 않고 자신의 고민이 풀릴 때까지 성마른 초조함과

---

6 비트겐슈타인이 병적일 정도의 두려움으로 고통 받은 예들 중 하나는, 그가 어렸을
때 화장실의 회반죽 떨어진 것이 보쉬(Bosch)의 그림 〈성 안토니오의 유혹〉에 나오는
괴물로 보여 공포에 사로잡혔던 경우이다. 그리고 이런 병적인 두려움은 맨체스터 시절
(1908~1911년 무렵)에도 이어지는데, 때때로 비트겐슈타인은 침실에서 거실로 가기
위해 지나가야 할 층계참 건너가는 것을 두려워했다(RW 100쪽 참조).
7 비트겐슈타인은 유년시절이나 청년시절 초부터 그를 사로잡은 두려움과 불안으로부
터 쉽게 벗어나지 못했고 이는 자살을 고려할 정도에 이른다. 그가 러셀의 문하생이 되
자마자 철학자로서의 자질이 있는지 여부를 확인하고 싶어 했고, 만일 철학자로서 자질
이 없다면 삶을 포기할 생각을 했다는 것은 주지의 사실이다. 다행히도 러셀에게 보
인 글의 첫 문장에서 그의 천재성이 드러났고, 러셀의 통찰로 인해 그의 삶은 유지될 수
있었다. 그러나 그렇다고 그의 두려움이나 불안이 완전히 제거된 것 같지는 않다. 이후
에도 그의 삶에서 불안과 두려움이 간간히 등장하기 때문이다(Monk, 68-69쪽 참조).

불안한 증상을 보인 일화는 유명하다. 러셀이 자신의 연인에게 보낸 편지들은 전기 비트겐슈타인의 철학적 고민이 두려움, 불안 등과 무관치 않음을 보여 준다.[8] 어릴 때는 유령이나 괴물이, 성인이 되어서는 해결해야 할 철학적 문제로 두려움과 불안의 대상이 바뀌었지만 대상이 다르다고 해결방법도 다른 것은 아니다.

이러한 두려움과 불안으로부터 그를 궁극적으로 구원한 것은 종교와 관련된다. 그는 일차 세계 대전 중 최전방으로 가기를 원했는데 그 이유는 "죽음에 가까이 다가가면 생명의 빛"[9]이 올지 모른다는 기대 때문이었다. 이러한 생명에의 강렬한 열망은 죽음도 불사하였다.[10] 심지어 그는 가장 위험한 곳에 배치되게 해 달라고 기도까지 하였다. 나중에 자신이 원하던 가장 위험한 곳에 배치되어서 자신에게 '총알이 날아오는' 것을 경험했을 때 자신은 깨달음의 상태에 도달했다고 생각할 만큼 죽음을 직면할 이유가 있었다.[11] 그는 깨달음을 얻고자 한 것이다. 그는 신을 통해 인간[12]이 된다는 확신을 가지고, 신이 자신을 깨닫게 하길 바라는 기도를 쉼 없이 하였다.[13] 불안과 두려움으로부터 출발한 비트겐슈타인의 삶에 대한 고민은 그가 전쟁 중에 완성한 저서 『논고』에 반영된다. 몽크는 만일 비트겐슈타인이 전방이 아니라 후방에만 있었다면 『논고』는 논리학의 본성에 대한 논문으로 남았을 것이라고 한다.[14] "『논

---

8 Monk, 68, 72쪽 참조.

9 Monk, 201쪽

10 그의 열망이 얼마나 간절했던지 만일 최전방 그것도 가장 위험한 곳으로 배치되지 않고 후방에 남게 된다면 '죽고 말겠다'고 일기에 쓰고 있다(Monk, 201쪽 참조).

11 Monk, 201쪽 참조.

12 이때의 인간은 두려움과 불안을 극복하고 평온한 삶을 사는, 그래서 주어진 삶을 불안이나 두려움 없이 무던히 살아 내는 인간일 것이다.

13 Monk, 201쪽 참조.

14 Monk, 200쪽 참조. 일차 세계 대전 참전 중 겪었던 것이 종교적이었으며 그의 삶

고』에 있는 윤리학, 미학, 영혼 그리고 인생의 의미에 관한 말들의 원천
은 바로 쇼펜하우어가 기술한 '철학적 사색에 대한 자극', 즉 죽음, 고
통, 그리고 비참함에 대한 인식에 의해 촉발된 자극"[15]이라는 게 몽크의
생각이다.

비트겐슈타인의 사상은 자기 자신과 불안에 사로잡힌 모든 사람들에
게서 불안을 해소하고 궁극적으로 평화에 깃들게 하기 위한 것이었다.
두려움과 불안을 해소하고 궁극적으로 평화를 제공한다는 점에서 그의
철학적 작업은 지극히 종교적이다. 게다가 두려움과 불안을 해결하는
것은 종교라고 한 비트겐슈타인의 말을 감안하면 그의 철학적 작업은
궁극적으로 종교적이어야 한다. 비트겐슈타인이 종교가 두려움을 제거
한다고 보았다는 것은 드루리와의 대화에서도 확인할 수 있다. 드루리
에게 자신의 유년기와 청년기에 있었던 공포와 두려움에 대한 애기를
한 후, 비트겐슈타인은 다음과 같이 말한다.

> "내가 그런 두려움에는 종교적 느낌만이 치료법이라고 말하면 넌 내가 정신
> 나갔다고, 미쳐 가고 있다고 생각할 거야." (RW 100쪽)

이것은 비트겐슈타인이 자신의 두려움, 공포, 불안은 오직 종교적인 것
을 통해서만 완전히 해결할 수 있다고 생각했다는 것을 가장 강력히 뒷
받침하는 논거이다.

에 큰 영향을 미쳤다는 것은 전쟁 후 그의 삶의 변화를 보면 알 수 있다. 전쟁 후 그는
자신의 전 재산을 다른 사람에게 주고 말년까지 철저히 금욕적인 삶을 살았다.
15 Monk, 200쪽

3. 용기

종교가 두려움이나 불안을 해결할 수 있다면 왜 많은 사람들은 종교를 갖지 않는가? 종교를 갖는다는 것은 새로운 관점을 가지는 것인데 이런 새로운 관점을 갖는 데는 용기가 필요하다. 비트겐슈타인은 사람들은 삶이 고통스럽고 힘들고 어려울 때 개혁을 생각해 보지만 정작 자기 자신에 대한 개혁은 고려하지 않는다고 말한다. 자기 태도의 변혁은 가장 중요하고 가장 효과적인 변혁이지만 그런 변혁을 결심하기는 쉽지 않다(『문화』 118쪽 참조). 그러나 진정한 "혁명가는 자기 자신을 혁명할 수 있는 자"(『문화』 103쪽)이다.

그는 자주 철학을 하는 데 필요한 것이 '용기'라고 말하고 있다. 진정한 철학자는 자신을 극복함으로써 세계에 대한 새로운 조망을 갖게 되는데, 자신을 극복하는 데도 용기가 필요하지만 새로운 조망을 갖는 데도 용기가 필요하다. 천재의 업적은 재능뿐만 아니라 용기가 있어야 가능하기 때문이다(『문화』 92쪽 참조).

> 두려움이 아니라 극복된 두려움이 찬미받을 가치가 있으며, 삶을 살 만한 가치가 있었던 것으로 만든다. 커다란 나무로 높이 성장하는 씨알은 재주나 심지어 영감이 아니라, 용기이다. 용기가 있는 정도만큼, 삶과 죽음과의 연관이 존재한다. (『문화』 92쪽 필자 강조)

비트겐슈타인은 생각이 값이 매겨질 수 있는데 그 값을 매기는 것이 '용기'라고 한다(『문화』 118쪽 참조). 용기가 있는 것은 값이 많이 나가고 용기가 없는 것은 값이 적게 나간다. 그런데 무엇에 대한 용기인가? 기존의 체계를 벗어 버릴 용기, 자기 자신을 극복할 용기이다. 기존 체계와 자기 자신을 극복한 사유는 값진 것이다.

> 당신이 인생에서 발견하는 문제를 해결하는 길은, 그 문제성 있는 것을 사라
> 지게 만드는 그런 방식의 삶을 사는 것이다.
> 삶이 문제가 있다는 것은 당신의 삶이 삶의 형태에 맞지 않는다는 것을
> 뜻한다. 그렇다면 당신은 당신의 삶을 바꿔야만 한다. 그리하여 그것이 그
> 형태에 맞게 되면, 문제가 되었던 것은 사라진다. (『문화』 72쪽)

비트겐슈타인은 이런 식의 삶의 전폭적인 변화들을 성인들에게서 발견
한다.[16] 그리고 그 스스로 이런 변화된 삶을 살려고 끊임없이 노력한다.
드루리는 비트겐슈타인이 지속적으로 자신의 삶의 방식을 바꾸려고 노
력했으며, 이러한 그의 노력에 대한 이해와 공감 없이는 그를 이해하지
못한다는 것을 확신을 가지고 주장한다(RW 77쪽 참조). 드루리에 따
르면, 비트겐슈타인이 자신의 삶을 바꾸려고 했던 것은 일시적 충동이
나 젊은 시절에 한 번쯤 고민해 봄직한, 인생을 살면서 누구나 한 번쯤
고민해 보는 그런 종류의 것이 아니다. 그가 자신의 삶을 바꾸려고 한
시도들은 그러한 시도들이 더 이상 불가능하다는 것을 알게 될 때까지
이어진다. 실제로 말년에 비트겐슈타인은 드루리에게 드루리의 삶이
아주 괜찮은 삶이었다고 평가하면서, 그 이유는 드루리가 우선 철학 공
부를 하고, 다음으로 의학 공부를 하고, 전쟁에도 참가하였으며 현재
(대화 당시)는 정신 의학이라는 새로운 일을 하기 때문이라고 한다(RW
165쪽 참조). 새로운 삶의 방식은 삶을 또 다른 각도로 보게 한다. 뿐만
아니라 용기 내어 새로운 삶의 방식을 취하게 되면 불안이나 두려움으

---

16 Ricken, 55쪽 참조.

로부터 해방된다.

4. 심층적 삶

종교를 가지고 있음에도 비트겐슈타인이 단언한 해방이나 구원을 보지
못하는 경우는 어떻게 설명될 것인가? 이것은 새로운 삶은 어떻게 나타
나는지를 살펴봄으로써 설명될 수 있다. 비트겐슈타인은 다음과 같이
말하고 있다.

> 삶의 문제들은 표면에서는 해결될 수 없고, 오직 심층에서만 해결될 수 있
> 다. 표면적 차원에서는 그 문제들은 해결될 수 없다. (『문화』155쪽)

'표면', '심층' 개념은 비트겐슈타인의 후기 사상에서 중요한 개념 중
하나이다. 심층적으로 보면 표층적 유사함과는 다른 경우를 흔히 볼 수
있다. 그래서 표층적 고찰이 아니라 심층적 고찰을 해야 하며, 그렇게
되면 문제는 사라진다. 그런데 이런 그의 언어 철학은 삶의 문제에도
그대로 적용되는 듯하다. 인용문에서처럼 삶의 문제는 표층적 차원에
서 해결될 수 없고 심층적 차원에 들어가야 해결될 수 있다. 그가 말하
는 삶의 심층적 차원이란 무엇일까? 종교와 관련된 그의 언급들이 이에
대한 이해를 제공한다. 그는 특정 종교 집단에 소속되고 그래서 특정
종교적 의식(儀式)을 이행하거나 특정한 종교적 발언 — 심지어 기도를
포함한 — 을 하는 것으로 진정한 종교인이 되는 것은 아니라고 한다.
진정한 종교인들은 그의 삶에서 드러난다. 어떤 일이 일어나더라도 절
대적으로 안전하다는 느낌, 그 어떤 것도 자신을 해칠 수 없다는 절대

적 안전감, 세계의 여러 사실들이 아니라 세계 자체가 경이로운 삶, 자신이 항상 신 앞에 있다는 생각으로 삶을 살아가는 것, 이런 종류의 것들이 비트겐슈타인이 들고 있는 진정 종교적인 사람의 삶이다. 이는 표면적으로 특정 종교집단의 행위들과 일치하지 않을 수 있다. 하지만 진정한 종교인들의 심층적 삶은 차원이 다르다. 신을 믿지 않다가 어느 날 믿게 된 이들의 경우 표층적 측면은 달라진 것이 거의 없지만 심층적 차원에서 완전히 다른 사람이 된다.

그는 '말하기'는 종교에서 본질적이지 않으며 그래서 어떤 교리적 명제도 없는, 즉 말하기가 없는 종교를 상상할 수 있다고 한다. 만일 종교적 삶을 사는 이가 말을 한다면 그것은 이론이나 설명으로서의 말이 아니라 그 자체 종교적 행위로서의 말일 것이다. 그렇게 "사용된 말이 참인지 거짓인지, 무의미(nonsense)인지는 전혀 문제가 되지 않는다"(WVC 117쪽). 이것은 비트겐슈타인에게서 진정한 종교적인 삶은 형식이나 겉모습에 달려 있지 않으며 겉이 아니라 내면의 변화, 심층에서의 변화가 있어야 한다는 주장과 맥을 같이 한다.

비트겐슈타인이 롱펠로의 시를 자신의 모토로 삼고자 했다는 것은 그가 항상 신 앞에 있다는 생각으로 살았다는 것을, 아니면 적어도 그렇게 살려고 했고 그렇게 사는 것이 마땅하다는 생각으로 살았음에 틀림없다는 것을 주장할 만한 좋은 근거가 된다. 실제 그의 삶은 누가 알아주든지 상관없이 지나칠 정도로 엄격하고 치열한 삶이었다. 종교인은 아니었지만 항상 자신의 삶을 신 앞에서의 삶이 되게 하려고 했다는 것에서 심층적 차원에서의 변화된 삶을 추구하며, 그것으로 삶의 문제를 해결하려고 하는 비트겐슈타인의 분투적인 모습을 엿볼 수 있다.

또, 비트겐슈타인은 자신의 작업과 저술이 신의 뜻에 부합하기를 바란다는 표현을 하곤 했다. 그는 자신의 작업이 위(신)로부터 빛을 받기를 원했고, 만일 그렇게 된다면 자신의 일이 가치 있게 될 것이라고 생각했다(『문화』126쪽 참조). 비트겐슈타인은 『탐구』를 저술하고 있던 1950년 어느 날, 오스트리아에서 사제로 종사하고 있는 자신의 오랜 친구로부터 편지를 받았는데, 그 편지에 신의 뜻이라면 자신의 작업이 잘 되길 바란다는 말이 있다고 하면서, 이것은 바로 자신이 바라는 바이며, 자신이 바라는 전부라고 한다. 그러고서는 바하가 그의 파이프오르간 책자 표지에 썼던 문구 — "가장 존귀한 신의 영광을 위하여, 그리고 내 이웃이 이로 인해 이롭게 되길!" — 를 언급하며 자신의 작업에 대해 하고 싶은 말이 바로 그것이라고 말한다(RW 168쪽 참조). 『철학적 소견들』서문에서도 비트겐슈타인은 자신의 저술이 "신의 영광을 위해 씌었다"(PR 서문)고 말하고 싶어 한다. 물론 그런 말을 쓰고 싶지만 쓸 수 없다는 것, 그리고 그 이유에 대해서도 밝힌다. 자신이 그런 말을 쓰면 사람들이, 종종 그래 왔듯이, 오해하고 제대로 이해하지 못할 거라는 것이 그 이유이다. 비트겐슈타인의 우려를 고려한다면 비트겐슈타인이 『철학적 소견들』서문에 '신의 영광을 위하여' 라는 말을 쓰고 싶어 하는 것을 지나치게 평가해, 그가 사실은 종교인이었다거나 종교인이 되고 싶어 했다고 해석해서는 안 될 것이다. 그가 자신의 저술에 '신의 영광을 위하여' 라는 수식을 붙이려는 것은 자신의 책이 선한 의도로 씌었다는 것, 허영심이나 뽐내기 위해 쓴 것이 아니라는 것, 적어도 자신의 책에는 거만과 오만이, 거들먹거림이 없다는 뜻이었다. 하지만 '신의 영광을 위하여' 라는 그의 문구가 이런 정도의 뜻을 가진다고 하더라도 이것은 비트겐슈타인의 철학과 종교 사이에 간과할 수 없는 연관이 있음을 보여 주는데, 이러한 연관은 비트겐슈타인의 삶을 조망해 보면 잘 알 수 있다. '거만' , '오만' , '허영심' 은 평생 그를 괴롭혔던 문제였기 때문이다.

5. '허영심'과 '거만'이라는 병

어린 시절 가정교사의 손을 떠나 처음으로 들어간 학교에서, 자신의 가정환경과 판이하게 다른 가정환경 속에서 자란 또래 친구들에 대한 비트겐슈타인의 첫 인상은 '쓰레기(Mist)!'였으며 이 때문에 그들 중에서 친구를 얻기란 쉽지 않았다.[17] 또래의 다른 친구들 역시 비트겐슈타인이 무척 낯설었는데 그들이 보기에 비트겐슈타인은 "다른 세계에서 온 존재 같았다."[18] 어떠한 이유에서인지는 정확히 알려진 바가 없으나 허영심, 거만함은 그가 벗어나야 할 것이 되었다.

> 그(비트겐슈타인)가 나에게 '내가 나의 교수직을 포기했을 때 마침내 나의 허영심을 제거했다고 생각했었다. 지금 나는 나로 하여금 현재의 책(『탐구』)을 쓸 수 있게 하는 나의 스타일에 대해 우쭐대고 있다는 것을 발견했다'고 말했을 때, 자신의 삶의 방식을 바꾸려는 이 강렬한 열망 뒤에 뭐가 있는지에 대해 나는 한번 암시한 적이 있다.
>
> （중략）
>
> 자신이든 다른 사람이든, 지적 허영심은 비트겐슈타인이 몹시 싫어하는 것이었다. 나는 그가 철학에서 위대한 명성을 성취하는 것보다 허영의 굴레에서 자유롭게 되는 것을 더 중요하게 여겼다고 믿는다. 한번은 그가 나에게 '상처받은 허영심은 세상에서 가장 끔찍한 힘(force)이다. 가장 큰 악의 근원'이라고 말했다. (RW 77쪽)

---

17   Monk, 38쪽 참조.
18   Monk, 38쪽

"자신의 삶을 바꾸려는 강렬한 열망 뒤에" 있는 것은 '허영심'이었다. 그는 항상 자신이 가지고 있던 '허영심'으로부터 해방되고자 한 듯하다. 그런 경향이 확연히 드러난 것은 일차 세계대전 참전 후이다. 세계대전 참전 후 비트겐슈타인은 실제로 이전과 전혀 다른 삶을 추구하는데 그런 과정 곳곳마다 그가 자신의 허영심과 거만함에서 벗어나려고하는 노력이 깃들어 있다. 일차 대전 후 교사가 되기 위해 사범학교에다닐 때, 선생으로부터 부유한 비트겐슈타인 가문과 관련되느냐, 얼마나 관련되느냐는 질문에 별로 깊은 관계는 아니라고 대답한 것이나,[19] 자신의 유산을 모두 나누어 줄 때 어떤 방식으로도 자신에게 돈이 전혀 없게 하려고 한 것들,[20] 수도자가 되려고 하거나 수도원의 정원사로 일했던 것, 또 건축가 엥겔만과 함께 건축가로서 자신의 누이 집짓기에 동참한 것 등은 모두 자신의 허영심과 거만을 벗어나고자 하는 열망과 무관하지 않다. 또 러시아에 가서 살려고 한 적이 있는데, 그는 노동자로서의 삶을 원한 반면, 러시아에서는 철학 교수를 기대했기에 러시아행을 포기했다. 케임브리지 교수직을 포기한 것도 교수직에 수반될 수있는 허영심과 거만을 피하기 위해서였다.

이런 여러 정황을 살펴보건대 비트겐슈타인은 허영심으로부터 벗어나고자 줄기차게 노력하였으며, 어느 정도 성과를 거둔 듯하나 만족할 만한 정도는 아니었다. 왜냐하면 평소 그는 지나칠 정도로 높은 기준을 가지고 있었으며 자기 자신에게는 그 정도가 더했기 때문이다. 그는 자신을 정화하려고 끊임없이 노력했다. 일례로 어린 시절부터 사람들이 그를 유태인이 아니라 아리안족이라고 생각하는 것을 방치한 것에 대

---

19 Monk, 246쪽 참조.
20 Monk, 243-4쪽 참조.

해서조차 죄책감을 가지고 있었고, 이로부터 자신을 정화하고 더 나은 사람이 되기 위해 고통을 감수하면서까지 그 죄를 고백한 사실, 그래서 그의 고백을 듣는 그의 친구들을 괴롭힌 일화는 그의 기준이 얼마나 높은 지를 보여 준다.[21] 비트겐슈타인의 허영심에 대한 고뇌는 『탐구』 서문에도 나와 있다. 거기서 그는 자신의 허영심이 자극되기에 자신의 작업을 출판할 생각을 포기하였다는 말과 함께 자신의 허영심을 진정시키기 위해 노력했다고 쓰고 있다. 이로부터 그는 평생 자신의 허영심으로부터의 해방을 꿈꾸었으며, 이는 일반적으로 종교적 신봉자도 쉽게 미칠 수 없는 높고 깊은 겸허에의 추구라는 것을 알 수 있다. 그렇다면 그를 괴롭히는 허영심으로부터 완전히 벗어날 수 있는 방법은 무엇인가? 비트겐슈타인은 허영심으로부터 벗어나는 것은 오직 종교에 의해서만 가능하다고 보았다.

> 오직 종교만이 허영심을 분쇄하고 모든 균열들을 뚫고 들어갈 수 있기 때문이다. (『문화』 109쪽)

비트겐슈타인의 허영심에 관한 고민은 진정 종교적인 사람은 자신이 병들어 치료받아야 할 존재, 구원의 손길이 필요하다고 여기는 이들이

---

21 이런 고백이 그 고백을 듣는 이는 물론이요 자신에게도 무척 고통스러운 것이라는 것을 비트겐슈타인은 잘 알고 있었으며, 바로 이런 이유 때문에 고백하게 된다. 자신에게 고통을 줌으로써 스스로를 정화하고 신 앞에 흠 없이 서는 것에 대해서는 아우구스티누스의 영향을 받았다. 비트겐슈타인은 아우구스티누스를 비롯한 몇몇 기독교인들을 성인으로 인정했는데, 이들의 삶을 본받으려 노력한 모습들이 그의 삶 곳곳에서 보인다. 그러나 자신은 성인이 되지 못한, 단지 재능 있는 사상가에 불과하다고 여겼으며 (『문화』 48쪽 참조), 그럼에도 성인이 될 기질은 가지고 있다고 생각했다(RW 109쪽 참조).

라고 말한 것과도 관련된다. 그가 생각하는 종교인은 자신을 훌륭하다고 생각하는 허영심에 사로잡힌 자가 아니라 자신이 문제가 있다고 스스로 여기는 사람이며, 지극히 겸허한 자세를 가진 자들이다.

비트겐슈타인은 이 세상에서의 삶이 고뇌의 삶, 고행의 삶이어야 한다고 생각했으며, 그것이 바람직한 삶이라고 생각한 듯하다. 이는 그가 존경한 아우구스티누스의 삶에 대한 언급과 "미래의 종교는 지극히 금욕적이어야 한다"(RW 114쪽)는 언급을 통해 알 수 있다. 고행의 삶을 바람직한 삶의 모델로 삼았다는 것은 그가 얼마나 허영심으로부터 벗어나고자 했는지를 보여 주며, 고행이라는 바람직한 삶을 위대한 종교인들에게서 보았다는 것은 허영심으로부터의 해방은 종교와 관련된다고 여겼음을 보여 주는 또 다른 증거이다.

그런데 비트겐슈타인은 허영, 오만, 거만의 문제가 비단 자신에게만 해당되는 것으로 보지 않았다. 그는 도처에서 허영과 거만을 만났다. 그가 혐오하는 거만과 허영은 지성인들에게서 자주 발견되는데, 특히 철학자들에게서 발견되는 허영, 거만, 오만 등은 그의 후기 활동과 밀접한 연관을 가진다. 비록 철학자들의 오만이나 허영이 자신의 후기 사상의 동기가 된 것은 아니겠지만, 적어도 철학자들이 지속적으로 철학적 문제에 빠져들어 고민하면서도 해결을 제시하지 못하는 것이 결국 철학자들의 오만함에 기인한다는 것을 알게 된 것과 무관치 않음은 분명하다. 훤히 알려진 것, 누구나 알 수 있는 것을 오만 때문에 보지 못하는 것이 철학자이며, 오만으로 눈이 가려진 상황에 처한 것이 철학자들이다.[22] 그래서 새로운 봄, 즉 이미 드러나 있는 것을 보는 것이 필요

---

22 '명예심은 사유의 죽음'(『문화』 161쪽)이라는 말은 이를 뒷받침해 준다. 또한 이 글귀는 비트겐슈타인은 사유의 죽음을 피하려고 허영심과 거만함에서 벗어나려고 했다는 추정을 가능하게 한다.

하며, 그러면 그토록 집착했던 철학적 문제가 사실은 문제가 아니라는 것을 알게 되며 그래서 자신의 문제에서 해방된다는 것이 비트겐슈타인의 생각이다.

> 철학자는 건전한 상식의 개념들에 도달할 수 있기 전에 자신 속에서 지성의 수많은 병을 치료해야만 하는 사람이다. (『문화』 102쪽)

그가 철학적 문제를 해결하기 위해 용기가 필요하다고 한 말은 철학자들이 자신의 거만과 허영을 벗어나야 한다는 것과 관련된다.

> 거만이라는 당신의 집은 허물어져야 한다. 그리고 그것은 대단히 엄청난 작업을 요한다. (『문화』 70쪽 원문 강조)

그런데 이런 철학자들의 질병은 신학자들과 종교 철학자들에게도 예외가 아니다. 이는 드루리가 비트겐슈타인에게 칼 바르트의 『신의 말 인간의 말』이라는 책 중 일부를 읽어 줄 때, 비트겐슈타인이 중간에 드루리를 저지시키면서 자신이 받은 인상은 엄청난 거만이라고 그래서 더이상 듣고 싶지 않다고 한 사건을 통해서 확인할 수 있다(RW 119쪽 참조).

6. 신으로 향하는 길

종교인들의 삶의 방식은 궁극적으로 신으로 향하는 길일 것이다. 그렇다면 비트겐슈타인이 진정한 종교적인 삶이며 신으로 향하는 길이라고 여긴 것은 무엇인가? 그는 드루리에게 신으로 향하는 길은 다른 사람을 도우려는 것에 있다고 말한 적이 있다(RW 114쪽 참조). 물론 이로부터 비트겐슈타인이 생각하는 추구되어야 할 삶의 방식은 다른 사람을 돕는 것이라고 섣불리 단정할 수는 없다. 왜냐하면 드루리가 의사 생활을 시작한지 얼마 되지 않아 자신의 무지와 서투름으로 고민할 때, 드루리에게 자기 자신에 대해서는 생각하지 말고 오직 환자만을 생각하라고, 그것이 자신의 상처난 영혼을 치유하는 길이라고 충고했던 것을 고려하면, 드루리와 같은 삶을 사는 이에게 신으로 향하는 길은 다른 이를 돕는 것이라고 말할 만하기 때문이다(RW 95쪽 참조). 그러나 다른 한편, 비트겐슈타인이 자신의 저술에 붙이고 싶어 했던 바하의 문구 — '신의 영광과 이웃의 이로움을 위해' — 를 고려하면 신으로 향하는 길이 다른 사람을 도우려는 것에 있다고 한 말은 반드시 의사 드루리에게만 해당하는 것이라고 할 수 없다.

그렇다면 비트겐슈타인이 다른 사람을 돕는 것은 어떤 것이었을까? 비트겐슈타인의 삶은 어떤 철학자들보다도 독특하다. 철학에 본격적으로 뛰어들기 전은 차치하더라도 철학을 한 이후의 삶만 보더라도 그런 평가를 피할 수 없다. 그는 러셀의 제자로 철학에 입문하여 언어와 논리에 대한 깊은 고민에 빠져 있을 동안에도 일차 세계 대전에 참여한다. 그것도 탈장을 앓고 있어 면제가 됨에도 자원하여 입대한다.[23] 그리고 일차 대전 후 자신의 직업을 고려하는데,[24] 그 중 하나가 수도사가 되는 것이었고 다른 하나는 교사가 되는 것이었다. 또 정원사, 건축가, 노동자의 삶(비록 실행되지는 못했지만), 이차 세계 대전 중에는 교수

---

23 Malcolm(1993), 8쪽 참조.
24 비트겐슈타인은 스스로 일차 세계 대전 중 논리와 언어 문제는 해결했고 그래서 철학을 완결했다고 생각했기 때문에 더 이상 철학에 종사할 이유가 없었다.

직을 그만두고 병원에서 처음에는 짐꾼으로 이후에는 실험실 보조로 일한다. 전혀 달라 보이는 그런 일들에 종사할 때마다 적지 않은 족적을 남긴 것은 그의 삶의 또 다른 독특함이다. 그가 이렇게 다양한 종류의 일에 종사한 것, 그것도 족적을 남길 정도로 심혈을 기울였던 것은 아마도 다른 사람을 돕는 삶을 살기 위해서였을 것이다.

그의 교사로서의 경력도 이런 맥락에서 이해할 수 있다. 이러한 주장은, 그가 첫 부임지로 자원하여 시골 학교를 선택했고, 이후 옮긴 학교들도 도시와 점점 더 많이 떨어진 곳이었다는 점,[25] 그리고 첫 부임지인 트라텐바흐에 있을 때 엥겔만에게 보낸 편지에서 "나는 이 일을 몹시 필요로 합니다. 아니면 지옥에 있는 다른 모든 악마들이 내 안에서 탈출해 나갈 것"[26]이라는 말에 근거한 것이다. 이는 그가 교사로서의 삶을 자신을 구원할 길로 여겼다는 것을 보여 준다.

그가 수도원 정원사로 일한 것 역시 다른 사람을 돕는 것으로 신으로 향하는 길과 관련되는 것으로 보이며, 건축가 엥겔만과 함께 그의 누이 그레텔의 집을 짓는 일도 마찬가지이다. 정원사와 건축가로서의 삶을 신으로 향하는 길과 관련된 것으로 볼 수 있는 이유 중 하나는 그가 이런 일들을 통해 고통으로부터 치유되었기 때문이다. 교사로서의 생활에 종지부를 찍은 것은 학생들에게 행한 폭력 때문이었는데 그는 이 일로 재판까지 받았을 뿐만 아니라 재판 과정 중 거짓말을 하고 그것이 들통이 난 사건 때문에 치명적인 수치감과 도덕적 패배감에 사로잡히게 되었다. 그는 완전한 파멸의 상태에 이르렀고, 이후 그는 자신의 죄

---

25 Monk, 270–321쪽 참조. 물론 그의 시골학교 지원은 조용한 곳을 좋아하고 여러 사람들 사이에 시끌벅적하게 지내는 것을 무척 싫어하는 그의 기질 때문이기도 하다.
26 Monk, 271쪽

책감을 덜기 위해 과격할 정도의 정화 과정을 치른다.[27] 이런 파멸로부터의 구원은 휘텔도르프에서 정원사로 일할 때 헛간에서 3개월 동안 야영을 해야 했던 것으로부터라고 할 수 있다. 이 헛간에서 정원사로 일한 후에야 비로소 비엔나로 돌아가 사회생활을 할 수 있다고 느꼈기 때문이다.[28] 몽크에 의하면, 정원사 일을 한 적이 6년 전(1920년)에도 있었는데 이때도 정원사 일은 비트겐슈타인을 구했다고 한다. 또 그의 누이 집 건축은 일종의 노동–치료 과정으로 그의 가족들에 의해 권유된 것이다.[29]

이런 점들을 고려해 보면 비트겐슈타인에게는 자신의 고통으로부터의 구원, 그리고 신으로 향한 길, 그리고 타인을 돕는 삶이 연결된다고 볼 수 있다. 하지만 무엇보다도 그의 철학적 작업 자체가 타인을 돕는 삶이었다고 할 수 있다. 왜냐하면 그의 끊임없는 새로운 삶에의 추구는 새로운 봄, 새로운 관점 제시와 관련되고[30] 이렇게 얻게 된 새로운 봄은 일목요연한 묘사를 통한 명료화로 불안과 두려움을 잠재우기 때문이다. 또 허영과 거만은 우리로 하여금 훤히 드러난 것을 보지 못하게 하여 마치 출구를 찾지 못한 것처럼 불안과 두려움에 사로잡히게 하는데, 비트겐슈타인은 자신뿐만 아니라 철학자들이 거만에 사로잡혀 불안해한다는 것을 지적하며 그러한 불안을 해소한다. 이 때문에 그의 철학은 자기 자신을 위한 작업이면서 타인을 위한 작업이었다고 할 수 있다. 철학적 질병은 너무나 오래되고 깊어서 질병이 있는지도 그리고 그것

---

27 Monk, 322쪽 참조.

28 Monk, 323쪽 참조.

29 Monk, 323–4쪽 참조.

30 실제로 그의 초등학교 교사 근무 시절, 아이들이 어떻게 언어를 습득하는지에 대한 관찰이 규칙 따르기라는 새로운 관점을 얻게 한 것과 무관하다고 할 수 없다.

이 질병인지도 모르게 되는데, 비트겐슈타인의 철학적 작업은 그런 질병을 진단하고 질병을 해결할 방안을 제시하고 있다. 그리고 그러한 작업은 그가 생을 마감하기 불과 이틀 전까지 계속되었다는 점에서 다른 무엇보다 더 타인을 위한 삶이었으며, 이런 측면에서 비트겐슈타인은 생의 마지막까지 신으로 향하는 도상에 있었다고 할 수 있다.

전기 비트겐슈타인에 의하면 종교는 말할 수 없는 것이며 다만 보여질 뿐이다. 신을 믿는다는 것은 세계가 의미 있다는 것, 삶이 의미 있다는 것을 이해하는 것이다. 만일 세계가 의미 있다는 것을 알게 된다면 세계의 의미, 삶의 의미 그 자체에 대해 논의할 이유가 없다. 진정으로 신을 믿는 자는 논의가 성립하지 않는 것에 자신의 에너지를 쏟지 않고 그저 자신의 삶 전체를 통해 삶의 의미를 보여 준다. 왜냐하면 진정으로 신을 믿는 자들에게 세계는 살 만한 가치가 있는 곳이며 삶은 살 만한 가치가 있는 것이기 때문이다. 이들에게는 세계와 자신 사이의 구분이 없으며 타자와 자신 사이에도 구분이 없다. 세계와 자신 사이에 구분이 없음을 아는 사람은 세계와 일치하는 삶을 산다. 이러한 삶은 세상에서 어떤 일이 일어나도 평정한 상태를 유지하는 것으로 드러난다.

　윤리, 미학, 종교는 말할 수 없는 것, 그리고 그 때문에 설명할 수도 없으며 다만 실천을 통해서만 알 수 있다는 점에서 공통된다. 그런데 이뿐만 아니라 올바른 관점을 제시한다는 점에서도 공통된다. 사물을 올바른 관점에서 본다는 것은 사물을 영원의 관점에서 보는 것인데, 영원의 관점에서 사물을 보게 되면 세계가 경이롭게 보이며 기적으로 보인다. 영원의 관점에서 사물을 본다는 것은 세계 위에서 사물을 보는 것이다. 그런데 철학 역시 세계 위에서 사물을 보는 것이며 세계와 사물에 대한 올바른 관점을 제시하는 것이다. 그러므로 비트겐슈타인에게서 철학은 종교, 윤리, 미학과 밀접한 관련이 있음을 알 수 있다. 영원의 관점에서 보지 못하다가 영원의 관점에서 보게 되면 전혀 다른 세계를 경험하게 된다. 선한 사람은 영원의 관점을 가지고 세계를 보기 때문에 세계가 의미 있고, 살만한 가치가 있으며, 기적처럼 경이롭게 다가온다. 그래서 세계와 조화롭게 되고 화평하다. 악한 사람의 세계는 그렇지 않다. 사실로서의 세계는 다르지 않지만 두 사람은 전혀 다른 세계에 살고 있는 것이다. 이런 점에서 보면, 영원의 관점을 제시하는 종교, 윤리, 미학, 철학은 일종의 세계상이다.

비트겐슈타인에 따르면, 종교적 믿음은 삶의 좌표체계이며 세계상이다. 세계상은 더 이상의 정당화나 설명이 가능하지 않고 이성적/비이성적이라는 잣대를 댈 수 없는 것이며 의심조차 불가능한 것이다. 따라서 세계상인 종교적 믿음을 설명하려는 어떠한 시도도 종교적 믿음에 대한 몰이해에서 비롯된 것이라 할 수 있다. 세계상을 그 자체로 받아들여야 하듯, 종교적 행위도 그 자체로 받아들여야 하며 이론이나 다른 어떤 것의 대체로 이해해서는 안 된다. 이러한 비트겐슈타인의 견해는 과학주의나 표현주의뿐만 아니라 종교에 대한 기존의 모든 논의들을 불식시킨다.

비트겐슈타인은 철학자들을 대표적으로 문법을 오해해 잘못된 질문을 하는 철학적 질병에 사로잡힌 자들이라고 한다. 이들이 언어를 오해하는 것은 우리 언어에 문제가 있어서가 아니다. 오히려 문제가 없다는 것을 보지 못하는 눈 때문이다. 문제가 없는 것을 문제 있는 것으로 오해하기 때문에 성립하지 않는 질문을 던지고 그것을 풀기 위해 애를 쓰고 있다. 이들의 문제는 우리 언어에 문제가 없다는 것을 알아차리면 사라진다. 훤히 드러나 있는 것을 보지 못해 발생하는 문제는 드러난 그것을 볼 수 있는 눈을 가짐으로써 해결될 수 있다. 그런데 이렇게 문제를 해결할 수 있는 새로운 봄을 얻기는 쉽지 않다. 왜냐하면 사물을 새롭게 보기 위해서는 삶이 변화되어야 하는데 삶을 변화시킨다는 게 쉽지 않기 때문이다. 그래서 용기가 필요하다. 삶을 변화시키기는 쉽지 않지만 불가능한 것도 아니다. 종교에서는 삶이 변화하는 사례들이 종종 있다.

비트겐슈타인은 정형화되고 조직화된 종교를 거부한다. 왜냐하면 이런 정형화는 삶의 현장에서 생생하게 살아 있어야 할 종교를 화석처럼 경화(硬化)시키기 때문이다. 비트겐슈타인은 종교는 철저히 삶에 뿌리를 두고 삶과 맞닿아 있어야 한다고 생각했다. 어떤 종교가 삶에 뿌리를 두지 않으며 삶에서 출발하지 않았겠는가마는 비트겐슈타인은 시간이 지나면서 점점 삶에서 괴리되는 종교적 행위, 의례 등은 진정한 종교적 행위가 아니라고 보았다. 종교인인지 아닌지는 삶에서 드러난다. 진정한 종교는 말이나 교리, 합리적 설명이 아니라 매 순간 자신에게 주어진 삶을 살아 내려는 자를 돕는 것이며, 그들이 어떻게 살아야 하는지를 보여 주며 그들에게 삶의 방향을 제시하는 것이기 때문이다.

종교가 철저히 삶의 문제와 맞닿아 있어야 한다면 이제 종교인들은 자신의 종교가 진리라는 것을 이론이나 설명을 통해서가 아니라 삶으로, 행위로 드러내는데 주력해야 할 것이다. 뿐만 아니라 삶과 실천이 진정한 종교인인지 아닌지를 알 수 있게 한다면 그리고 말의 중요성이 떨어지고 교리는 더더욱 거리를 두어야 할 것이라면 서로 다른 이론, 서로 다른 교리를 이유로 갈등할 필요가 없다. 비트겐슈타인의 종교관에 따르면, 오늘날 세계적인 문제가 되고 있는 종교 간의 분쟁은 문제

아닌 것을 문제 아닌 것으로 보지 못하여 발생한 것이며, 종교에 대한 진정한 이해의 결핍으로 허상에 생명을 걸고 있는 것이다.

진정한 종교가 특정 교리나 특별한 행위에 있는 것이 아니라면 그리고 삶을 치열하게 살아 내려는 자들을 돕고 그들에게 삶의 지침서가 되는 것이라면, 비트겐슈타인 스스로 자신은 종교적인 사람이 아니라고 한 것은 특정한 종교에 소속되지 않았다는 의미에 불과하다고 봐야 할 것이다. 왜냐하면 그의 삶은 어느 종교인 못지않은 종교적인 삶이었기 때문이며 종교는 그의 삶의 지침이었기 때문이다. 그의 '모든 것을 종교적 관점에서 보지 않을 수 없다'는 말은 이를 확증한다. 따라서 비록 특정 종교에 소속되지는 않았지만, 비트겐슈타인이 종교인이 아니었다고 할 수 없다.

누군들 자신의 철학과 삶이 괴리되겠는가마는 비트겐슈타인에게는 더 특별하다. 왜냐하면 그의 전·후기 사상에서는 삶의 문제가 명시적으로 언급되지 않기 때문에 그의 사상만 살펴보고서는 그의 철학이 그의 삶의 문제에서 비롯되었다고 생각하기 어렵기 때문이다. 하지만 여러 사적 자료들은 비트겐슈타인이 그의 전 생애동안 그를 괴롭혀 왔던 두려움과 불안으로부터 해방되기를 원했으며, 이로부터 그의 철학적 작업이 비롯되었음을 보여 준다. 자신이 안고 있는 문제는 잘못된 질문에 사로잡혀 헤어나지 못하고 있는 철학자들의 상황과 다르지 않다. 삶에서 두려움과 불안에 사로잡히는 것이나 잘못된 철학적 질문에 사로잡혀 불안해하는 것이 다르지 않으며, 실제로 비트겐슈타인 자신에게 이 둘은 다를 것이 없었다.

비트겐슈타인의 후기 사상은 철학적 문제 속에서 길을 잃고 헤매는 자에게 문제를 벗어나는 길을 제공한다. 그런데 이런 해방과 구원자적 역할은 후기 사상에만 국한된 것이 아니다. 전·후기를 통틀어 비트겐슈타인 철학은 구원적 기능을 가진다. 따라서 비트겐슈타인은 철학을 통해 그리고 철학함을 통해, 스스로 그의 삶을 구원하려고 했으며, 다른 사람들 역시 구원되기를 희망하였다고 할 수 있다.

비트겐슈타인의 저작과 약어

『노트북』: *Notebooks* 1914-1916, ed. by G. H. von Wright & G. E. M. Ans-
combe, Basil Blackwell, 1979 2nd.

『논고』: *Tractatus Logico-Philosophicus*, 1921, 『논리-철학논고』 이영철 역, 책
세상, 2006

『탐구』: *Philosophical Investigations*, 1958, 『철학적 탐구』 이영철 역, 책세상,
2006

『확실성』: *Über Gewißheit*, 1969, 『확실성에 관하여』 이영철 역, 책세상, 2006

『문화』: *Culture and Value* ed. by G. H. von Wright, 1998, 『문화와 가치』 이영
철 역, 책세상, 2006

『쪽지』: *Zettel* ed. by G. E. M. Anscombe & G. H. von Wright, 1970, 『쪽지』
이영철 역, 책세상, 2006

『강의』: *Lectures and Conversations on Aesthetics, Psychology and Religious Be-
lief*, ed. by Cyril Barrett, California University Press, 1972

『청갈색책』: *The Blue and Brown Books*: Preliminary Studies for the 'Philo-
sophical Investigations', Harper & Row Publishers, 1965, 『청색책 · 갈

색책』, 이영철 역, 책세상, 2006

「소견들」: "Bemerkungen über Frazers Golden Bough" in *Philosophical Occasions* 1912-1951, Hackett, 1993, 「프레이저의 『황금가지』에 관한 소견들」, 『소품집』 이영철 역, 책세상, 2006

「철학」: "Philosophie" in *Philosophical Occasions* 1912-1951, Hackett, 1993, 「철학」, 『소품집』, 이영철 역, 책세상, 2006

「윤리학」: "A Lecture on Ethics" in *The Philosophical Review*, No. 74, 1965, 3-12쪽, 「윤리학에 관한 강의」, 『소품집』 이영철 역, 책세상, 2006

「논리학」: "Some Remarks on Logical Form" in *Philosophical Occasions* 1912-1951, Hackett, 1993, 「논리적 형식에 관한 몇 가지 소견」, 『소품집』 이영철 역, 책세상, 2006

PR: *Philosophical Remarks* ed. Rush Rhees, The University of Chicago Press, 1975

RC: *Remarks on Colour*, ed. by G. E. M. Anscombe, University of California Press, 1977

WLC I: *Wittgenstein's Lectures Cambridge*, 1930-1932, ed. by Desmond Lee, The University of Chicago Press, 1980

WLC II: *Wittgenstein's Lectures Cambridge*, 1932-1935, ed. by Alice Ambrose, Prometheus Books, 2001

WLE: "Wittgenstein's Lecture on Ethics", in *Philosophical Review*, 74, 1965

WLFM: *WITTGENSTEIN'S LECTURES on the Foundations of Mathematics Cambridge*, 1939, ed. by C. Diamond, Chicago, 1976

참고문헌

Adyashanti, *Emptiness Dancing*, 『춤추는 공』, 유영일 역, 북북서, 2008

Arrington, R. L & Addis, M., *Wittgenstein and Philosophy of Religion*, ed. Routledge, London, 2001

Barrett, C., *Wittgenstein on Ethics and Religious Belief*, Blackwell, 1991

Bindeman, Steven L., *Heidegger and Wittgenstein: The Poetics of Silence*, University Press of America, 1981, 『하이데거와 비트겐슈타인: 침묵의 시학』, 황애숙 역, 부산대학교 출판부, 2011

Black, Max, *A Companion to Wittgenstein's 'Tractatus'*, Cambridge, 1971

Canfield, John V., "Wittgenstein and Zen" in *Philosophy*, 50, 1975, 383-408 쪽, "비트겐슈타인과 선의 언어관", 『서양철학과 선』, 255-295쪽

Churchill, John, "The Convergense of God, the Self, and the World in Wittgenstein's *Tractatus*" in *In Search of Meaning* ed. by Ulirich Arnswald, Universit tsverlag Karlsruhe, 2009

Clack, B. R., *An Introduction to WITTGENSTEIN's Philosophy of Religion*, Edinburgh University Press, 1999 (1999a)

_____, *Wittgenstein, Frazer and Religion*, Palgrave, New York, 1999 (1999b)

_____, "Wittgenstein and Magic" in *Wittgenstein and Philosophy of Religion* ed. by Robert L. Arrington & Mark Addis, Routledge, London, 2001 (2001)

Cook, J. W., "Magic, Witchcratf, and Science", *Philosophical Investigations*, vol.6 no.1, 1983

Cornish, Kimberley, *THE JEW OF LINZ: Wittgenstein, Hitler and Their Secret Battle for the Mind*, Century, 1998, 『비트겐슈타인과 히틀러』, 남경태 역, 그린비, 2007

Drury, M. O'C., Hermine Wittgenstein, Fania Pascal, F. R. Leavis, John King *Recollections of Wittgenstein*, Oxford University Press, 1984 (RW

로 요약함)

Engelmann, P. *Ludwig Wittgenstein: Briefe und Begegnungen*, Herausgegebe von B. F. McGuiness, R. Oldenbo- urg Wien und München, 1970, *Letters from Ludwig Wittgenstein with a Memoir*, trans. by L. Furtmüller, Basil Blackwell, Oxford, 1967

Fann, K. T., *Wittgenstein's Conception of Philosophy*, Oxford, Basil Blackwell, 1969, 『비트겐슈타인의 철학이란 무엇인가?』, 황영식, 이운형 공역, 서광사, 2002

Finch, Henry Le Roy, *WITTGENSTEIN—The Early Philosophy*, New York, Humanities Press, 1971

Frazer, J. G., *The Golden Bough*, 『황금가지』, 이용대 역, 한겨레신문사, 2001

Hacker, P. M. S., *Insight and Illusion*, Clarendon Press, 1986

Hardwick, Chales S., "Doing Philosophy and Doing Zen" in *Philosophy East and West*, October, 1963, "철학함과 선수행" 『서양철학과 선』 215-231 쪽, "비트겐슈타인과 선" 『불교사상과 서양철학』 256-275쪽

Hudson, H., "Wittgenstein and Zen Buddhism", in *Philosophy East and West*, 23(1973), no.4. 471-481쪽, "비트겐슈타인과 선불교", 『서양철학과 선』 233-253쪽

Hudson, W. D., *LUDWIG WITTGENSTEIN: The Bearing of his Philosophy upon Religious Belief*, Lutterworth Press, 1968

Hyman, John, 'The gospel according to Wittgenstein', in *Wittgenstein and Philosophy of Religion*, eds. by Robert L. Arrington and Mark Addis, London, Routledge, 2001

James, W., *The Varieties of Religious Experience*, 1902, 『종교적 경험의 다양성』, 김재영 역, 한길사, 1999

Janik, Allan & Toulmin, Stephen, *WITTGENSTEIN'S VIENNA*, 1996, 『빈, 비트겐슈타인, 그 세기말의 풍경』, 석기용 역, EJB, 2005

Johnston, William, (The) *Still Point*, 『선과 기독교 신비주의』, 이원석 역, 대원정사, 1993

Kenny, A., *Wittgenstein*, Penguin Books, 1973, 『비트겐슈타인』, 김보현 역, 철학과 현실사, 2001

Malcolm, N., *Ludwig Wittgenstein: A Memoria*, Oxford University Press, 1958

_____, *WITTGENSTEIN: A Religious Point of View?*, Routledge, 1993

McCutcheon, Felicity, *Religion within the Limits of Language Alone*, Ashgate, 2001

McGuiness, B. F., "The Mysticism of the Tractatus" in *The Philosophical Review*, 75, 1996, 305-28쪽

Monk, R., *LUDWIG WITTGENSTEIN The Duty of Genius*, 『천재의 의무』, 남기창 역, 문화과학사, 1998

Mounce, H. O., *Wittgenstein' Tractatus: An Introduction*, Basil Blackwell, Oxford, 1981

Munitz, K. Milton, *Contemporary Analytic Philosophy*, New York, Macmillan Publishing Co., 1981, 『현대 분석 철학』, 박영태 역, 서광사, 1997

Pears, David, *Wittgenstein*, Harper Collins Publishers Ltd., 1985, 『비트겐슈타인』, 정영목 역, 시공사, 2000

Pitcher, George, *The Philosophy of Wittgenstein*, Englewood Cliffs, N. J., Prentice-Hall, Inc., 1964, 『비트겐슈타인의 철학』, 박영식 역, 서광사, 1987

Ricken, Friedo, *Religionsphilosophie*, Kohlhammer, Stuttgart, 2003, 『릭켄의

종교철학』, 이종진 역, 하우, 2010

Stokhof, M., *World and Life as One: Ethics and Ontology in Wittgenstein's Early Thought*, Stanford University Press, Stanford, California, 2002

Suter, Ronald, *Interpreting Wittgenstein*, Temple Univ. Press, 1989, 『비트겐슈타인과 철학』, 남기창 역, 서광사, 1998

Tolle, Eckhart, *The Power of NOW*, 『지금 이순간을 살아라』, 노혜숙, 유영일 역, 양문, 2001

Walsh, Neale Donald, *Conversions with God*, 『신과 나눈 이야기』, 조경숙 역, 아름드리, 1999, 서울

Warnock, Mary, *Ethics Since 1900*, Oxford Paperbacks University Series 1, Oxford University Press, London, 1966, 『현대의 윤리학』, 김상배 역, 서광사, 1985

Wehr, Gerhard, *Europaische mystik*, 『유럽의 신비주의』, 조원규 역, 자작, 2001

_____, *Meister Eckhart*, 『마이스터 에크하르트』, 이부연 역, 안티쿠스, 2009

김태길, 『윤리학』, 박영사, 1998

박병철, 『비트겐슈타인』, 이룸, 2003

엄정식, "Ludwig Wittgenstein과 언어신비주의", 『철학』, 18집, 1982, 79-108쪽

이영철, "비트겐슈타인과 마르크스의 언어관", 『시대와 철학』, Vol.10 No.2, 1999, 한국철학사상연구회, 146-175쪽

_____, "비트겐슈타인의 철학관", 『철학적 분석』, 제10호, 2004 겨울호, 한국분석철학회, 25-50쪽

_____, "문법으로서의 논리 ─ 비트겐슈타인의 논리관 ─ "『논리연구』, 11-2, 2008, 한국논리학회, 59-91쪽

최세만, "신비주의의 제 문제", 『인문학지』, 충북대 인문과학연구소, vol. 23, No.1, 2002, 29-49쪽

하상필, 「후기 비트겐슈타인의 언어 철학 연구」, 부산대학교 박사학위논문, 2004

하영미, "본능-행위로서의 종교적 행위", 『대동철학』, 대동철학회, 제44집, 2008, 287-311쪽